JN303539

教育から職業への トランジション
Transition from School to Work

若者の就労と進路職業選択の教育社会学

山内乾史 編著

東信堂

はしがき

　今、若い人たちの就労が問題になっている。格差社会論や貧困論と絡んで膨大な数の書籍が出版されている。フリーター、ニート、ネットカフェ難民、ワーキング・プア……。たしかに、いつの時代も若い世代の教育と就労は問題になってきた。今回の議論は質的に異なるようにも見えるし、同じようにも見える。今展開されている議論は、今までうんざりするほど繰り返されてきた、年配の世代の説教くさい「世代論」の変種なのだろうか？

　教育とか労働とかいう分野は、専門家であろうがなかろうが、誰でも発言できる分野であり、皆自分の狭い体験に基づいて全体像を判断してしまいがちである。もう少し共通理解を深める努力をする必要があるのではないのか。私は学力論争関係の著書でそのように書いてきたが、この就労の問題についてもやはり同じように感じる。特に世代間での体験の質の差異が顕著な場合にはそうであり、自分の世代の体験を絶対化してそこから「教訓」なるものを引き出して、若い世代に一方的に押しつけるのは傲慢というほかなかろう。しかし、違いだけに目を奪われて、「あいつらとは話してもムダだ」と対話の可能性を否定するのもまた早計であろう。

　本書を編むに当たって、いわゆる流行の「××論」なるものとは一線を画したテーマに関して、格差論が興隆する前から地道にこの分野の研究に取り組んで成果を上げている人たちが中心となって執筆した。執筆者の過半は1960年代生まれで（私もそうである）、バブルの絶頂期に就職適齢期を迎えて、就職せずに大学院に進み、研究者になった人たちである。一流大卒者は「座して待つ就職貴族」と呼ばれた時代である。企業の熾烈な勧誘に背を向けて、当時から「冬の時代」の到来を囁かれていた（そして現実にそうなった）研究者の世界にあえて飛び込んだ人たちである。執筆者それぞれの事情と考えが

あって、あえて飛び込んだのであろう。当時は文系の大学院など社会的認知をほとんど得ていなかった。

　ここで、私自身の経験を語ると、学部を出たときも博士前期課程を終えたときもバブルの花盛りで、卒業後学生時代の友人に会うと、皆羽振りが良く、食事に行っても札束をちらつかせて気前よくご馳走してくれた。私は一般企業に行く気はまったくなかったが、それでも院生という社会的立場は一体何なのかと悩んだものだ。企業の勧誘は豪快で、請求してもいない企業案内や諸資料がわんさと送られてくるし、春になると先輩たちから電話がじゃんじゃんかかってくる。「進学するので、就職する気はありません」といっても「会って話をするだけで俺の実績になるから」と言われ、まったく用もないのに会った先輩は何人になるだろう。食べたいわけでもないのに何枚のサーロインステーキを平らげただろう。就職するということだけなら、ほとんど苦労しなかったろう。ようやく助手に就職した頃は、バブル崩壊直後で、様相は少し変わっていたが、まだまだ企業にもゆとりと体力があった時代である。私の給料は一流企業に勤める同級生（彼らは博士前期課程を出ているから勤続3年ほどにしかならない）の半分にも満たなかった。同窓会に行っても肩身の狭いことこの上なく、好きなことをやっているというだけで良いのか、と自問し続けた。

　この時期に迷い悩む自分を支えてくれた本がある。学部4年生のときに、当時すでにその地位を確固たるものにしていた評論家、立花隆の『青春漂流――自分の人生はどこにあるのか　青春は迷いと惑いの中にある――』（講談社 1985）を読んだことが忘れられない。大学入学直後から立花の『日本共産党の研究』（講談社 1978）を愛読したこともあり、その鋭い論考には常々唸らされていたが、この『青春漂流』はそれまでの政治がらみの著作とは異なり、11人の若者にインタビューを重ねてつくられた書籍である。11人の若者は当時すでにかなり名をなしていた人ばかりだが、中でも田崎真也（ソムリエ）、村崎太郎（猿まわし調教師）などは後に大ブレイクしたので知らぬ人はいないだろう。これらの若者に共通するのは学校教育の世界では、いわゆる「落ちこぼれ」になってしまったということである。この著書のプロローグに次の

一節が出てくる。

> 「平均的には、三十代までを青春期に数えていいだろう。孔子は『四十にして惑わず』といった。逆にいえば、四十歳までは惑いつづけるのが普通だということだ。
> 　ぼくの場合もそうだった。青春が終わった自覚とともに、孔子がいった『不惑』とはこういうことであったのかと思った記憶がある。
> 　迷いと惑いが青春の特徴であり特権でもある。それだけに、恥も多く、失敗も多い。恥なしの青春、失敗なしの青春など、青春の名に値しない。自分に忠実に、しかも大胆に生きようと思うほど、恥も失敗もより多くなるのが通例である。」

一昔前の野坂昭如の「♪みーんな悩んで大きくなった」という有名なウイスキーのCMを思い出しながら、立花の一連の著作の中では地味なこの著作を当時何度も読み返し、励みにしたものであった。恥ずかしながら、四十を過ぎた今でも惑ってばかりおり、そのこと自体にさらに惑ってしまうのだが……。今、自分が関わる若い人たちにこの著作を紹介したり、上記の一節を紹介したりして励ましている。立花が同書を書いたとき45歳、私もほぼ同年齢に達しているのに、なんと大きな違いかと愕然とする。

脱線してしまったが、前述のとおり、自分自身の経験だけから現在の若い人たちの苦難を見つめてはいけないだろう。まず、必要なことは現実を見つめ、原因を分析することであろう。われわれ執筆者一同は、前述の共通の土俵づくりのための基礎作業をしてきたつもりである。また、今日の日本の状態は普遍的なものなのか、それとも日本に特有なものなのかを考えるため、フランス、アメリカ合衆国、諸発展途上国の状況に関する論稿をも収録した。日本の状況を相対化して、考える一助になれば幸いである。

さて、まったくの私事を述べさせていただくと、私自身は、修士課程の頃から、ずっと大学労働市場の構造に注目してきたし、稚拙きわまるものの修士論文もそのテーマでまとめた。この修士論文は1年留年し、難産の末パスしたものであり、思い入れも深い。私の博士論文や学士課程の卒業論文は一

応それなりの評価を得、単著に収録されたにもかかわらず、修士論文だけがあぶれていた。今回、論文そのものが収録されたのではないにせよ、気の知れた研究仲間ともに、本書にそのスピリッツを記したことは、まったく感慨深い。

　本書に収録された論稿は、すべて本書のために書き下ろされたものである。特筆すべきは、クリスチャン・ラヴァル氏の論稿である。ラヴァル氏の論稿も書き下ろしであり、ラヴァル氏の畏友、薬師院仁志教授が翻訳の労を執って下さった。教育と就労をめぐるラヴァル氏の鋭い論稿は、今フランスにおいてかなり注目を集めており、今後日本でも注目される存在になるのではないかと考えている。

　末筆ながら、本書の出版を引き受けて下さった東信堂、特に下田勝司社長に感謝したい。

　（注記）
　　本書は平成19年〜平成20年度独立行政法人日本学術振興会科学研究費補助金基盤研究(C)「『使い捨てられる若者たち』に関する比較社会学」（課題番号19530752）（研究代表者は編者）の研究成果を中心にして編まれた書物である。

　平成19年10月

　　　　　　　　　　　　　　　　　神戸大学・鶴甲キャンパスの研究室にて

　　　　　　　　　　　　　　　　　　　　　　　　　　山内　乾史

教育から職業へのトランジション──若者の就労と進路職業選択の教育社会学──／目次

はしがき……………………………………………………山内乾史…i

第Ⅰ部 日本における若年就労の状況 …………………………3

第1章 日米間における「使い捨てられる」若者の比較 ……原 清治…4
1. 学力の4層構造と「使い捨てられる」若者との関係 4
2. ハワイ州における若年就労と人種マイノリティとの関係 8
3. インタビュー調査から見えるハワイの「使い捨てられる」若者の特徴 12
4. 「使い捨てられる」若者の背景にあるもの 23

第2章 大学から職業への移行をめぐる日本的文脈 ………小方直幸…32
1. キャリア教育ブームへの違和感 32
2. 日本的三種の神器 34
3. 大学教育の職業的対応──「職業教養レリバンス」 36
4. 日本的な大人への道程 38
5. 結論 42

第3章 「教育過剰論」再考──大学院について ………………山内乾史…45
1. はじめに──大学院に関わる私的経験から 45
2. 新規大学院修了者の就職状況の変遷 55
3. 大学院卒業者の社会的位置づけ 66
4. 結論 67

第Ⅱ部 先進諸国における若年就労の状況 ………………73

第4章 「社会的に恵まれない層」をターゲットとする
アメリカの若年雇用政策──中等教育段階の職業教育
と離学後の積極的雇用政策を中心に …………………深堀聡子…74
1. はじめに 74
2. 日米の若者を取り巻く労働・社会環境の特徴 76
3. アメリカの若年雇用対策 78
4. 若年雇用政策と若年雇用の実態 87

5. おわりに 97

第5章　マック仕事の労働者たち——米国とカナダと
　　　　日本のファストフード店を中心に……………………**大石　徹**…102
   1. はじめに 102
   2. マクドナルド化 103
   3. マック仕事 104
   4. 米国のファストフード店で働く人々 107
   5. カナダのファストフード店で働く若者たち 111
   6. 日本のファストフード産業の正社員 114
   7. むすび 116

第6章　フランス型教育モデルの変容——民主化から新自由主義へ
　　　　………**クリスチャン・ラヴァル（Christian LAVAL）・薬師院仁志訳**…118
   1. はじめに 118
   2. フランスの学校教育——その民主化と大衆化 120
   3. 学校教育の職業主義化——その建前と実像 129
   4. 階層別の隔離——その社会的影響 135
   5. おわりに 142

第7章　フランス中等教育の多層性 ………………………**白鳥義彦**…145
   1. はじめに 145
   2. フランスにおける「アファーマティブ・アクション」 147
   3. ZEP——フランス的「アファーマティブ・アクション」の具体例 148
   4. フランスのリセの現状 152
   5. フランスの教育と職業 154

第Ⅲ部　社会的排除をめぐって ……………………………………159

第8章　多文化社会における教育的受容と排除 …………**杉本　均**…160
   1. 教育におけるメンバーシップと排除 160
   2. 公教育からの排除とオルタナティブ教育 164
   3. 宗教と市民性の葛藤と排除 167
   4. 排除の是正と是正による排除 171
   5. おわりに 174

第 9 章　障害者の就労と教育——一般高校を卒業した
　　　　　知的障害者の事例を中心に ……………………………… 堀家由妃代…178

　1．はじめに　178
　2．障害者の就労の実態　179
　3．学校教育における就労支援　184
　4．知的障害者を雇用する視点——Ｚ運輸における事例から　189
　5．おわりに　194

第IV部　若年就労の国際比較 …………………………………………199

第 10 章　OECD 諸国における教育・職業訓練と
　　　　　労働市場の比較 ……………………………… 小川啓一・田中伸幸…200

　1．はじめに　200
　2．労働市場　200
　3．教育と労働市場　208
　4．まとめ　217

第 11 章　中東北アフリカ地域における
　　　　　女性労働の現状と課題 …………………………………… 野村真作…221

　1．女性の労働力参加の現状と MDGs　221
　2．なぜ女性の労働力参加率は低いのか？　223
　3．MENA の女性の労働力進出のトレンドと社会セクターの発展　227
　4．MENA の労働市場における女性労働に関する課題　234
　5．結　論　239

第 12 章　デリーにおける包括的な教育の取り組み
　　　　　によるストリート・チルドレンを含む
　　　　　働く子どもたちへの教育 ………………………………… 河野佐智…244

　1．はじめに　244
　2．インド国家の教育政策　245
　3．デリー政府の教育への取り組み　248
　4．デリーにおける働く子どもたちの背景　249
　5．デリー政府の働く子どもへの取り組み　251
　6．デリーの NGO による働く子どもたちへの教育活動　254
　7．結　語　256

文献目録	山内乾史・武　寛子	261
事項索引		290
人名索引		298

教育から職業へのトランジション
―― 若者の就労と進路職業選択の教育社会学 ――

第Ⅰ部
日本における若年就労の状況

第1章　日米間における「使い捨てられる」若者の比較

第2章　大学から職業への移行をめぐる日本的文脈

第3章　「教育過剰論」再考──大学院について

第1章　日米間における「使い捨てられる」若者の比較

原　清治

　2000年以降から、若者の就労問題に関する議論が盛んになってきている。以前であればイギリスから輸入されたニートが注目され、「働けない・働かない若者」が世間でも注目されていた。しかし、この数年はニートに対する議論は一定の終息を迎えている。それにかわってワーキング・プアやフリーターなどの低賃金で働く人たち——本章では「使い捨てられる」若者と呼ぶ——に関する議論が進みつつある。低賃金で働く若者は何も日本固有の問題ではない。ニートという概念を世界で初めて定義した国であるイギリス、ファストフード産業の発祥地であるアメリカなど、先進諸国共通の問題として、低賃金で働く若者は議論の対象となっている。ここでは日本とアメリカ、特に移民の多いハワイの低賃金労働者との比較を通して、彼らの背景には何があるのか、ハワイや日本では同じ低賃金労働者であっても彼らの発生過程にどのような違いが見られるのか、について論じたい。

1. 学力の4層構造と「使い捨てられる」若者との関係

　日本国内においても、世界的なレベルで学力問題を語ることが多くなってきている。その1例として、経済協力開発機構（OECD）が調査主体となっているPISA調査がある。それによると、日本の子どもたちの学力が低下していること、特に学習に対する意欲が他の先進諸国と比べて低いことが指摘された（図1-1参照）。その背景として、苅谷剛彦（2001）は、ふたコブラクダと呼ばれる学力の二極化の問題を指摘した[1]。大学生の学力低下問題に端を発した学力論争は、次第に日本の階層社会化、そしてこれまで問題にされてこ

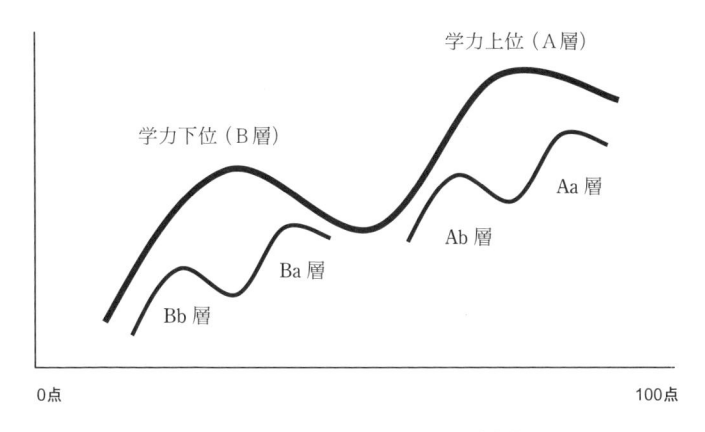

図1-1　日本における学力の4層構造モデル

なかった教育機会への参入における社会的不平等の問題を世間に提示した。

　このふたコブラクダの構造を発展させた形で明らかになったことは、学力の上位、すなわち勉強のできる子たちであるA層、そして学力の下位、すなわち勉強のできない子どもたちであるB層の中にもそれぞれのコブに分かれていることである。正確に言えば、学力は4層構造になっているということが日本の子どもたちに対するインタビュー調査によって明らかになった[2]。学力上位にいる子どもたち（A層）は学力下位にいる子どもたち（B層）に対して、非常にネガティブな目線、つまり仲間でないという目線をもっている。一方で、学力下位の子どもたち（B層）は上位層の子どもたち（A層）に対して、羨望の目線や「自分たちとは違う」という目線を向けている。これはフタコブラクダの学力構造において苅谷が指摘している部分である。

　しかし、筆者の調査からは、同じ上位層であるA層の中にも学力が本当に高い進学エリートと呼ばれるような層（Aa層）と学力が若干低い偽装エリートと呼ばれるような層（Ab層）の2層があり、彼らは学力上位層と下位層と同じような目線をお互いにもっているということが明らかとなった。すなわち、学力階層は図1-1のように4層あり、子どもたちはそれぞれ反目し合う構造が考えられるのだ。昔であれば、いわゆる勉強のできる子たちは、仮に勉強のできない子どもを見たときであっても、「勉強ができない」ことで軽

蔑するようなことはなく、友人関係を取り結ぶことができた。ところが、今時の子どもたちは、同じできるという子どもたちも2層に分かれているため、勉強のよくできる子どもは、少し勉強のできる子どもを「こいつは俺より勉強ができないな」と軽蔑の視線を送っている、といった構造がある。図1-1では本当に勉強のできるAa層、少し勉強のできるAb層、あまり勉強のできないBa層、まったく勉強のできないBb層、それぞれが他の層の子どもたちに対して、「自分たちとは違う連中だ」と考えている。換言すれば、4つそれぞれの子どもたちは自分たちと同じような範疇の人間がそれぞれの文化をもっているため、自分たちの理解の範疇を超えた子どもたちと友人関係を取り結ぼうとしていないのである。

　ところが、このような学力の問題と現代の日本で大きく取り上げられている低賃金で働く若者たちの実態をインタビューして重ね合わせてみると、非常に示唆に富んだ結果を演繹することが可能となった。例えば旧帝大のような非常に偏差値の高い大学を出ても無業者や低賃金労働者になる場合もあるが、それは他の学歴をもつ若者と比較した場合、俄然低い。無業者や低賃金労働者を排出するのは、学力分布の図1-1ではできる子の中でもややできないAb層、できない子の中でもややできるBa層、できない子の中でも本当にできないBb層からである。ところが、この3つの階層から出てきている「使い捨てられる」若者たちの質が異なるのである。Ab層のようには、学力が比較的高くて、環境にも恵まれているにもかかわらず低賃金労働者になる若者は、「自分に何が向いているのかよくわからない」と言う。自分の本当にやりたい仕事を求めているが自分がまだそれを見つけていないため、暫定的に使い捨てられることを主体的に選択するのである。ところが、学力分布のBb層で使い捨てられることを選ぶ若者の多くは、自分のやりたいことはある程度認識しているが今すぐにはそれができないため、とりあえずアルバイトでつないでいる、というような回答が目立つ。いわば、経過的措置として使い捨てられている、というように言い換えられるだろう。ところが、学力分布のBb層にいる若者は、メンタリティの問題も含むが、自己否定感にかなり苛まれている、ということが明らかとなった。自分に向いている仕事が

もし仮にあったとしても、自分がそれに就けるはずがない、と考えているのである。しかし、お金は生活する上で必要であるため、早急に稼がなければならない。そこで手っ取り早く従事するのが、マック仕事に代表されるような低賃金労働なのである。実際に、低賃金労働でどの程度日常生活を営むことができるのかをルポタージュした著作に、バーバラ・エーレンライク(2001)の『ニッケル・アンド・ダイムド』、またはポリー・トインビー (2003) の『ハードワーク』などが挙げられる。ここで注目すべきことは、いわゆるメンタリティがネガティブになってしまって、いったん低賃金労働に従事してしまうと、自分自身に対する価値観を見失ってしまうといった結果が見られるのである。

　学力分布のどの層の若者がどのような理由で低賃金労働に従事するのか、というイメージモデルが**図1-2**である。

　ここでは2点注目すべきことがある。1つは、どの階層にどのくらい使い捨てられる若者が発生するか、という比率の問題と、それと主体的なのか、経過的措置なのか、結果的なのか、の色分けの問題である。

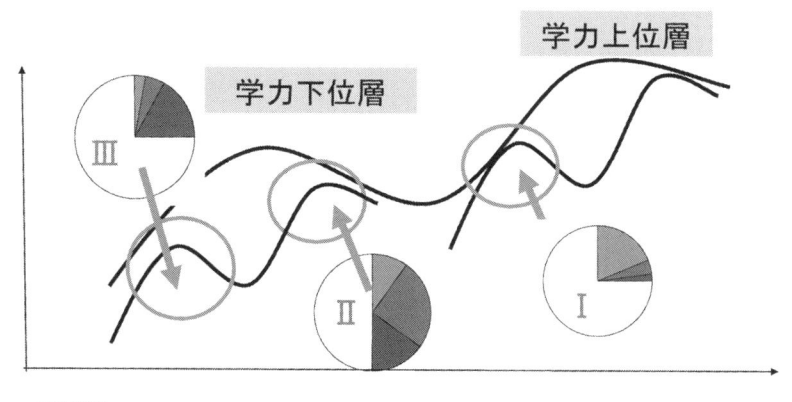

図1-2　日本の使い捨てられる若者と階層との関係

日本の場合は、小杉礼子を代表とする労働政策・研修機構等の調査結果によって明らかとなった[3]ように、いわゆる低賃金労働者がどこから一番発生するかと言えば、学力階層のやや上位群であるⅡの層、すなわち学校に行ってある程度勉強してきたけれども、落ちこぼれてしまったというところから使い捨てられている若者がより多く排出されている構造にあることが明らかとなった。そしてⅠとⅢは、それほど多くの使い捨てられる若者が出てきていないが、学力上位になれば主体的に「使い捨てられる」ことを選択する若者が多くなり、下位になれば結果的に「使い捨てられる」若者が発生する比率が高くなるのである。

2. ハワイ州における若年就労と人種マイノリティとの関係

　この問題を起点にして、この構造が果たして諸外国においても見られるのだろうか。ここでは「比較」の視点から「使い捨てられる」若者の問題を捉えることをねらいとしている。以下では資本主義経済の体制をもつ先進国であるアメリカを取り上げ、わけても移民労働者の占める割合が高いハワイ州における事例について整理してみたい。なぜハワイを比較の対象とするのかについては、以下の理由からである。ハワイはアメリカ50州の中でもネイティブ・ハワイアン以外の人種の比率がもっとも高い州である。「使い捨てられる」若者と関連の強い要因は、社会階層との関係である。特に、移民労働者は本国の労働者と違い、教育や労働などさまざまな面で劣位の環境に置かれているため、「使い捨てられる」確率が高くなる。移民の含有率が高いハワイでは、移民の中にもさまざまな要素が含まれることによって、それぞれに多様な「使い捨てられる」層が存在するのではないかと予測したからである。ここでは、少しハワイの人種構成について見ていきたい。図1-3はハワイの人種構成の推移を表したグラフである。
　このグラフを見ると、この約100年間で若干の変化はあったにせよ、人種構成に大きな変化がないことが明らかになっている。つまり、ハワイ社会は人種構成という意味で一定しているとも言えるだろう。それは教育でも同様

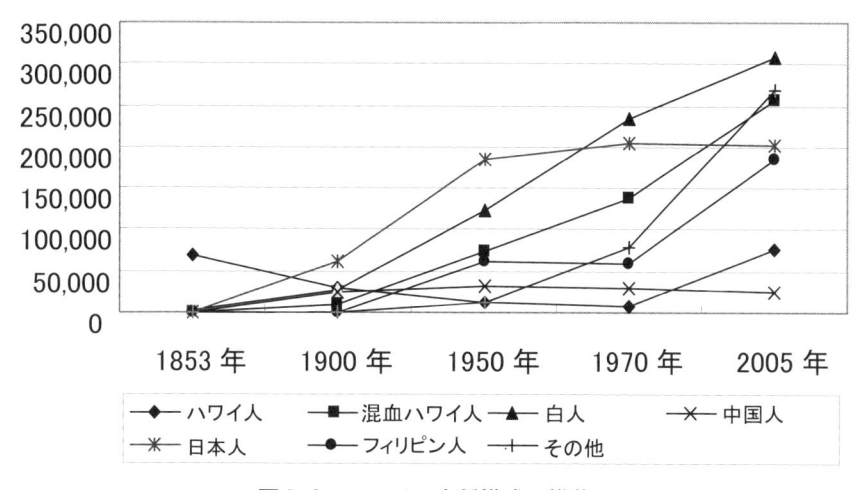

図1-3 ハワイの人種構成の推移

出所）田中圭治郎 1996、および http://www.hawaii.gov/dbedt/info/economic/databook/（2007.7.5アクセス）より作成。

の指摘ができる。表1-1は公私別のハイスクールの在籍率の比較を表している。

　日本においては私立学校への進学者数が小学校を中心に増加しているが、ハワイの場合は表からも読み取れるように、大きな変化を見て取ることができない。ハワイにはネイティブ・ハワイアンのための私立ハイスクールとして、カメハメハ・ハイスクールがある。そうした名門の学校を中心に若干ではあるが私立へ進学する子どもたちも増加しつつある。カメハメハ・ハイスクールには原則としてネイティブ・ハワイアンの子弟しか入学することができず、授業料は公立高校と比べても高い。あまり裕福とは言えないネイティ

表1-1 ハワイの高等学校別在籍者数

	1972	1982	1992	2002	2005
計	13,321	13,999	12,015	13,368	13,382
公 立	11,147	11,563	9,615	10,771	10,852
私 立	2,174	2,436	2,400	2,597	2,530

出所）http://www.hawaii.gov/dbedt/info/economic/databook/（2007.7.5アクセス）より作成。

ブ・ハワイアンの中でも選ばれた子どもたちが多く通っており、学校の教育に対して信頼感をもっている保護者たちの受け入れ先になっている。大学の進学に関しては、学力トップ層の子どもたちの多くはアメリカ本土の大学に進み、その下に位置する学生たちが地元のハワイ大学に進学するという構造になっている。

ハワイにおける高等教育の大部分の担い手である、ハワイ大学の進学者の人種構成を表したのが**図1-4**である。

図1-4を見ると、20数年間の間に中国・日本などのアジア系の人種は若干落ちているものの、人種構成が大きく変わっていないということが明らかである。高等教育の人種構成を見ても、ヒスパニックやハワイ人の割合は経年変化としてはっきりとした特徴を見出しにくく、ハワイ社会が大きな変化をしていないと言えるだろう。

それでは本章の主題である労働問題としてのハワイの低賃金労働の実態について見ていきたい。ハワイにおいて、いわゆる正規雇用と非正規雇用のバランスがどうなっているのか、を明らかにするために**表1-2**を参照されたい。

日本においては、雇用人口の中でも非正規雇用の人口が派遣労働の規制が

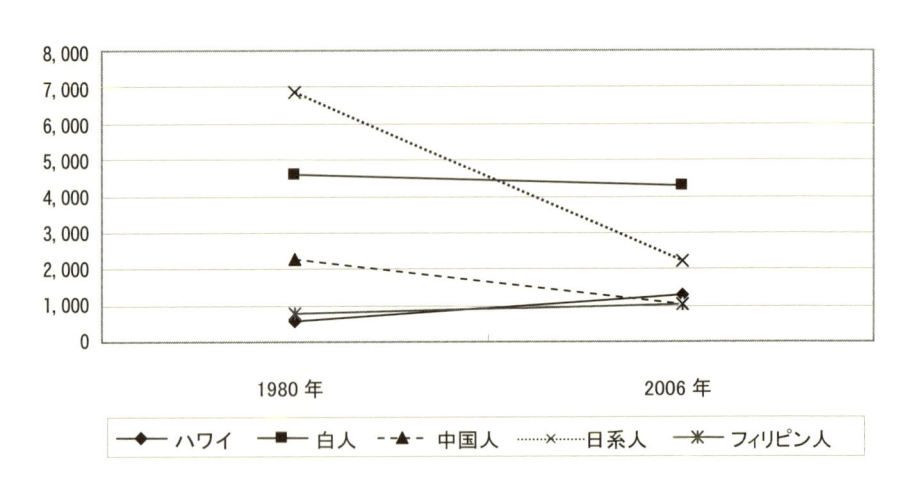

図1-4　ハワイ大学マノア校における人種別進学者の推移

出所）田中圭治郎 1996、および http://www.iro.hawaii.edu/maps/mlexcel.asp （2007.7.5アクセス）より作成。

表1-2　ハワイにおける正規雇用および非正規雇用人数と割合

	2000年	2001年	2002年
正規雇用	456	468	457
非正規雇用	114	110	100
非正規／正規	25.0%	23.5%	21.9%

(単位：万人)

出所）http://www.hawaii.gov/dbedt/info/economic/databook/（2007.7.5アクセス）より作成。

緩和された1999年以降一気に拡大しているが、ハワイではそのような傾向を見て取ることは難しく、むしろ非正規雇用の割合が減少している。したがって、日本とは少し異なった雇用形態を維持していると言うことができるだろう。それは失業率についても同じような傾向が見られた。

　表1-3を見ると、失業率が比較的安定しているのは白人やアジア系であり、失業率がもっとも高いのはネイティブ・ハワイアン、次にヒスパニックと続いている。しかし、もともとハワイの民族性にはあまりあくせく働きたくないという傾向があり、アメリカ本土のデータと比較してみても、ハワイの失業率は決して高いというわけではなく、むしろ低いことも明らかになっている[4]。ここで「使い捨てられる」若者と密接に関連している問題として平均賃金を取り上げたい。**表1-4**は職業別に月にもらっている給料を時給に計算し直し、それをドルで表示したものである。

表1-3　ハワイにおける人種別失業率（2005年）

人種	割合	人種	割合
白人	2.6	ハワイ	5.4
黒人	4.3	ヒスパニック	4.8
アジア系	1.9	その他	4.3

出所）http://www.hawaii.gov/dbedt/info/economic/databook/（2007.7.5アクセス）より作成。

　これを見ると、ハワイにおいての賃金は飲食業を除いてこの数年間でほとんど変化していないことがわかる。問題は一番下の飲食業であり、この賃金だけが他の業種に比べて極端に低い。「使い捨てられる」若者の多くが従事しているマック仕事（Mac Job）と呼ばれる低賃金労働である。マック仕事が労働全体からどのように認識されているのか、アメリカ本土の飲食業のデータを取り出して見ていきたい[5]。

表1-4　ハワイ国内における職業別時給の推移

	2001	2002	2003	2004	2005
資源採掘業	27.56	27.45	28.36	28.44	27.62
製造業	13.18	13.07	12.90	13.50	14.35
卸業	13.49	13.72	15.50	15.86	15.40
小売業	10.86	10.96	11.11	11.52	11.94
金融業	15.22	15.82	16.18	16.20	16.64
飲食業	7.68	7.77	8.39	8.85	9.53

(単位：ドル／1時間)

出所）http://www.hawaii.gov/dbedt/info/economic/databook/（2007.7.5アクセス）より作成。

　1つめは、アメリカの全労働者のうち8人に1人が人生の一時期において、マック仕事と呼ばれるファストフード産業で働いた経験があることである。
　2つめに、アメリカの10代の労働者のうち、少なくとも3分の1が飲食業かスーパー、あるいはコンビニで働いたことがある点である。
　3つめとして、16～24歳の若年労働者のうち20％が飲食業、販売業で働いていることである。
　さらに4つめとして2000年現在、マクドナルドの店舗はアメリカに1万2,400あるが、その中に労働組合がある店は1つも存在していないということである。たとえばスチュアート・タノック（2001）の『使い捨てられる若者たち』を翻訳した大石徹は、ファストフードで働いている人たちには労働組合がないため、そこが一番買いたたける業種になっていると言うのである。ファストフードで働く若者はまさに「使い捨てられる」若者の典型例だと言えるのである。

3. インタビュー調査から見えるハワイの「使い捨てられる」若者の特徴

　そこで、ハワイ州で働く「使い捨てられる」若者たちに対してインタビュー調査を実施し、その分析をしたものが以下の考察である。インタビュー対象者は低賃金労働者であり、主としてファストフードに代表されるマック仕事の労働に従事している若者38人に対してインタビューを行った。ハワイで

の基準にはアメリカの低賃金労働を描いた『ニッケル・アンド・ダイムド』や『使い捨てられる若者たち』の中に登場した仕事に従事し、ハワイの飲食業の平均賃金である時給9ドル（日本円で約990円）以下であることを用いた。その結果、ファーストフードなどの飲食業、清掃業、ケアワークなどに従事する若者が起点となり、以降はその友人関係を利用している。インタビュー調査を行った若者の属性については以下のとおりである。

最終学歴内訳	人数	（％）
①4年制大学卒業	1	(2.6%)
②コミュニティ・カレッジ卒業	4	(10.5%)
③高校卒業（CC中退含む）	15	(39.5%)
④高校中退	18	(47.4%)
合　計	38	(100.0%)

1）大学卒業後に低賃金労働する若者に対するインタビュー

　ここでもっともインタビューが困難であったのは、①の4年制大学を卒業したあともマック仕事に就く若者を探し出すことであった。日本においては、大学を卒業したあとにフリーターとしてアルバイトに従事している若者は少なくないが、ハワイ州では「ハワイ大学を出てマック仕事に就いている人間はいない」と考えられている。その理由を問うと、「彼らはハワイ大学を出ているのに、なぜアルバイトで働くのか」と逆にこちらが問いかけられる場面もあった。

　Q：あなたはなぜ、正規雇用に就かなかったのですか？
　A1：今は自分がどんな仕事に就くのがよいのか、考えている段階です。せっかく大学まで行ったのに、とは思っているんですけど。
　Q：チャンスがあれば、正規雇用の仕事に就きたいと思いますか？
　A1：もちろん就きたいと思っています。せっかく大学まで進学したのに、この状態でい続けるのはつらいです。
　Q：今はどんなお仕事をされていますか？
　A1：大学を出たあとに、父の口利き[①]で、事務仕事に就いています。日

本の観光客をコーディネートするデスクワークが中心です。
Q：いつまでその仕事を続けるつもりですか？
A1：ひとまず、自分がこの仕事に何か楽しさを見つけるまでと思っています。でもその頃になったら、また父が何か言ってくるでしょうね。
Q：それはどういう意味ですか？
A1：いつも、<u>何かあると父が放っておかない</u>[2]のです。

　インタビューの回答では、彼は自分が何に向いているかということがよくわかっておらず、下線部①のように、父親の紹介で正規雇用に就いたが、それがほんとうに自分のやりたい仕事であるかどうか迷っている様子がうかがえた。もし、自分の就きたい仕事があればすぐにでもそちらに行きたい、という流れがあると感じた。あくまでも正規就職することを前提とした上での、一時的な就労形態としての低賃金労働であることが察せられた。また、このインタビューから見え隠れしたのが、下線部②のように、子どもを統制しようとする親の存在である。これは従来の過保護とは異なり、子どもの要求に無条件に応える親の存在ではなく、どちらかと言えば親が主導的な立場に立って、子どもの素行を心配したり、将来への道筋をつけようとする管制塔としての役割をもつ。この傾向は後述する「ヘリコプター・ペアレンツ」として一部富裕層のアメリカ人の家族形態として指摘されはじめている。

2) コミュニティ・カレッジ卒業後に低賃金労働をする若者に対するインタビュー

　ハワイにはコミュニティ・カレッジが計6キャンパス存在する。その多くがハワイ大学群の中にあり、4年制大学の3年次への編入も盛んに行われている。そもそも、コミュニティ・カレッジの社会的な機能には、大学への編入と職業教育を目的とする2コースが並列しており、それぞれに就学意識の異なる学生層を入学させている。カレッジ卒業生の多くは自前で学費を弁済していた経験をもち、そのときの就労形態が低賃金労働であったことが、それを継続するきっかけにもなっているようである。今回の面接対象者は、カレッジ卒業後しばらくしてからハワイ大学への編入学を考えているA2と、

もともと勉強が好きでなく、仕方なくカレッジへ進んだとでも言うべきA3に対するインタビューである。

　Q：あなたはなぜ、正規雇用に就かなかったのですか？
　A2：僕は将来、大学を出て作家になりたいんだ。カレッジに入学する前にもアルバイトで学費を稼いでいた。家がそんなに裕福じゃなかったし。でも将来、やりたいことは決まっている③から、今はそれに向かってがんばらないといけない時期だし。だから、仕事をしながらでも作品が書けるアルバイトのほうが時間の融通が利くので、カレッジを卒業するときに、正規雇用に就かなかったんだ。
　A3：高校の成績もそんなに悪くなかったからカレッジまで進学したけど、そのときになって初めて「自分のしたい仕事は何だろう」って考えた④んだ。でも答えが出せなかった。何かの仕事をしないと生活ができない。そうなると、アルバイトをいくつも掛け持ちしないと生活できないから、結果的に今の状態になった。
　Q：チャンスがあれば、正規雇用の仕事に就きたい？
　A2：作家になることを考えると、あんまりフルタイムの仕事に就きたいとは思っていない。でも万が一、作家になれなかったら、今みたいなアルバイトばっかりの仕事よりもフルタイムの仕事に就きたい。そのときにはカレッジに入学したときみたいに、ある程度お金を貯めてから、大学に行くよ。
　A3：そりゃ、この状態を続けたくはないよ。早くフルタイムの仕事に就きたい。でもフルタイムでも、賃金がすごい安いところもあるから、そんなところじゃない仕事に就きたいね。あれじゃアルバイトとかわらないから。

　彼らの意見は大きく分けて2つある。1つは下線部④に見られるように、前述の4年制大学卒業者と同様、自分の将来の展望がはっきりしておらず、天職を探している若者である。もう1つは下線部③のように希望している職

業を決め、そのために時間に融通の利く「経過的措置」の仕事としてアルバイトをしている若者である。どちらも主体的に「使い捨てられる」ことを選んでいるが、その理由は大きく異なるのである。

ごくまれに、上述したような大学・短大を卒業した若者の中にもフリーター生活を余儀なくされている者も存在しているが、彼らが口にする「せっかく大学（短大）まで出たのに」は、高等教育卒業後はフルタイムの仕事に就くのが当然であるというアメリカの一般的な考えと自分たちの状態が相反していることを理解した上での発言だと考えられる。

3) 高校卒業後に低賃金労働をする若者に対するインタビュー

アメリカにおいては、高校を卒業した段階で、いったん社会に出る若者も少なくない。しかしながら、彼らを待ち受けているのは「高卒」に対する非熟練型の職種である。ハワイにおいては、観光客を相手にした土産物屋の店員であったり、警備員であったりといった職種がそれにあたるようである。そのほかに、いったん軍隊に入ってお金を貯め、奨学金を受けながらカレッジや4年制大学への道筋をつけようとするといった進路選択が一般的である。

今回のインタビューでは、公立学校に通っていた時分にしっかりとしたカウンセリングを受けることができず、進路選択に迷っているＡ4、高等教育機関への進学を経済的な理由によって断念せざるを得なかったＡ5、もともと教育に対して投資するという意識が希薄なＡ6の3者にインタビューをすることができた。

Q：あなたはなぜ、大学に進学しなかったの？
Ａ4：本当は大学に行きたかったけど、そんなに頭が良くなかったから。僕は公立高校に通っていたけれど、先生やカウンセラーはあんまり教育熱心じゃなかったかな[5]。それじゃ高校卒業したら早くお金を稼がないと、と思ってアルバイトを掛け持ちしてる。
Ａ5：大学はお金がかかりすぎる。あんなに多くのお金を払ってまで大学に行きたくない。それならアルバイトをたくさんしたほうがお金が貯

まるから。もともと、どうしてあんなに大学の授業料は高いんだろう。僕らにとって<u>大学なんてもともと限られた人が行くところだと思っている</u>⑥しね。
A6：アルバイトの貯金をくずしたり、軍に奉仕することと大学に進学することを天秤にかけたら、<u>大学にお金を払うのはもったいない</u>⑦。それなら自分たちの生活に使ったほうがよい。
Q：あなたは正規雇用に就きたいと思いますか？
A4：そりゃあフルタイムの仕事はしたいけど、高校しか卒業していない自分では、あんまりいい仕事がないから、結局はこのままの気がする。
A5：手っ取り早くお金が稼ぎたいから、あんまり正規雇用にこだわっていない。
A6：したいけど、自分の学歴だと無理だろうね。家のことを考えると、今自分が働かなかったら、誰も稼ぐ人間がいないから。

　高校卒業者のインタビューからは、下線部⑥のように学校や家庭環境から進学を断念したという意見が出てくる一方で、下線部⑦に見られるように、大学は学費が高いから行けないという意見も多く聞かれた。また、下線部⑤では、高校のキャリアガイダンスの失敗が指摘できる。ハワイにおいては、成績上位者への進路指導が手厚くなされており、チューターやカウンセラーが彼らとの間にポートフォリオを作成して熱心な指導をしている一方で、A1の若者のように進路選択に迷う者に対してはあまり積極的な関わりをもたないことも少なくないようである。これらのインタビューの背景には、総じて彼らの家庭環境の低さを感じた。対象者の中には、自分の収入だけで家計を支えている若者もおり、少しでも多くの収入を得ることが当面の目標となっている。それは、教育への依存を低め、自ら進んで低学歴層へとどまることを選択しているようにも感じた。こうした若者にとって、大学進学は他人事となるのである。

4）高校中退後に低賃金労働をする若者に対するインタビュー

ハワイでは、全米の傾向と同様に中退率が低くなく、さまざまな理由によって学習の継続を中途で断念するケースが見られる。今回のインタビューでは、収入があるだけでもよいというA7、フルタイムの仕事では求人対象にもならないことに不満をもらすA8、とにかくお金が欲しいから職種を選ばないというA9にインタビューを実施した。

Q：あなたはなぜ、正規雇用に就かなかったのですか？
A7：高校を卒業できなかった自分が<u>アルバイトできているだけでもありがたい</u>❽。フルタイムで仕事なんかできるわけがないじゃないか。
A8：高校をやめてから、いろいろ仕事を探したが、<u>フルタイムの仕事がなかった</u>❾ので、アルバイトを掛け持ちする状態が続いている。仕事がないから、仕方がない。
A9：毎日コツコツ働くなんて、自分の性に合っていないから。とりあえず<u>早くお金を稼ぎたかった</u>❿から。
Q：あなたは正規雇用に就きたいと思いますか？
A7：できればフルタイムで働きたいよ。でもそうするためには、アルバイトでお金を稼ぐか軍に行ってから大学に行かないといけないけど、うちの経済状況では、とても無理だ。結局、今の状態続けるしかないんだろうね。
A8：フルタイムで仕事をもっても、今の学歴じゃ賃金があまりにも低いものばかりだから、結局仕事を掛け持ちするのなら、アルバイトでもどちらでもいいか、と思うようになってきた。どうせ<u>俺たちにできる仕事はこんなものしかない</u>⓫。
A9：別に、楽して稼げるならアルバイトだって構わない。あんまりフルタイムとかにこだわっていない。

高校中退者のインタビューでは、高校卒業者と同様に「正規雇用には就けない」といった諦めの雰囲気が漂っていた。その中でも下線部⓾に見られるように「手っ取り早く稼ぐ」といったやや病的とも言える就労観が見え隠れ

する。また、「コツコツまじめに働きたくない」「学歴のない自分が仕事に就けるわけがない」といった、職業に対する否定的な意見も多く聞かれた。家族の中で自分しか働ける人間がいない、住む家がない、両親が離婚しているなどの家庭環境の貧しさはそのまま彼らの就業環境に直結し、結果としてフリーター状態になっているのだ。

　ハワイの沿岸部には家をもたない世帯が居住地として生活しており、彼らの一部には生活保護を受けて生計を立てている者も存在していた。このように正規雇用に就こうとも考えていない、就けると思っていないところに彼らの特徴があると考えられる。加えて、正規雇用に就けない若者たちの中にも多様性があることを指摘できる。それは下線部⑧の若者のように、どちらかと言えば謙虚に自分自身の立場と職業世界を比較しながら低賃金労働に就いている者を一極とすれば、その対極には下線部⑨や⑪に見られるような、定職に就けない不満を社会そのものの不平等に転嫁させて、自己を合理化しようとする若者も存在するのである。

　以上のインタビューから、ハワイにおける「使い捨てられる若者」は以下のようにまとめることができる。

　1つめに、大学を卒業したあとに低賃金労働に従事する若者の絶対数は少ないということである。ハワイの学生にとって、在学中のアルバイトはほぼ当たり前のこととして受け止められているが、それを卒業後も続けるといったケースは少ない。それは、アルバイトが授業料を稼ぐための手段であると割り切っており、大学卒業後はフルタイムの仕事をすると社会の側も若者自身も考えているからである。

　2つめに、コミュニティ・カレッジを卒業したあとにもフリーターを続ける若者の中には、自分の志望する職業をすでに決めており、それを実現するための仮の姿としてフリーターになっている若者の存在があった。彼らは、作家になりたい、音楽家になりたいといった類の将来の夢を追いながらも、その実現のためにはなんらかの仕事をする必要があるためにアルバイトに従事している。いわゆる経過的措置として「使い捨てられる」ことを選択している若者であると言えよう。

3つめに、高校卒業を最終学歴とする若者の多くからは、家庭環境に不利があったために大学に進学したいができなかったという意見が聞かれた。

しかし、一方で「進学にはお金がかかるから嫌だ」というように、今、目の前にあるまとまった収入を欲している若者がいたことも指摘しておきたい。この原因には、高校での進路指導の影響が考えられる。ハワイでは、私立高校のほうが公立高校よりも生徒への進路指導や教育に熱心であることがインタビュー対象者から聞かれた。プナホウ高校やイオラニ高校などが該当するが、授業料の高い私立高校は、入学した時点で大学進学することを前提とした教育が行われている。したがって、授業時間や宿題が多いこともさることながら、第二外国語のクラスも高水準である。また、教師やスクールカウンセラーなども生徒一人ひとりに適した指導を行いやすい。ゆえに、私立高校へ進学した子どもたちの多くは、成績上位者ほどアメリカ本土の大学へ進学する傾向が見られ、その次の学力階層に位置する者がハワイ大学を進路とするのである。一方で、公立高校へ通う子どもたちの場合の進路は、その高校によって大きく異なり、公立学校でも教師やカウンセラーがよく子どもたちに働きかけている学校もあれば、まったく生徒のことなど気にしない教職員が多い学校もある。このような学校間の相違が若者の進学・就業意識に影響を与えていると考えられる。

最後に、高校を中退した若者については、「自分が正規の仕事に就けるわけがない」「今、アルバイトができるだけでも助かる」といった意見が聞かれた。

ここで注目したいのが、彼らの学歴の低さとエスニック・マイノリティとしての位置づけに関連が見られたことである。この項目に該当する18人のうち、日系やフィリピン系、アメリカ本土からやってきた移民はほとんどおらず、反対にヒスパニック、混血ハワイ人などが多くを占めていた。その理由として日本やフィリピンなどの東アジアを祖国とする移民は、教育や教師に対しての価値づけが高いが、ハワイ本土にはそのような意識が薄いことも関係しているだろう。しかしながら、社会のマイノリティに位置する若者の多くが高校を中退し、そのままアルバイトで生活せざるを得ないことは、その後に、彼ら

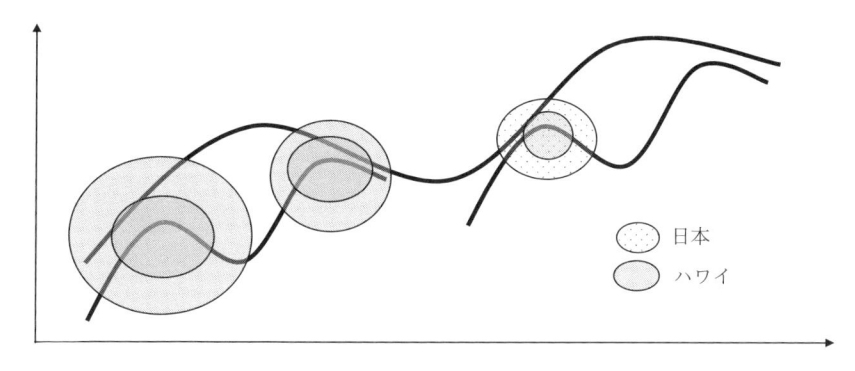

図1-5　日米における「使い捨てられる」若者発生のモデル図

の子どもたちにも悪循環をもたらす要因となることは想像に難くない。

　インタビュー調査から、**図1-5**のようなモデル図を作成することができる。ハワイの場合は、たしかに、学力上位の下の部分からも若干ながら「使い捨てられる」若者も出ているが、それはわが子を学校卒業後も養うことができる白人層の一部でしか見られない。それよりも高校中退や高校卒業といった学力下位に位置づく層、いわゆる社会的に排除された対象である若者の中から「使い捨てられる若者」が発生していると言える。それに対して、日本の場合は、学力分布で見た場合のいずれの層からもある程度均一に使い捨てられる若者が発生している。

　この調査に参考という形で沖縄において就労問題に関するインタビューを行っている。インタビュー対象者はハワイでのインタビュー調査同様に低賃金労働に従事している16-25歳の若者23名である。内訳は以下のとおりである。

最終学歴内訳	人数	(％)
①4年制大学卒業	1	(4.4％)
②短大卒業	3	(13.0％)
③高校卒業（大学中退含む）	8	(34.8％)
④高校中退	11	(47.8％)
合　計	23	(100.0％)

①の4年制大学卒業者は本州の大学に進学したとのことであった。沖縄では本州のことを「内地」と呼ぶが、彼らは内地の大学に行って、内地で就職する。しばらくは内地にいるが、その後公務員になって地元へ帰りたいと答えるのだ。このインタビュー対象者もまず沖縄に帰ってくることが第一で、できれば公務員になりたい、と答えた。インタビュー対象者の友人に地元の大学を卒業したあとにフリーターとなっているものもおり、友人は「まず公務員志望で、その後地元に帰りたい」とのことであった。地元の大学以外の学生は「まず沖縄、できれば公務員」と言い、地元の大学の学生は「まず公務員、できれば地元で」と答え、優先順位が異なる。②の短大卒業者も「まず沖縄から出たくない」という回答が多く、地元志向の強さをうかがわせた。③の高校卒業者はできれば地方公務員、郵便でも何でもいい、とりあえず公務員がいい、手っ取り早く仕事をするなら観光業があるということを答えた。④の高校を中退した若者は、「とりあえずバイトでもあればいい」という答えが出てきた。

　沖縄調査からうかがえることは、学歴の上位になるに従って、学歴へのよりかかりの構造が見られるということだ。したがって、沖縄はハワイと同様の傾向が見られると考えられる。沖縄は公務員志向の傾向が非常に強く、それと同じくらい沖縄で仕事をすることに重きを置いているのである。若者は、公務員、家業、観光業、肉体労働、何でもいい、という順番によって学歴階層があるというのが明らかとなった。また、長男であれば沖縄に絶対に帰らなければならないという風習が強く、これは非常に沖縄に特徴的だと考えられる。長男は絶対に帰らないといけないため、内地の大学に行って就職試験をすると不採用になる場合が少なくない。なぜなら、長男は沖縄に帰ることを企業側も承知しているため採用を控えている、という回答が散見された。言い換えれば、沖縄では教育の不足が貧困の原因となっているということである。ここで言う「貧困」というのは、いわゆる時給労働の貧困という意味だが、教育の不足が貧困の原因となっている傾向が沖縄において見られるのである。このデータがハワイに類似しているため、日本国内であっても内地と沖縄のデータは少し切り分けて考える必要があるだろう。

4.「使い捨てられる」若者の背景にあるもの

　日本国内だけではなく、先進諸国共通の問題として取り上げられている「使い捨てられる」若者の背景にはいったい何があるのだろうか。ここでは7点に触れて結びにかえたい。

　1つめはマクドナルド化[6]の進展である。マクドナルド化とは、ジョージ・リッツアが1999年にマルクスに対抗する形で定義した言葉である。マクドナルド化と共通点の多いフォーディズムは均質な大量生産、精密な技術体系、標準化された作業、徹底したマニュアルの浸透による非熟練労働者などの特徴が挙げられる、マクドナルド化の広がりは同時に非熟練労働者の増加を意味し、仕事に従事するに従って彼らの多くに思考力の低下をもたらすゆえに、マクドナルド化が社会のあらゆる場所に蔓延したことで若者自身から思考力を奪い、「マクドナルド化された社会への従順な参加者に仕上げている」と考えられる。

　2つめは、国内で実施されているさまざまな公的援助は十分な効果をもたらさないのではないだろうか、という点である。例えば、次の表を見ていただきたい。

表1-5 「一生低賃金で働く」ということについてどう思いますか？

「賛成」＋「どちらかといえば賛成」	33.7	(n=35)
「反対」＋「どちらかといえば反対」	62.5	(n=65)
どちらともいえない	3.8	(n=4)
合　　計	100.0	(n=104)

　「一生低賃金で働くということについてあなたはどう思いますか」と日本の低賃金労働者にたずねたところ、「それでいい」「どちらかといえばそれでいい」と答えた若者が33.7％も存在した。つまり、日本の公的援助は「現在」フリーターやニートである若者に対しての対処療法的な政策は取られている。しかし、「今後」フリーターやニートを出さないためにはどのような施

策を講じればよいかという計画論的な視点がないところに問題がある。日米の比較をして明らかになったのは、日本においての「使い捨てられる若者」は高学歴でありながら学校での成績がふるわず、学校を卒業したとしても、「使い捨てられる」若者は存在する。ところが、ハワイのデータは、「使い捨てられる」環境にとどまらざるを得ない若者が多く存在する、ここが日本と大きく異なるところなのである。

　3つめに、主に日本の若者に「下流志向」[7]と呼ばれるような考え方が支持されている、ということである。それを裏づけるデータとして、図1-6を見てもらいたい。これは、産能大学が大学を卒業して新規参入した22歳の若者に対して調査したアンケートの一部である。最終的な役職者に「社長」を挙げる若者がどんどん順位を下げてきているのである。その背景として「どうして社長になりたくないの」と聞いてみると、「今は企業の汚職の問題が随分とマスコミをにぎわしていて、社長などは不祥事を起こしたらマスコミの前で頭を下げなくてはいけない。あれがどうもいやだ」との回答があった。つまり、責任のある地位に就きたくないといった考えをもつのである。このように日本で社長になりたい若者がどんどん少なくなっているのは、内田樹

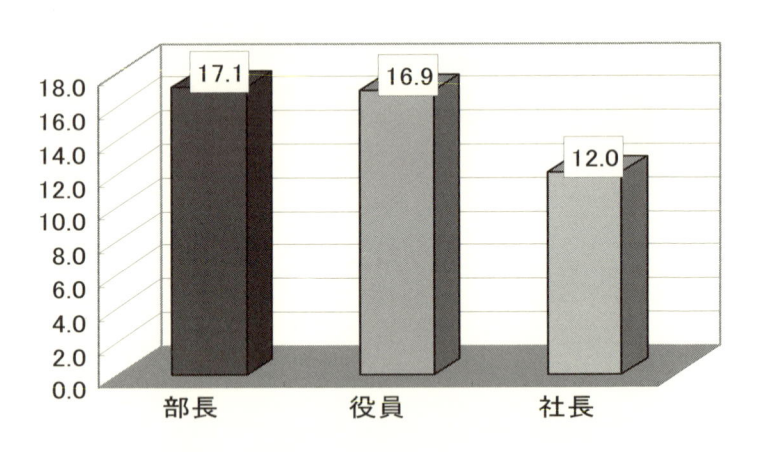

図1-6　最終的に目標とする地位・役職

出所）産能大学「2007年度新入社員の会社生活調査」より作成。

の言葉を借りるならばまさに「下流志向」の社会が始まっていると言えるかもしれない。つまり、「あえて下流を志向する」の「あえて」の部分が現代日本の若者を語る上でのキーワードになるのかもしれない。わざわざ自分の収入や社会的地位が向上するにもかかわらず、それがもたらす万一の事態があったときにとらなくてはならない責任から降りてしまうのである。労働とそれがもたらす価値がなるべく均一になるように振る舞う態度そのものに、内田は警鐘を鳴らしている。なぜなら、若者は自分が判断したことであれば、長期的な視点から見ると、たとえそれが不利なものであっても自己完結してしまい、結果としてフリーターやニートといった「使い捨てられる若者」になってしまうからである。

　4つめとして、いわゆるユースフォビアの問題がある。もともとフォビアというのは、嫌悪感とか憎悪感といったものを指すが、ユースフォビアは大人がいまどきの若者たちに対して使う嫌悪感や恐怖を示している。「いまどきの若いもんは……」や「あいつはダメなやつだ」といった感情がある。こうした大人たちが学力最下層の子どもたちや若者に向けている視線は、まさにアメリカの低賃金労働者に対する企業や上司のそれと酷似している。しかし、塾調査のインタビューをとおしてわかったことは、学力最下層の子どもたちに対して、「あいつらはろくでもないやつらだ」といった意見が、子どもたちからはほとんど聞かれなかったことである。子どもたちは、自分よりも学力上位、もしくは学力下位の集団にいる同級生を、排除の対象として、「おれたち（we）」の範疇からは除外するが、彼らに対して、「あいつら（they）は将来ろくなことをしないから、何か早くから手を打たないとダメだ」といった類の憎悪の感情はもたないようである。

　それは、「ユースフォビア」にかられた大人たちの若者への視線、すなわち「勉強しないあいつらは、きっと犯罪を起こすに決まっているから、勉強させないと危険だ」といったものとは異なる。

　教育改革国民会議の焦点だった「無才や非才に対する実直な精神の注入」は、子どものうちから国や企業の言いなりになるしかない若者を育てることにほかならない。これが、新自由主義に見られる教育の市場化と一体となっ

たとき、子どもたちの中にはますますメンタリティの差異が生まれ、「ユースフォビア」にかられた大人たちの価値観をそのまま受け継いだ子どもが出てくるとも限らない。

5つめに、アメリカの『ウォールストリート・ジャーナル』に掲載された言葉だが、ヘリコプター・ペアレンツと呼ばれる過保護な親の存在である。彼らは自分の子どもの上にいつでも下降できるようにホバリングしている。もし子どもに何かあればすぐに駆けつけ、親が子どものトラブルシューティングをしてやる。それが終わると再び上に戻る、そんな親の存在である。例えば、入学手続きのときに親がやってきて、単位の一覧表に記入して、わからないことがあると、親が先生に聞きに来る、という光景が最近の大学では見られるのである。ヘリコプター・ペアレンツは、主に高等教育の現場で散見された過保護な保護者であったが、現在では就職活動に親が参加する事例も紹介されている。教育から職業世界への移行に際してもっとも必要なものは、「自分はどんな仕事に就きたいのか」といった若者自身の就業意識である。しかし、ヘリコプター・ペアレンツの問題から見えてくるのは、そこに親が与え影響が大きくなることである。子どもが「何をすればいいか」と考える以前に親から「この仕事がいいのではないか」といった誘導があれば、本来ならば別に志望する仕事があったとしても親が紹介した仕事に就いてしまうような若者が存在する。その結果が、一度就職したとしてもすぐに離職してしまう若者の増加につながってはいないだろうか。

反対に、大学を卒業したわが子が、「何か好きなことをやりたい」と言ったときに、当面の間、彼らは自分の収入でわが子を養い、好きなことをさせることにためらいはしないであろう。このように子どもから離れられない親の存在が、高学歴な働く貧困層を支えている場面が少なくない。なぜなら、働く貧困層が得た収入では自立した生活を送ることが不可能であるため、彼らを養う家族の存在が考えられるからである。

志水宏吉(2007)は「効果のある学校」から着想を得て、経済資本やブルデューが提唱した文化資本、コールマンやパットナムが提唱した社会関係資本では子どもたちの学力を保障し、不平等を乗り越えるには不十分だと考え

た。その結果、提唱されたのが「教育資本」の概念である。「教育資本」は、通常「教育にかけるお金」や「教育につぎ込まれる経済資本」のことを指す場合が多い[8]。しかし、ここで定義する「教育資本」はそれとは異なる。「教育資本」とは、子どもに対してどのくらい関心が高いのか、あるいは教育に対してどのくらい関心があるのかが、子どもたちの周りにある家庭や環境といった階層の垣根を乗り越えることができる方策となるかもしれないという指摘である[9]。例えば、庶民的な暮らしをしていても、子どもの教育に人一倍の熱意がある親がいる家庭は教育資本の高い家庭であり、教育資本の高い親に育てられることによって生まれながらの階層の不利を乗り越えることができると考えるのである。

　もう1つは、学校の問題としても語ることができる。たとえ教育条件に恵まれない公立学校であったとしても、児童・生徒一人ひとりに熱心な先生が多く存在する学校ほど教育資本の高い学校であり、教育資本の高い学校であればあるだけ、子どもたちに対して濃い水準の教育を提供することができるという論に立つ。したがって、迷路にたどり着かない若者や経過的措置として「使い捨てられる若者」が生み出されやすい層である、文化的・社会的に階層下位であっても教育資本という考え方によって、それを救済したり乗り越えたりすることが可能となるのである。実際には大阪府教育委員会の調査からは、特に小学校段階では、学校の取り組みの工夫によって子どもたちの基礎学力の下支えができているという結果も報告されている[10]。また、教育資本の概念は、教師や学校での教育力の高さが熱意として親にも影響するため、子どもたちの学力を支え、自主的な進路選択を促す方向に向けられるとも考えられる。

　最後に、子どもたちの学力を保障しないまま、現状の「使い捨てられる若者」を放置した場合、日本がどのような姿になってしまうのかについて論じ、日本型「野郎ども」の登場とそれに伴う階層化への懸念を指摘して本章を閉じたい。

　ポール・ウィリス（1976）は『ハマータウンの野郎ども』の中で、イギリスのハマータウンにいる「野郎ども」、つまり労働者階級の子どもたちと学校

教育の関係はほとんど機能していなかったことを明らかにしている。それは、真面目に勉強して、ましな仕事に就くことは中産階級である「奴ら」の価値観に従うことだと考えていた者が多かったからである。したがって、彼らにとって勉強することは何の意味ももたず、むしろ「仲間」や「社会保障」「労働組合」などが労働者の文化と親和的な関係であった。それが階層上位の人間がもつ文化と対抗しているというのがウィリスの指摘である[11]。学校教育から落ちこぼれてしまった若者を甘んじて受け入れる文化が、当時のイギリスには存在していたのに対して、日本には学校から落ちこぼれた「野郎ども」を受け入れるような価値観はもともと存在しない。これはイギリスとの最大の違いであろう。イギリスでは教育を受けることは定められているが、教育を受ける場所は自由学校など必ずしも制度化された学校でなくてもかまわなかった。それに対して日本では、教育はすべての子どもたちを巻き込む営みであり、教育を受けるには学校に行く以外の手段は用意されていない。また、すべての子どもたちが学歴獲得競争に参加する「大衆教育社会」では、そこから落ちこぼれる子どもたちが発生し、彼らをどのように労働の世界に移行させるかということまでは想定しなかった。労働の世界に移行するためには、前提として学校教育を（どの段階であれ）終了しなければ、新卒として一括採用される正規雇用に就くことができないからである。

　だが、ゆとり教育や学力低下論争から見えるのは、学校教育になじめない、もしくはなじまない若者、すなわち学校文化に価値を見出せない若者の存在である。それはウィリスが描写した「野郎ども」の日本版とも呼ぶべき若者の出現である。しかし、前述したように「野郎ども」を受け入れるような文化は日本にもともと存在していないため、当然の結果として彼らは社会から問題視される。それがフリーターやニート、ワーキング・プアといった「労働弱者」となる若者たちであり、それが社会からは「あいつらはまともに働きもしないダメなやつら」といったフォビアの視線で語られているのである。

　一方で、「野郎ども」の文化がもともと存在していたイギリスでさえも変化が始まっている。イギリスでは、1970年代より社会的「排除」の概念が新自由主義のもとで政策転換され、ブレアの登場以後は、社会的「包摂」へと向

かいはじめたのである。イギリスでのインタビューの際も、労働者階級の文化そのものに揺らぎが生じている印象を強く受けた。

　サッチャー以後のイギリスにおける教育制度で、いずれの子どもたちも国家が行う統一テストから逃れることはできないなど、以前の日本のように子どもたちすべてを巻き込む教育へと変化している。

　また、今回の調査地であるハワイにおいてもイギリスと同様の傾向が見られた。本来、ネイティブ・ハワイアンやアメリカの労働者階級の価値観であった「肉体労働を志向する」「家庭を大切にする」「あくせく働かずにのんびり過ごす」といった価値観そのものが変化しはじめ、かつての日本に見られた勤勉と過労働の傾向を示しはじめている向きもある。逆に、日本の一部の若者たちにハワイ的、イギリス的な就労意識が散見されはじめたことは皮肉な感を禁じ得ない。

　この間、日本の教育改革は、ゆとり教育に見られる経験主義や地方分権的な教育政策に方向転換し、かつてのイギリス、アメリカ型のそれに向けて進んできた。逆に、イギリス、アメリカ両国の教育改革が競争的、中央集権的な日本型の教育制度に向けて舵を切ったとの指摘がなされている[12]。以前のイギリスであれば、学校からこぼれ落ちた「野郎ども」は教師側からも子ども側からも「それは個性だから」という言葉で収斂され、学校で学力の高い子どもと同じ教育を受けられないことに対して何ら不平等とは思わなかった。むしろそれは自分たちの「個性」であり、彼らに必要な教育があると教師も子どもたちも考えていたのだ。

　反対に、ひと昔前の日本では誰でも同じ教育を受け、「みんな同じ」ことを目指しつつ子どもたちの「個性」を育てようとしてきた。そして、子ども一人ひとりの教育的なニーズを把握する前に集団としての規律やルールを守ることが重視された。もし、学力が低い子どもたちの授業内容が学力の高い子どもたちと異なるならば、親や教師、そして社会から「それは不平等である」と非難された。すべての子どもたちに同一の内容を教えることが、すなわち「平等」の共通認識だった。したがって、両国がもつ「平等」や「個性」の認識はまったく対照的であったのである。

ところが、インタビューやアンケートから見える両国の平等観は、それとは異なるものであった。イギリスの子どもたちは、それまでの個別学習からナショナル・カリキュラムに変更し、かつての日本と同様にすべての子どもたちが同じ教育を受けることを目指している。

一方で、日本の子どもたちは、昨今の教育改革によって、以前のイギリス見られた個別学習や能力別学級編成を基盤として学んでいるのである。その背景に潜むのは、子どもたちに選択を委ね、結果責任を自らに帰すという新自由主義的な考えである。

教育改革のベクトルがお互いにそれまでとはまったく異なる方向を向いたことによって、社会のあり方自体が日本と欧米でお互いの国のかつての特性に近づきつつある予兆を感じる。それは、日本型の階級社会の萌芽につながる足音なのかもしれない。

注
1 苅谷剛彦, 2001, 『階層化日本と教育危機―不平等再生産から意欲格差社会』有信堂高文社.
2 原清治, 2007, 「学力構造からみる社会的排除の構造―塾調査の分析における子どもたちのメンタリティに注目して―」『佛教大学教育学部論集』第18号, 79-90頁.
3 小杉礼子, 2003, 『フリーターという生き方』勁草書房.
4 "Hawaii Report" http://www.hawaiireporter.com/story.aspx?e3e80f30-e6ad-431f-ac77-0c739c94ad93 (2006.9.5アクセス) より作成.

	ハワイ	アメリカ全体
失業率	2.8%	5.4%
平均収入	$32,172	$36,316

5 大石徹, 2004, 「ファストフードの現場では―各国の労働運動」『職場の人権』第26号, 27-64頁.
6 リッツア, ジョージ, 1999, (正岡寛司監訳)『マクドナルド化する社会』早稲田大学出版部.
7 内田樹, 2007, 『下流志向』講談社.
8 志水宏吉, 2007, 「教育資本について」『教育文化学年報』第2号, 大阪大学大

学院人間科学研究科教育文化学研究室，12頁．
9 同上，16-18頁．
10 同上，15頁．
11 Willis, Paul, 1977, *Learning to Labor: How Working Class Kids Gets Working Class Jobs,* Gower Publishing（＝1985，熊沢誠・山田潤訳『ハマータウンの野郎ども：学校への反抗，労働への順応』筑摩書房，241-299頁）．
12 志水宏吉，2000，「国際化と教育」，米川英樹・宮崎和夫『現代社会と教育の視点』ミネルヴァ書房，52-56頁．

引用・参考文献
阿部真大，2006，『搾取される若者たち』光文社新書．
岩田正美，2007，『現代の貧困』ちくま新書．
内田樹，2007，『下流志向』講談社．
城繁幸，2006，『若者はなぜ3年で辞めるのか』光文社新書．
「職場の人権」研究会，2006，『職場の人権』第43号．
堀有喜衣，2007，『フリーターに滞留する若者たち』勁草書房．
本田由紀，2007，『若者の労働と生活世界―彼らはどんな現実を生きているか』大月書店．
山田昌弘，2007，『少子社会日本』岩波新書．
Tannock, Stuart, 2001, *Youth at Work: The Unionized Fast-food and Grocery Workplace,* Temple University Press（＝2006，大石徹訳『使い捨てられる若者たち』岩波書店）．

第2章 大学から職業への移行をめぐる日本的文脈

小方直幸

1. キャリア教育ブームへの違和感

　この分野の研究を始めたのは1991年頃だったと思う。文部科学省の『学校基本調査報告書』によれば、当時の大卒者の就職率は83％、進学率は7％で、9割は卒業と同時に就職ないし進学をしていた。大学から職業への移行に関心をもつ人や研究者も多くなかった。ところが期を同じくしてバブル経済がはじけた。その後、大学生の就職状況は悪化の一途をたどる。90年代半ばにオイルショックによって悪化した70年代半ばの就職状況に並んだ後、もっとも状況が悪化した2003年には、就職率が57％、進学率は11％で、3人に1人は卒業と同時に就職も進学も決まらない状況となった[1]。

　これに呼応するかのように、若者の就職問題は一躍脚光をあびることになった。現在では、フリーターやニート、あるいはキャリアをテーマとする論文や書物が巷に溢れている。学会も例外ではない。日本インターンシップ学会ができたのは1999年、また日本進路指導学会は2005年に日本キャリア教育学会に名称変更した。政策レベルでも、2003年に「若者・自立挑戦プラン」が取りまとめられ、2006年には現代GPのテーマとして、「実践的総合キャリア教育の推進」が設定された。

　キャリア教育やキャリア支援に関する研究が進展し、また実践レベルでの取り組みが充実することは決して悪いことではない。しかし、最近のキャリア教育ブームとも言うべき動向に対しては、どこか腑に落ちないものがあった。その違和感とは、このブームがカバーしていないところに、より根源的な課題が潜んでいるのではないか、ということだ。

例えば、いわゆる非正規雇用の議論で暗黙に望ましいと想定されている正規雇用自体も、大きく変容している可能性がある。職業人として成長するには、大学教育だけでなく企業内教育も欠かせない。しかし、企業による Off-JT または計画的 OJT の実施率は、企業の利益水準が低迷した90年代後半から低下し、その後利益水準が回復する過程にあっても、実施率が高まる傾向にない（厚生労働省 2006、193-194頁）。

　大学におけるキャリア教育やキャリア支援は、それを補完するものだろうか。進学該当年齢人口の40％以上が大学に行き、学生の能力や価値観が多様化する時代にあって、学生に仕事観を植え付け、将来設計を明確にさせるだけでは、おそらく事態は好転しない。在学中に何をどのように学ばせ、どういう能力を備えた学生を社会に送り出すか。問われているのは、大学教育そのもののあり方ではないか。社会で通用する実質的な知識・技能あるいはその基礎を身に付けていないキャリア意識の醸成は、ただ空転するだけだろう。

　90年代半ばには、大学から職業への新たな移行形態として、新卒派遣というものが登場した。これも見方を変えるならば、企業の新任教育が衰退し、かつ大学もそれを補完することができないという、大学教育と企業内教育のスクラム体制が綻び、その歪みを象徴的に示す出来事だったと言える。

　以下の考察では、フリーター、ニートや派遣、あるいは大学におけるキャリア教育、キャリア支援といった、現代の若者の就職や労働に関わる課題が先鋭的に現れているトピックについて触れることはあえて避けることにした。その意味では、従来型というか、オーソドックス過ぎて新鮮味に欠け、読者の方は少し退屈に思われるかもしれない。

　しかし図2-1に示すように、大学から職業への移行を考えるための視点は、もっと重層的なはずである。そのためこの章では、分析の枠組みとして2つの「視点のズラシ」を行う。1つは、スコープについて。個人の考え方・行動や大学における各種の取り組みといった主体のレベルを、企業にまで拡大することにする。もう1つは、シークエンスについて。明示的だが、短期的な成果・効果を期待するものから、制度や具体的な取り組みとしては明示的ではないかもしれないが、逆にだからこそ、中長期的に安定した機能が期待で

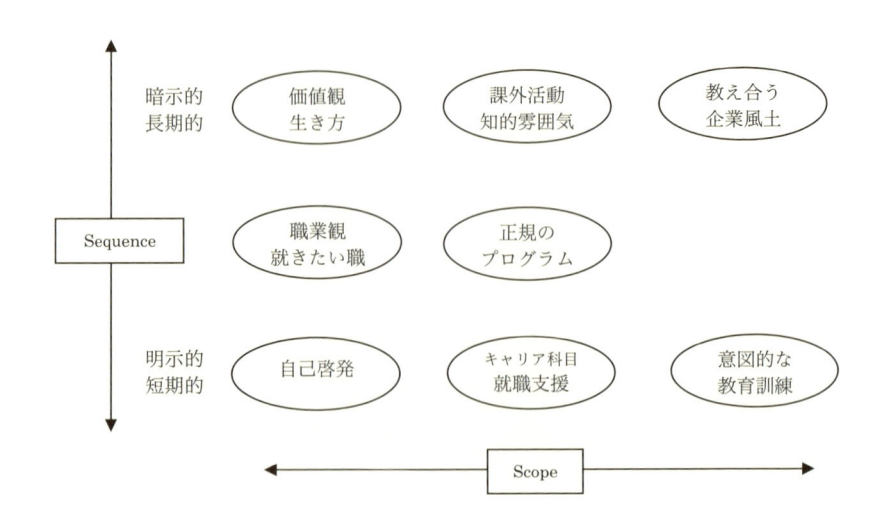

図2-1　大学から職業への移行を考えるための視点

きるものにまで、視点を拡充する。

　構成は以下に示すとおりである。まずは、大学から職業への移行をめぐる日本的文脈を今一度おさらいの意味を込めて把握した上で (本章2)、大学教育と職業とのつながり方を「職業教養レリバンス」に求め (本章3)、日本の若者が社会人として自立していくためには、大学教育の上に企業内教育が積み上がる必要があることを提示する (本章4)。

2. 日本的三種の神器

　日本の大学から職業への移行を考える前に、まず確認しておきたいことがある。この課題に対して日本固有の文脈があれば、それを踏まえた上で議論する必要があるからである。表2-1を見てほしい。ここには、日本の大学と職業との関係を考える上での基本情報が集約されている。

　高卒後ただちに大学に進学するのは日本では当たり前だが、それはかなり特異な現象であることがわかる。日本の大学生はスペインやイタリアと同様

表2-1 日欧の大学から職業への移行特性

(%)

	入学時の年齢 (19歳以下)	入学前の 仕事経験	卒業前の就職 活動の開始	大学の就職部 を利用
フィンランド	19	76	44	25
ノルウェー	25	57	63	4
ドイツ	15	38	48	7
オランダ	50	38	42	12
オーストリア	58	35	31	14
イギリス	54	16	48	38
イタリア	71	15	16	10
フランス	58	13	18	18
スペイン	74	6	24	39
日本	70	1	97	63

出所）日本労働研究機構 2001。

に、まずもって非常に若い。若いということは何を意味するかと言えば、入学前に仕事を経験した者が少ないということである。アルバイトであれば経験者は少なからずいようが、実際の仕事の世界を知らないまま多くの若者が大学に進学する。これもまた日本の特徴である。さらに高卒直後に進学するという日本的な移行モードは、大卒直後に就職するという移行モードにつながる。今や大学の3年次から就活（就職活動）が始まるというのは常識だが、学生が卒業前に就職活動を行うことは、欧州では必ずしも一般的ではない。在学中に就職先を決めなければならないということになれば、大学のキャリアサービスの機能が当然重要になる。

バブル崩壊後に大学生の就職状況が悪化したことや、フリーターやニートが社会問題化したことが、大学から職業への移行に関心が集まり、また大学でのキャリア教育やキャリア支援が重視されるようになったと考えがちである。しかし、もしそうならば、このまま景気が回復して就職状況も好転すれば、大学から職業への移行問題への関心は、早晩下火になるだろう。

だが、表2-1が物語るのは、この基本的な構造に変化がない限り、大学から職業への移行には日本特有の文脈があり、常に課題であり続けるということである。しかもここで言う課題とは、充実したキャリア教育やキャリア支援の導入のみでは解決できない。「若年」「労働未経験」「早期就活」という、

日本の大学から職業への移行をめぐる三種の神器の下では、将来キャリアに見通しをつけることが主目的とされがちである。しかし、それが学習モチベーションに接合されるには、その次の段階として、大学の教育内容やそこで獲得される能力が、実社会とどのように関わっているかが認識される必要がある。また、キャリアの見通しが明確でない者にも、実社会と学問との関わりを学ぶ過程で徐々に考えていく機会が提供されて然るべきだろう。大学から職業への移行の重要な鍵は、キャリア支援やキャリア教育にのみあるのではなく、むしろ大学教育そのものが握っている。

3. 大学教育の職業的対応──「職業教養レリバンス」

大学と職業との対応をめぐっては従来、「専門レリバンス」と「選抜レリバンス」という2つの見方が存在した。専門的な教育内容が職業と対応するとみなす前者の典型例は、例えば医学部や教育学部であり、また自然科学系の分野にも比較的あてはまる。後者は入試偏差値による基礎学力をベースに訓練可能性を強調する立場で、人文系や社会科学系が相対的にあてはまりやすい。しかし、この枠組みには基本的な問題がある。前者は大学教育に意味を見出すものだが、後者は大学教育の中身、つまり大学の付加価値は問わないとしている点である。果たしてそうだろうか。

経済産業省は、経済活動等を担う産業人材の確保・育成の観点から、職場等で求められる能力として社会人基礎力というものを提唱している（**表2-2**）。これらは一見すると、大学教育を通じて形成される能力とは直接関連がないように思われるかもしれない。この点を考えるために、**図2-2**を見ていただきたい。

これは、大学生が在学中に授業を通じて身につけたものを示したものである。4年生になると、「幅広い思考」や「異なる考えを受容する力」については、8割以上の学生が授業を通じて向上したと考えている。「リーダーシップ」や「数量的分析」の向上感はさほどないものの、3～4割の学生は肯定的な判断をしている。

表2-2　社会人基礎力

前に踏み出す力	物事に進んで取り組む力
	他人に働きかけ巻き込む力
	目的を設定し確実に行動する力
考え抜く力	現状を分析し目的や課題を明らかにする力
	課題の解決に向けたプロセスを明らかにし準備する力
	新しい価値を生み出す力
チームで働く力	自分の意見をわかりやすく伝える力
	相手の意見を丁寧に聴く力
	意見の違いや立場の違いを理解する力
	自分と周囲の人々や物事との関係性を理解する力
	社会のルールや人との約束を守る力
	ストレスの発生源に対応する力

出所）経済産業省　2006。

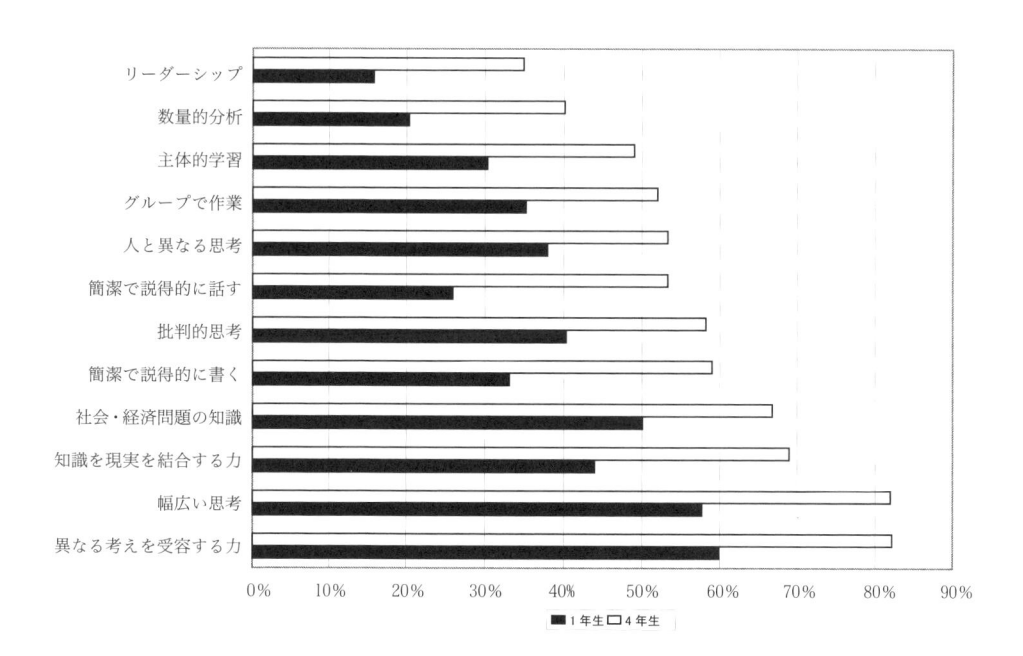

図2-2　授業を通じて向上した能力

出所）広島大学高等教育研究開発センター　2006。

この調査は、先ほどの社会人基礎力と設問項目が対応しているわけではない。だが、例えば「リーダーシップ」「主体的学習」は【前に踏み出す力】、「数量的分析」「人と異なる思考」「批判的思考」「知識と現実を結合する力」は【考え抜く力】、「グループで作業」「簡潔で説得的に話す」「簡潔で説得的に書く」「異なる考えを受容する力」は【チームで働く力】で挙げられていたものに相当すると考えられる。

　これらはいずれも「専門レリバンス」とは言えないが、かといって「選抜レリバンス」にも該当しない。専門的な知識・技能を修得する過程で身につける能力で、「職業教養レリバンス」とでも呼ぶべきものだ。現在の日本の大学には、こうした能力を身につけさせる上で強みと弱みがあるものの、専門分野を問わず在学中に獲得している能力で、かついずれの職業にも対応できる汎用性の高い能力として注目してよい。大学は職業教育の場に成り下がったと嘆く声や、大学は職業教育の場ではないと反論する声はいまだに根強い。だが、ここで挙げた能力は、学問を学ぶプロセスでも身につけることのできるものであることを、改めて指摘しておきたい。

4. 日本的な大人への道程

　ではなぜ、社会人基礎力ないし「職業教養レリバンス」が必要なのだろうか。そこには最初に見たように、日本的な特殊性が背景としてある。例えば北欧諸国のように、いったん仕事を経験した社会人が大学で学ぶのであれば、「職業教養レリバンス」能力はある程度獲得されており、むしろ職業専門的な知識や技能を学ぶことが重要になる。ところが、西欧的な専門職社会ではなく、かつ職業経験がなく「職業教養レリバンス」能力に乏しいわが国の若い大学生には、社会人あるいは職業人としてスタートするための基盤となる能力の涵養が必要となる。このように、大学教育と職業との関係は、各国固有のコンテキストに大きく依存しており、大学教育が社会に果たしている機能も一様ではない[2]。

　では、「職業教養レリバンス」能力は、大学修了時に獲得し終わっておく

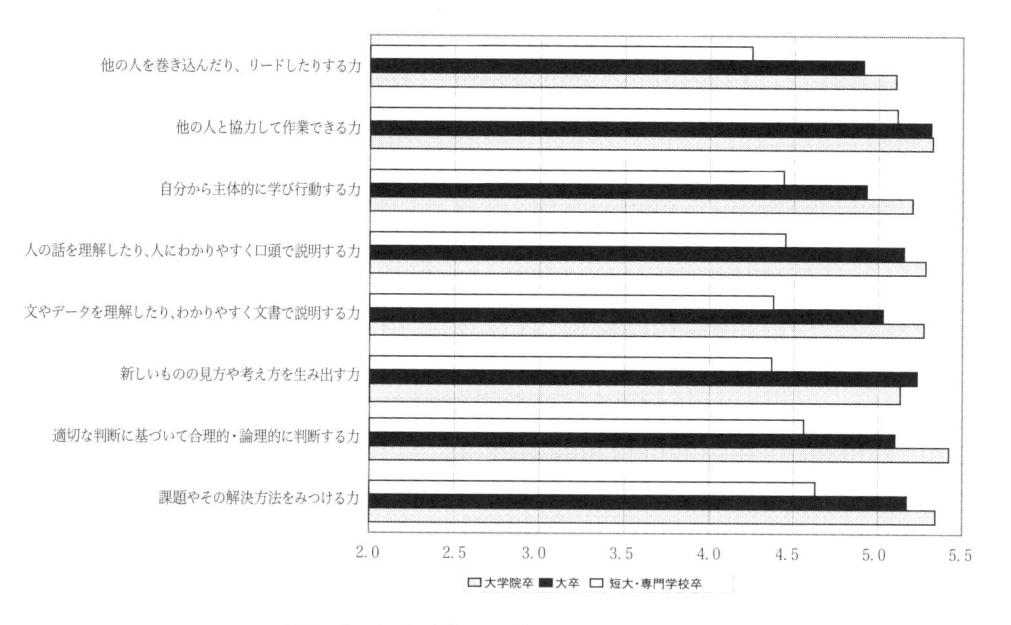

第2章　大学から職業への移行をめぐる日本的文脈　39

図2-3　30歳時点での社員に対する評価（学歴別）

出所）「高等教育から職業への移行に関する学術調査」2007。以下図2-4、2-5も同じ。

ものなのだろうか。続いてこの点を考えてみたい。**図2-3**は、企業の人事担当者に対して、30歳になった時点で社員が身につけている能力に対する評価を学歴別にたずねた結果である（1から7までの7段階評価）[3]。

人事担当者から見た学歴別の社員に対する評価は、大学院卒、大卒、短大・専門学校卒の順に高くなっている。ただし、30歳時点での大学院卒と大卒の間の評価の差はそれほど大きくなく、むしろ短大・専門学校卒との間の相違が大きい。これは、職場での処遇の仕方、つまりどのような仕事を与えて、どのような育成を行っているかを反映したものかもしれない。

こうした相違はまた、就職後の経験や訓練ではなく、各高等教育機関における学習成果の差を反映したものである可能性もある。この点を検証するために、同じ設問を入社時点での評価についてもたずねた結果を**図2-4**に示した。

まず明らかなのは、入社時点での能力評価が30歳時点のそれと比べると

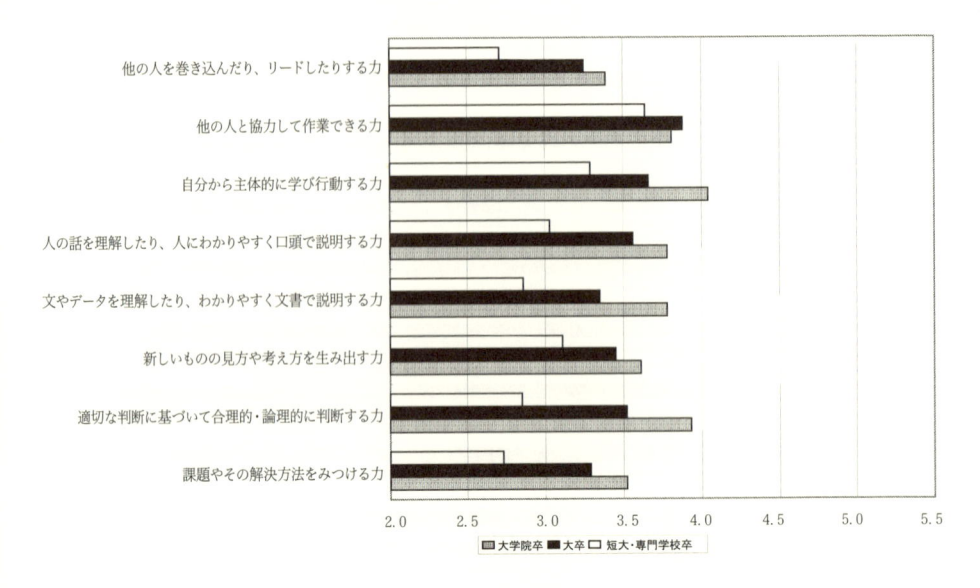

図 2-4　入社時点の新規学卒者に対する評価（学歴別）

あまり高くないという点である。2つのグラフを見比べるとわかるように、30歳時点での評価が大きく伸びている。これは、「職業教養レリバンス」能力の獲得には、入社後の訓練や経験が非常に重要であることを示している。次に、入社時点での能力に対する評価は、学歴別にも少なからず異なっており、30歳時点での能力は、単に就職後の経験や訓練のみを反映したものではなく、高等教育修了時点の能力に積み重なっているという点である。各学歴別の伸び（30歳時点の評価－入社時点の評価）を合計して3で割った値を算出してみると、入社後の伸びがもっとも大きいのは「課題やその解決方法を見つける力」(1.9)であり、もっとも伸びが小さいのは「自分から主体的に学び行動する力」(1.2)だった。後者ほど入社時点で身につけておいたほうが望ましい能力と言えるかもしれない。

　さて、この結果から2つの仮説が導出できる。1つは、高等教育での「職業教養レリバンス」能力の学習・獲得が不十分だというもの。もう1つは、「職業教養レリバンス」能力は、実際の職業経験を通じてしか学べない、という

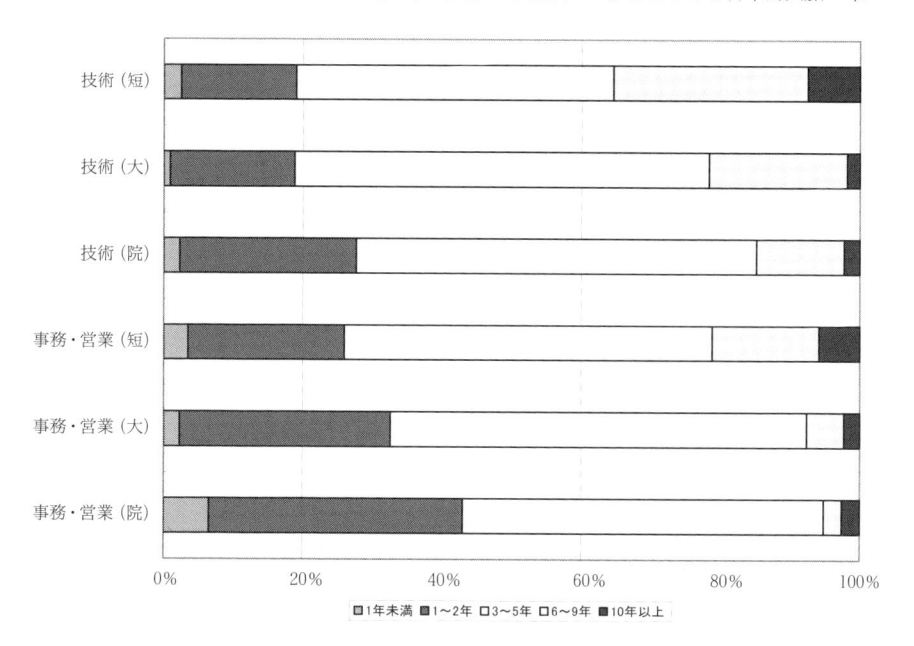

図2-5 入社後一人前とみなされるまでに要する期間(学歴・職種別)

ものである。たしかに高等教育修了時点における「職業教養レリバンス」能力の獲得は不十分である。そして、そうした能力を獲得させるために、高等教育を改革する余地は残されている。ただし、「職業教養レリバンス」能力は、高等教育修了時点の能力を基盤にして、その上に職場での経験や訓練を通した能力が上積みされて完成され、日本の若者は社会人としての大人になっていく。高等教育における涵養と、職場での育成のどちらが欠けても、大人になれないというのが私の立場である。

　なぜならば、正社員として採用した者が配属先で一人前とみなされる資質・能力を獲得するには、一定の年数が必要とされるからである。**図2-5**は、一人前になるには入社後どのくらいの期間が必要かをたずねた結果である。学歴が高まるほど要する期間は短くなっているが、10年以上と回答した割合が低いところを見ると、いずれの学歴卒業者もおおむね20代の半ばから後半にかけて一人前になっていくと、人事担当者は考えている。日本の高等教育

は「職業教養レリバンス」能力を身につけさせるための完成教育機関ではなく、さらに数年間の職場経験に根ざした能力の上積みが不可欠なのである。なお、技術系の場合は事務・営業系と比べて要する期間がやや長くなっている。技術系は一般的に教育機関での学習内容と職場で要求される内容が近いと考えられているが、むしろ職場ではより長い経験が必要と考えられている。

5. 結　論

　これまでの考察を以下 3 つの点に要約しておこう。第 1 に、「若年」「労働未経験」「早期就活」という日本の大学生の特殊性を考慮すると、若年雇用が問題となる以前からわが国の大学においてはキャリア教育やキャリア支援が必要であり、今後景気が回復して就職状況がたとえ好転するようになったとしても、その必要性は存続し続けるということである。バブル経済の崩壊以前は、いったん就職すればその後は何とか勤め上げることができたシステムのおかげで、必要性に気づかなかっただけだ。その意味で、昨今のキャリア教育熱の高まりが、一時的なブームであってはむしろ困る。

　しかし第 2 に、だからこそキャリア教育、キャリア支援だけでは不十分、ということもまた日本的なコンテキストである。「専門レリバンス」は今後も一定の領域では機能し続けるだろう。しかし、大半の学生はその範疇外にある。そして彼ら・彼女らには、「選抜レリバンス」の下で機能してきたと想定される、大学教育の内容や付加価値を問わない曖昧な訓練可能性といったものではなく、大学教育を通じて培われる「職業教養レリバンス」が必要とされている。なお、「職業教養レリバンス」に対しては従来、教員側が意図しなくても、専門的な知識・技能を身につけるプロセスで自ずと獲得されるという予定調和的な見方があった。だが、これらの能力は、教材の与え方や授業方法の工夫を含めて、意図的に教育しなければ身につかないものである。

　さらに第 3 に、日本の若者は大学教育のみを通じて大人になれるわけではない。それだけでは大人になれないのである。つまり、企業内の経験や訓練を通して身につけるものもきわめて重要であって、大学教育＋企業内教育＝

20代の日本人の大人、なのである。企業で働く上で求められる能力を大学時代に学んでおくことについて、「積極的に学ぶべき」と回答したのは、企業の45％に対して、大学は86％、大学生は67％にのぼる。むしろ企業では43％が「能力によっては学ぶべき」と答えている（経済産業省 2006）。大学教育にもたしかに変革が求められている。だが、こうした大学や学生の極端な反応は、むしろ気がかりである。大学ですべてができると考えるのは間違った思い上がりだろう。そうした極端に振れた振り子は、やがて反動がきて別の方向に極端に振れる可能性が高い。最近のキャリア教育ブームがそうした振り子でないことを期待したい。

注

1 同じことは、短大や専門学校（専修課程）でも生じた。1991年に、短大卒者の87％、専門学校卒業者の96％が就職していたが、2003年にはそれぞれ、63％、79％にまで落ち込んだ。なお、学校基本調査は卒業した年の5月時点、つまり卒業直後の状況をたずねている。これは、新規学卒就職が通例となっているわが国ならではのデータのとり方である。例えばイギリスのHESA（Higher Education Statistics Agency）では、卒業して6ヶ月後の状況を把握するなど、統計のとり方には、大学から職業への移行特性が反映されている。わが国でも、卒業後すぐには就職しない層が常態化すれば、もう少し長いスパンをとって学卒者の就職状況を把握する必要が出てくるかもしれない。

2 わが国の卒業年齢の若さにいち早く着目し、日欧の大学から職業への移行モデルの相違を考察し、大卒者の大人のなり方を検討した先駆的研究に吉本（2001）がある。日本的な大人のなり方の発想は、この吉本の研究に負うところが大きい。

3 「高等教育から職業への移行に関する学術調査」は、2007年の1月～2月にかけて、東洋経済新報社の『就職四季報』から企業を抽出して行った。回答のあった企業は141社で、回収率は5％だった。回収率が極端に低いために、このデータをもって一般化するには問題があることを断っておく。ただし、類似のデータがないために、あえてここでは紹介させてもらった。

引用・参考文献

経済産業省，2006，『社会人基礎力に関する研究会「中間取りまとめ」』．（http://www.meti.go.jp/press/20060208001/shakaijinkisoryoku-honbun-set.pdf）

厚生労働省，2006，『平成18年版 労働経済白書』．

日本労働研究機構，2001，『日欧の大学と職業—高等教育と職業に関する12カ国比較調査結果—』調査研究報告書 No. 143.

広島大学高等教育研究開発センター，2006，『学生からみた大学教育の質—授業評価からプログラム評価へ—』COE 研究シリーズ 18.

吉本圭一，2001，「大学教育と職業への移行—日欧比較調査結果より—」，日本高等教育学会『高等教育研究』第4集，玉川大学出版部，113-134頁.

第3章 「教育過剰論」再考──大学院について

山内乾史

1. はじめに──大学院に関わる私的経験から

　冒頭から私的な話で恐縮だが、私が小学生の頃は、一般の人々には「大学院」という名前そのものがあまり知られていなかった記憶がある。たしかに1964年に芥川賞を受賞した柴田翔『されどわれらが日々──』(文藝春秋)では大学院生が主人公になっており、この小説は1960年代〜80年代の大学生の間ではよく読まれていたようだが、大学院という存在の一般社会への浸透度は今一歩だったように感じる。私の父は某大学大学院の博士後期課程を単位取得修了していた。友だちの家に遊びに行ったおりに、友だちの母親から「お父さんはどこの学校を出てるの？」と聞かれると、いつも「××大の大学院です」と答えたものだ。しかし、「ダイガクイン？　大学でしょ？『イン』なんてつけちゃだめよ」と、私が大学のことを「ダイガクイン」と誤って呼んでいると誤解されたことが再三あった。ただ、中高時代になると、比較的恵まれた家庭の子弟が多い私立の六年一貫校だった関係で、同級生に研究者や大学教員の息子が少なからずいた。そういう人々の大半は大学院を出ているわけであり、大学院という言葉はようやく相手から変なリアクションを引き起こさないようになった。

　実際、私が小学生だった1970年代前半と言えば、大学院は独立した社会的機能を担う機関というよりも、あくまでも大学の付属物であり、大学のメインは学部(学士課程)であった。学部こそが大学を構成する単位である「部局」であったのである。教員はあくまでも学部の教員であり、「大学院担当手当」をもらって大学院教育にあたっていたのである。大学院以前に大学自体が一般市民にはまだ遠い存在であったのであり、私の所有する朝日ニュース『フィ

ルムに残されたあのころのにっぽん第4巻 (昭和43年～46年)』(文藝春秋 1997)
に1971年の大学祭の模様が収録されているが、「大学生は頭がよくて難しい
ことばかり考えている人々」という表現が出てくる。言い換えれば、大学は
今日のようなユニバーサル段階ではなくて、エリート段階にあったのだ。し
かし就職の厳しさは当時も今とそう変わらない。1966年に刊行された『広島
大学大学院白書──研究と生活──』には次のような院生の声が載っている。

　　「大学院卒業生への求人は非常に少ない。しかも大学院学生のための専任の就
　職係の先生はいず、学部卒業生の就職に際して学校側あるいは教授が示す熱意
　に比較して、我々の場合頼りにならない。その上、教授との人間関係によって
　就職が大きく左右される。もっと一般社会への就職の開拓もやってほしい。」(理
　学部修士課程学生)
　「腹ふとらず、女房来ず、就職なし！　大学院への道は貧窮への道か。」(理学部博
　士課程学生) (同書5頁)

　私自身が大学院に進学する頃は、言葉としては認知されてはいたが、大学
院に進学する者は理工系を含めてもまだ少なかった。私の卒業期はバブル崩
壊直前の時期で、空前の売り手市場であったので、「大学院に行く奴は変わっ
ていて民間企業に行けない奴」「研究の虫」など特別な者か、モラトリアム学
生などが行くところであり、大学生の大半には関係のない存在であった。な
お、当時の大学院生を扱った小説としては、堀田あけみ (当時、名古屋大学大
学院生) の『君は優しい心理学 (サイコロジー)』(集英社 1989) をはじめとする
一連の作品がある。
　ちょうど私が大学院に進学した1986年に、当時、名古屋大学教育学部教
授であった潮木守一が『キャンパスの生態誌──大学とは何だろう──』と
いう新書を刊行しており、そこに次のような興味深いエピソードが収録され
ている。潮木のゼミのコンパで、「君たちの間で大学院にくる者はいないかね」
と尋ねたところ、アルコールが入った段階になって学生が以下のような反応
したということである。

「先生。大学院て、結局この大学に入れなかった人が入ってくるところなんじゃあないですか。僕たちはこの大学でみっちり勉強しましたから、もう結構ですよ。僕の高校時代の友達でここの大学に入れなかったものだから、今度はここの大学院に入るんだってがんばっているのがいるけど、ああいうのみていると、なんとなくダサイって感じがしてくるんだなあ。それにこれから五年間も勉強したって、なんだかオーバードクターとかいって、就職できないって話じゃあないですか。僕はもう就職も決まっていますし、結構です。」(同書164頁)

また、潮木ゼミの別の学生は次のように反応したという。

「先生覚えていられると思いますが、三年生の時、大学院進学のことで相談にきましたよねえ。あれから両親とも色々相談したんですが、親はおとなしく就職した方がいいっていうんです。よその家の子はちゃんと就職して、背広を着て朝から会社に出かけて行くというのに、うちの子だけ昼ごろになってのこのこ起きだし、学生時代と同じきたない格好して家を出て行くなんて、親はみっともないっていうんです。うちの近所にちょうどそういうのがいるんですよ。さいわい就職も決まりましたから、就職します。ご迷惑かけたと思いますが、勘弁して下さい。」(同書164-165頁)

たしかに空前の売り手市場の中、それに背を向けて就職できるあてもないのに、わざわざ大学院へ行く人間(私自身を含む)などは、よほどの変人か天才か、愚か者、働きたくない者と見られていたのであろう。

ところが、今はどうか。多くの大学に当たり前のように大学院があり、理工系を中心にして大学院へ進学することは珍しくなく、当たり前でさえある。まさしく隔世の感というほかない。小説の世界でも2007年夏発刊の小谷野敦『非望』(幻冬舎)は大学院生が主人公だし、マンガの世界でも稲井雅人『京大M1物語』が2007年夏より『ビッグコミックスピリッツ』(小学館)に連載され、消費的領域での大衆化もぐんぐん進んでいるようである。大学院生が主人公のマンガなど一昔前までは考えられなかった。

本章が問いたいのは、この急速な大学院の拡大はなぜ起こったのか、そして何をもたらすのか、ということである。

一般に、教育に関わる世界では、教育（特に学校教育）＝善なる営みであり、教育の拡大は基本的に望ましい傾向であると考えられる傾向が強い。一部の恵まれた階層の子弟だけが教育を受けられるという状況から、その教育が一般大衆に開かれていくという状況への変化は、民主化であり、平等化であり、発展であるというのである。そもそも教育＝善であるなら、善なるものには多くの子どもたちがアクセスできるのが望ましいに決まっている。いや、それどころか、教育を受ける権利＝基本的人権であるとすれば、「望ましい」などという生ぬるい表現では許されない。アクセスできねばならないのである。

　なぜ、教育は必要なのか？　こう問いかけると、必ず以下のような答えが返ってくる。教養を深めるため、社会に出て職業に就くのに必要な常識や知識、スキルを身につけるため、職業選択の幅を広げるため、より良い待遇の仕事に就くため、資格・免許を取るため、人間を磨くため、自己実現の可能性を高めるため、自分探しのため……。あたかも教育は魔法の杖のようである。なるほど、こんなに良いものなら拡大するのが望ましいであろう。だが、本当にそうなのであろうか。たしかに、現実にも公教育の歴史は拡大の歴史でもあり、高校も拡大し、大学も拡大してきた。一般的に言って、高い学歴をもった人々はそうでない人々よりも優遇されてきたのも事実であろう。しかし、大学院の拡大をこの延長上に考えていいのであろうか。

　就労問題を含む、若者を取り巻く環境に起きる諸問題の原因は「教育の不足」にあり、したがって「教育の拡大」ないしは「教育の質的向上」によって諸問題の解決が可能であるとする考え方がある。したがって、教授法、カリキュラムのレリバンスも問題になる。また、若者の目的意識の明確さも問題になり、それを明確にするためにキャリア教育なるものも登場するのであろう。しかし、このような発想は現実的なのであろうか。

　私がこのような危惧を抱くのは、私自身が今、大学院教育を担当し、大学院生たちと日常的に会話をし、そこに少なからぬ問題の芽を見つけているからである。私たちの大学院、神戸大学大学院国際協力研究科では、（今では改組したが）かつて3つの専攻があり、私の属していた専攻では、新入生オリ

エンテーションにおいて「就職の世話はしません」と宣言するのが通例であった。もちろん、現実には世話をしないわけではなく、教職員も、関係者も、OB／OGも走り回って世話をするのではあるが、過度に依存せず自律的に就職活動をするようにと配慮して、そういう宣言をしていたわけである。しかし、今や完全に時代は変わり、大学・大学院は積極的に就職の世話をしなければならなくなっている。大学卒はもちろん、大学院卒でさえ、座して待つ就職貴族ではなく、大多数の者にとっては積極的に支援しなければ、なかなか教育の成果にふさわしい、あるいは希望と大きな齟齬を来さない就職にはありつけないからである。ここでは大学院生をめぐる議論を中心にしながら、適宜、大学や他の学歴層も含めて議論していきたい。

　もちろん、大学院生に能力がないのではない。例えば、私の指導する1人の女子大学院生がいる。彼女は大学卒業後、いったん就職したが、キャリアアップを目指して、活動の幅を広げようと大学院に入ってきた。目的意識もはっきりしており、モラトリアム的な進学者とはまったく異なる。学習態度もゼミでのプレゼンテーションや発言も申し分ない。しかし、その彼女が就職を前にして、悩んでいる。自分は大学院まで進んできた。大学院まで来たということは、そこまで身につけてきた専門性や研究的姿勢が何らかの形で評価され、そういった専門性を生かした仕事、研究的な仕事に就きたいということでもある。しかし、現実には……。というわけである。今や専門分野が何であれ、教員は専門分野の教育と研究に専念し、学生・院生とはその立場からのみ関わればいいなどという言い訳は大多数の大学教員にとっては通用しないものになっているのではないだろうか。後に見るように大学卒業者は新規学卒労働市場の50％を超えているのである。それだけではない。大学院卒も修士と博士を併せて10％近くになる。

　こういう現実とは無関係に、巷には大学院進学熱を無責任にあおり立てるような書籍が並んでいる。キャリアアップだの、自律的な専門職への道だの、おめでたいキレイゴトばかりを並べ立てた「トンデモ本」が少なからずある。もちろん、このような問題はこんにちに始まったことではない。先の『広島大学大学院白書——研究と生活——』では、やはり理学部の修士課程の院生

の次のような声がある。

> 「教授がいうように、学部卒では実力がほとんどつかない。これは自他共に認めるところだ。大学院卒業生と学部卒業生とでは、月とスッポンの実力の差がある。それにもかかわらず就職はどうか、理学部における現状は言語を絶する。……」(同書5頁)

　昔から同じ問題が指摘されているのである。大学院卒は学部卒よりも、高度の専門性をもち、高度な知識やスキルを有する（はずだ）。ただその能力に見合った就職がないということである。もう1つの例を挙げよう。次のような大学院に関する論文がある。1974年に友田泰正(現、大阪大学名誉教授)によって書かれた論文であるが、ごく最近の論文であると言っても疑う者は少ないであろう。

> 「日本の大学院は、一つの慢性的な悪循環におちいっている。実質的な教育条件や研究条件の整備を無視して、各大学は単なるステータス・シンボルとして、あるいは教師の研究条件改善の手段として、自らの学生と教師のために閉鎖的な大学院を設置し、市場を無視してそれを拡大する。その結果は、無内容な大学院の乱立をもたらし、ひいては実質的な市場価値を伴わないマスターやドクターの大量生産をひきおこす。このマスターやドクターを待ちかまえているのが就職難であることは、今さらくりかえす必要もあるまい。(中略) "そこに山があるから"という理由で登山者が存在するように、そこに大学院があるからという理由で大学院に入学する人々が存在する。(中略) 志願者が増加すれば、定員がある以上、かれらの入学を拒否することは不可能であろう。入学者が増加すれば必然的に卒業生も増加する。もしこの予測が正しいとすれば、まずは市場の開拓以外に打開の道はあるまい。しかし市場を開拓するには、質の高い教育を提供する以外に方法はないであろう。」(43-44頁)

　同じ問題だが、昔はごく少数の人々にとっての問題であったわけである。高学歴化は社会の経済発展に伴う必然的な動向であるという機能主義的な考え方がある。経済発展をすればより高度な知識・スキルを有する者が必要に

なるから、高学歴化するというわけである。そしてそれは機能的に必要であると言うにとどまらず、教育学的観点、あるいは人権の観点から望ましいこととする価値判断も入り込む。前者の機能主義的な観点は保守主義的な人々、自由主義的な人々にアピールし、後者の人権の観点は進歩的な人々にアピールし、要は高学歴化に反対する目立った勢力はいないということである。産業界からのニーズがあるから、学生の進学意欲が高まっているからと、どんどん学校が新設され、多くの若者が収容されていく。とどまるところを知らない、一種アナーキーな高学歴化運動が展開されているというのである。ただ、長きにわたり大学院教育だけは、ひとりこの一種アナーキーな拡大を免れてきた。しかし大学院もついにその圏内に入り込んできたというわけである。それに伴い、前述の1974年の状況に見る、需要と供給との深刻なミスマッチも、アナーキーに拡大していくことになるのである。大学院の大衆化は、大学院問題の深刻化と軌を一にするのである。

　それにしても、日本社会は過度な受験競争に充ち満ちていると言われ、幼稚園から大学まで加熱した競争が展開されてきたのに、なぜ、長きにわたり大学院は蚊帳の外にあり続けたのであろうか。1つには大学院の設置基準が非常に厳しく、かなりリソースに恵まれた体力のある大学でないと設置は難しかったということが挙げられる（本田　1956）。古くは臨時教育審議会において「大学院の飛躍的充実と改革」が謳われ、1988年の文部省『大学院制度の弾力化』、1991年の大学審議会『大学院の整備充実について』をはじめとする文部（科学）省・大学審議会の一連の答申によって大学院の設置が大幅に緩和された（川嶋　2001）。言い換えれば、リソースの乏しい機関でも大学院を設置することができるのであり、昨今報道されている、かつてであれば信じられないようなプアな「大学院」なるものもこの規制緩和の副産物である。

　もっとも、こういった実質的な大学院拡大の見方に対してもう1つ別の見方もあり得るのである。例えば馬越徹（2007）は次のように述べる。

　　「……学部はその閉鎖性と非効率が批判され、大学改革が叫ばれる度に論難の対象となってきたのも事実である。それにもかかわらず学部という組織に改革

のメスを入れることは至難であった。
　そこで考え出されたのが学部そのものに直接メスを入れるのではなく、学部が有していた『部局』としての資格を剥奪（骨抜き）してしまう企てであった。すなわちそれが『大学院重点化』であり、これまで自明であった『部局としての学部』を全面否定して、ごく一部の旧帝大系大学院のみを特定してそれに『部局』としての資格を与えるという、手品のような手法が先に見た『大学院重点化』の中身だったのである。」

　馬越の解釈は学部解体、大学院部局化（＋大講座制への再編）による予算増の方便として大学院の重点化を捉える見方である。
　繰り返しになるが、現代社会は「高等」教育過剰なのではないのか、という議論についてもう少し考察しておきたい。教育過剰などと言うと、必ず反発がある。「高学歴化」政策はあり得ても、「低学歴化」政策はあり得ない。以前、『太田総理、田中秘書』という番組で「美人医師」として名高いタレントの西川史子（整形外科医・元ミス日本）が義務教育廃止論をぶったところ、民主党衆議院議員の原口一博が反論していた。その趣旨は「うちのおばあちゃんは学校に行けず、字を読めず大変苦労した。学校に行きたいとずっと念願していた。教育は必要に決まっている」というものである。もちろん、ここで論じられているのは義務教育についてであるが、教育、学校教育を論じるときに、往々にしてきわめて個人的なヒューマンというかセンチメンタルな要素が入り込んでくる1つの好例であろう。本章ならびに本書で使う2つのキーワード、「教育」と「労働」は誰でも議論できる問題である。溶接工学とか、流体力学などと言うと、それについての専門知識のない人は議論に加わることはできない。しかし、こと「教育」とか「労働」とかについては、専門知識は不要である。なぜなら多くの人が自身の（あるいはごく身近な人間、つまり親、配偶者、子供、孫などの）実際の経験に基づく「実感」をもっているからであり、なにがしかの語るべきことは誰しももち合わせているのである。
　しかし、この経験とか実感というものが曲者である。多くの人々が教育や労働に関してかなりの経験を共有しており、共通理解の上に立っているという前提がそもそも危うい。教育を受けた時代が異なれば地域も異なる、最終

学歴も異なる多様な人々がいる。業種も異なれば、職種も異なる多様な人々がいる。一人ひとりが異なる教育経験、労働経験あるいはこれらへの実感をもち合わせていると考えるほうがより現実に近いのではないだろうか。しかし、現実の議論は、「経験を共有している」という幻想の上に展開される。

　本章の冒頭で述べたように大学院は社会的に認知も低かったのであり、したがって、長い間、この種の議論を免れる存在であったように考えられる。しかし、大学のユニバーサル化に伴う大学院の大衆化の進行は、ある意味必然であったのであろう。そして、これは決して草の根的、自然発生的な現象ではなく、前述のように、政策的に後押しというよりも引き上げによる面が大きいのである。受け皿が大学院の拡大に伴い拡大するなら良いだろうが、研究者への道は広がるどころか、むしろ狭まり、あったとしても、短期の任期付きポストであるケースが大半である。他方企業も博士号取得者、修士号取得者を、大学卒業者とは異なる格段の処遇をしたりはしない。アメリカ合衆国や中国などのように、最終学歴によって年収・賃金が大きく異なる社会では大学院への進学意欲は大いに高まるが、日本ではなかなか大学院進学率が伸びなかったのは、企業の処遇の問題も大きな原因の1つである。図3-1に見るように、日本の若者はアメリカ合衆国や中国の若者と比べて大学院進学の意欲はかなり低かったのである。

　ところが、政策の後押しではなく引き上げによって拡大したものの、受け皿は相変わらずないということであれば、これは大学院生1人当たりの育成に多大な費用をかけている国家・社会・タックスペイヤーにとっても、もちろん本人にとっても深刻な問題というほかない。あまつさえ、大学卒のケースだが、公務員の世界では学歴詐称が相次ぎ発覚して問題になっている。かつては低学歴者が高学歴を詐称していたのである。逆のケースは美談であった。例えば、昭和初期の話として早稲田大学の就職部長の談話が尾崎盛光のエッセイに引用されている。

　　「広島高工（現広島大学工学部）を出た男が、入学以来いつもビリで、毎年一番もあがったことがなく、ようやくお情けで卒業したが、成績が悪いので売れ

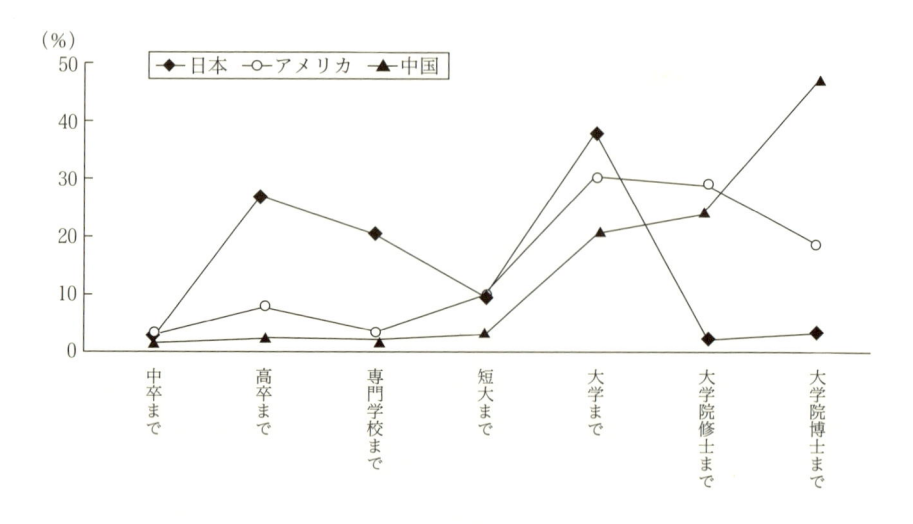

図3-1 中学生の希望する学歴（日本、アメリカ、中国）

出所）財団法人日本青少年研究所 2002、79頁の表をもとに南部広孝作成（原・山内・杉本編 2004、『教育の比較社会学』学文社、所収）。

　口がない。しかたがないから、自分から高工出ということを秘して、思いきってある会社の職工となり、黙々として働いていた。しかしいかにビリでも教育の素養はある。職工仲間ではたちまち真価をあらわし、ついに職工長になった。それから後に、実は高工を出ていることがわかって、社長はいたくその謙譲な態度をたたえ、その愛嬢を与えた。」（尾崎 1972, 82頁）

　学歴を低めに自己申告するのは、「謙譲」だと思われていた時代の話である。今は逆に、ただでさえ厳しい高卒者の就職機会を奪ったということになり、懲戒免職の憂き目に遭う。たしかに高卒者の就職機会を奪ったのではあろう。処分は不当なものではないかもしれない。しかし、学歴を詐称した彼ら／彼女らには、自分の受けてきた教育・能力に見合ったポストが用意されておらず、しかし生活していくために、一段階（あるいはそれ以上）学歴を過少申告して、職に就いてきたのであり、この構造をも問題にしなくてはならない。決して、彼ら／彼女らの個人的な資質の問題だけに帰してはいけないのではないか。いずれにせよ、高学歴がむしろハンディになっているという現象が

見られる。教育の不足が負い目なのではなく、教育の過剰が負い目になっているのである。University Education for All などと高らかにキレイゴトを謳い上げるのは簡単であるし、反対することは難しいであろう。しかし、教育は人権であり、したがって望む人には機会が提供されるべきという考え方には、異論は差し挟むことはできないのであろうか。基礎教育のレベルは、すべての人にとって近代社会で生きていく上で必要であろう。しかし大学も、あるいは大学院までもその対象になっていくのであろうか。私見では、本章で以下に述べる理由により、大学院修士課程までは、拡大の対象になっていくのはやむを得ないとしても、大学院博士課程になると政府はもっと統制すべきではないかと考える。教育は広がれば広がるほど望ましいのか。教育を受けることを通じて、(その教育を受ける前よりも、あるいは受けなかった場合よりも)より良い職に就く＝より良い生活を送ることを多くの人が期待しているのならば、それは絵に描いた餅であり、現実社会の需要に応じて供給も掣肘(せいちゅう)されるべきではないのか。もし政府が需要を作り出す能力があるというのならば別であるが……。

　したがって、現実社会の需要に限界がある以上、文部科学官僚からしばしば語られる「研究者向きの教育ばかりしているから企業に雇ってもらえないのだ」という言葉は、文部科学省の失政のツケを大学に責任転嫁するものでしかない。需要と供給との間に大きなギャップがある以上、いかに教育のレリバンスを高めても限界があるのではないのか。キャリア教育も結構、職業意識を高めるインターンシップも結構、しかし本人の意識が高まっても現実には受けた教育に見合う就職ができないということであれば、余計に不満が募るばかりではないのか。長い前置きになったが、まず本章では大学院をめぐる統計的な整理をしておきたい。

2. 新規大学院修了者の就職状況の変遷

　ここでは、大まかな傾向を把握するため、専攻別、男女別の検討は行わず、総数の検討のみを行う。まず、**図3-2**は、文部省・文部科学省発行の『学校

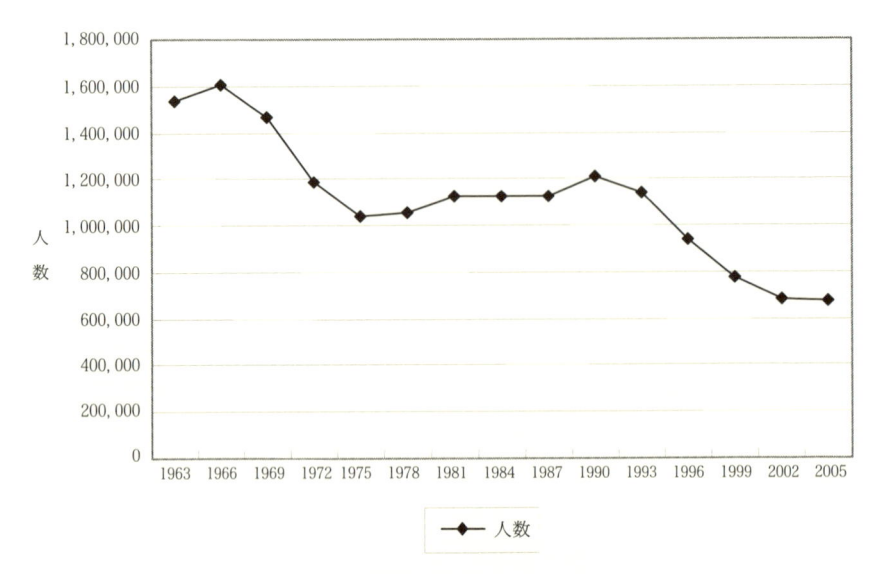

図3-2　新規学卒就職者数の変遷

出所）文部省・文部科学省『学校基本調査報告書』。

基本調査報告書』各年度版をもとに、新規学卒就職者の数を計上したものである。ただし、各学校の中退者、卒業後時間が経過している者、盲・聾・養護学校と通信制は資料の制約から含まれていない[1]。この図を見ると、2005年度の新規学卒就職者数は70万人と1960年代の半数になっていることがわかる。最新のデータである2006年度でも70万8,000人となっており、この点だけからでも大きな新規学卒労働市場の構造変動が予測される。昭和40年代初頭からオイルショックまでは減少、オイルショックからバブル崩壊までは100万人〜120万人で横ばい、バブル崩壊後急減という傾向はあまりにも顕著である。

さて、**図3-3**を参照されたい。大学院卒の修士・博士別修了者のデータが存在するのが1963年度以降であり、これ以前の時点は大学院卒として、修士・博士の区別がなされていないので掲載していないが、この1960年代半ばの時期が、新規学卒就職者中の中核的労働力＝マジョリティが新規中学卒業就職者から新規高校卒業就職者へと移り変わる時期でもある。このあと、高

第3章 「教育過剰論」再考 57

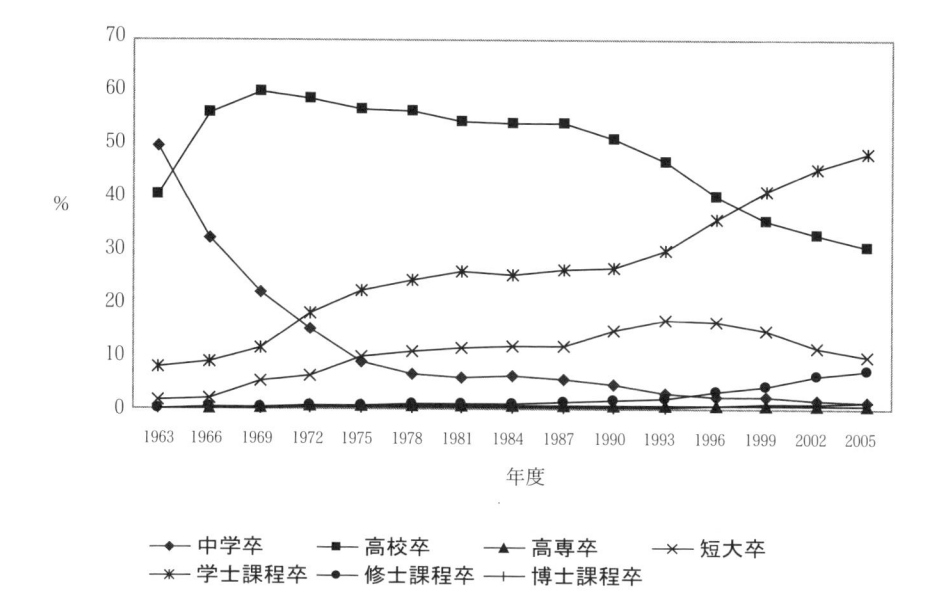

図3-3 新規学卒就職者の学歴構成

凡例: ◆中学卒　■高校卒　▲高専卒　×短大卒　＊学士課程卒　●修士課程卒　＋博士課程卒

度経済成長期からバブル崩壊（1980年代末）まで新規高校卒業就職者は50％を超え、新規学卒労働市場においてマジョリティであり続ける。しかし、20世紀末には、新規高校卒業就職者の数は新規大学卒業就職者の数を下回るようになる。最新の2006年度のデータでは新規大学卒業就職者は50.2％となり、ついに大卒が過半数に達している。新規高校卒業就職者に関しては29.7％、新規中学卒業就職者に至っては1.2％である。1960年代冒頭までの新規中卒就職者、高度経済成長期からバブル期にかけての新規高校卒就職者がそれぞれの時代の中核的労働力＝マジョリティであったように、新規大卒就職者は、今や中核的労働力＝マジョリティなのである。大学卒業者は、ただ「大卒」であるというだけで特別扱いを受けるはずもなく、それだけであれば、ごくごく平凡な就職希望者に過ぎない。したがって、就職貴族の時代とは違って、大学が教育機関として積極的にキャリア支援、就職支援を展開しなければならないのである。

しかし、変動はそれにとどまらない。1990年代半ば以降の大学院の拡充、

部局化、重点化の波の中で、大学院修了就職者数も急増し、2006年度で修士課程修了就職者は7.2%、博士課程修了就職者は1.3%である。これは例えば、16年前の1990年度と比べてみると、修士課程修了就職者1.6%、博士課程修了就職者0.3%であったのだから、実に急速な拡大というほかない。

次に**図3-4**を参照されたい。学士課程修了後の進学率と修士課程修了後の進学率を示したものである。学士課程修了者の場合はおおむね修士課程に、修士課程修了者の場合はおおむね博士課程に進学したものと考えることができる。この図から明らかなとおり、学士課程から修士課程への進学率は緩やかに増加しているのに対し、修士課程から博士課程への進学率は1960年代は40%前後であったのが、1980年までに20%弱にまで急落し、その後も漸減している。これは修士課程と博士課程がかつてはかなり一体化していたのに対し、徐々に修士課程進学者がその修了後に博士課程に進学するというわけではなくなり、両者が分離していく傾向があることを示している。

大学院の「5年一貫制」など、修士と博士の一体化が政策的にも推進され、また「大学院政策」とか「大学院教育」とか両者はとかく区別せずに論じら

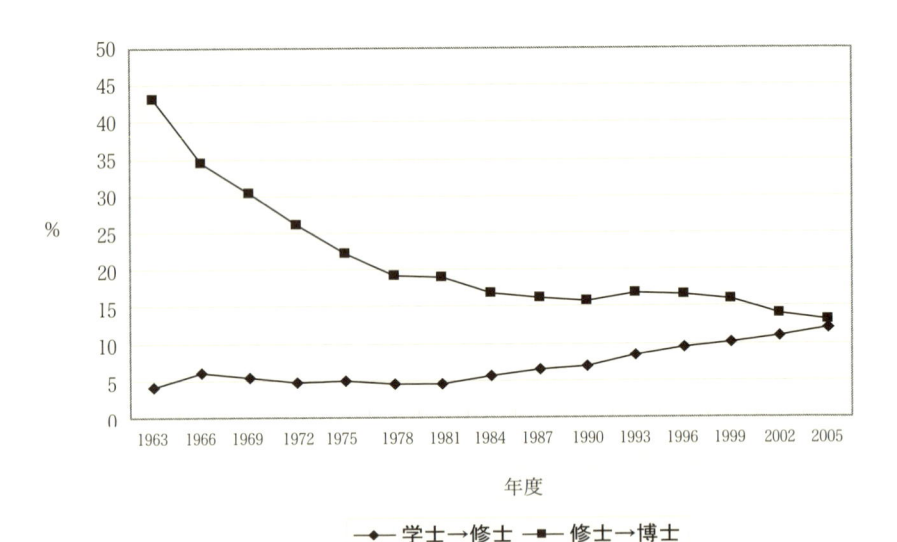

図3-4 学士・修士課程修了後の進学率

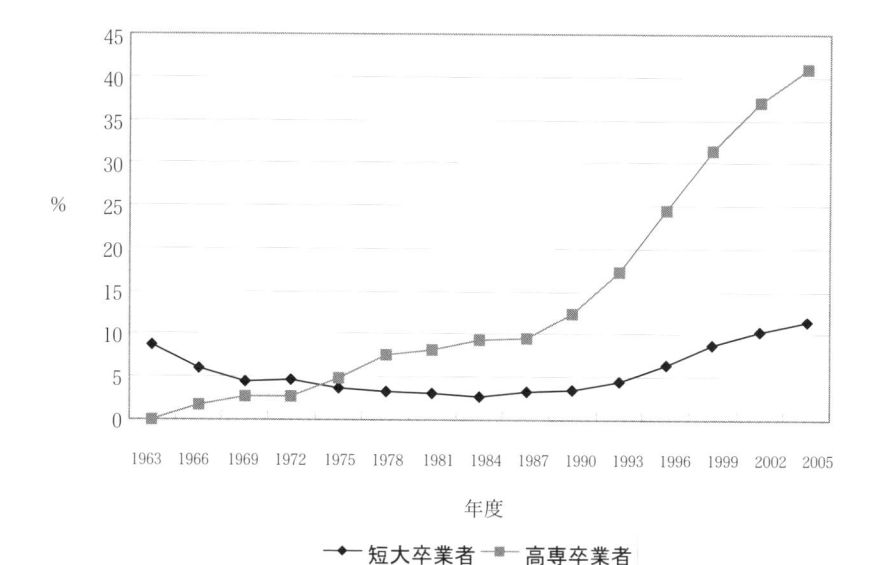

図 3-5　短大・高専卒業者の進学率

れ、扱われてきたきらいがある。しかし、このデータはその不適切さ、問題性を指すものではないだろうか。

　ついでながら、短大、高専を卒業した者の進学率を検討しておきたい。**図3-5**を参照されたい。これもやはり、必ずしもすべてが4年制大学へと進学、編入したことを意味するものではないが、おおむねそのようなデータと理解して差し支えはなかろう。これによれば、短大卒業者の4年制大学進学率は1960年代から80年代半ばにかけて漸減しており、一時は2%強にまで低下する。しかし、その後増加に転じ10%を超えている。高専卒業者においては、もっと急激な増加が見られ、1980年代後半まで10%弱程度であったのが、1990年代、そして現在にかけて急激に増加し、40%を超えている。この原因としては転編入を促す制度的な整備(例えば、豊橋技術科学大学、長岡技術科学大学等、高専卒業者が学生の大多数を占める大学の設置)と就職市場の変化があろう。

　いずれにせよ、特に高専は最終教育機関、完成教育機関ではなく、4年制大学、大学院への通過点になりつつあるというわけである。

次に就職をめぐる状況を検討しよう。

ここで想起されるのが、1970年代後半に起こった「大卒ブルーカラー化論」である。これは大卒の急激な増大が社会的需要を上回る形で実現する趨勢にあり、ホワイトカラー的職業（＝当時で言うところの、大卒にふさわしい職業）に就けない、大卒者の大量生産ということである。これはリチャード・B・フリーマンの『教育過剰のアメリカ人（原題）』で指摘されたように、オイルショック期のアメリカ合衆国の社会状況を背景に書かれている。

日本でも1971年に潮木守一が「大卒ブルーカラー化」現象と命名して警鐘を鳴らした。これはジャーナリスティックなレベルで、加藤尚文などが再三指摘してきたことではあるが、潮木は学術的に国際比較の視点から具体的なデータをもとに証明しようとしたのである。

結局のところ、ごく一時的、かつ局所的な現象としてしか大卒ブルーカラー化は起きなかったが、潮木の指摘には、その後の大卒就職に検討する際の多くの重要な問題提起が含まれていた。1つには高学歴者の「非特権化」と「学歴閉鎖性」の問題である。

「非特権化」とは大卒であるというだけで特定の職業に就くことが保証されるわけではなくなるということであり、「高学歴社会では高等教育卒業者の職業別構成が、他の学歴層のそれと実質的に差異がなくなり、学歴のいかんにかかわらず各職業に対する機会はほぼ平準化したものになる」（潮木1971、10頁）というものである。他方、「学歴閉鎖性」とは「社会が高学歴化し、高等教育卒業者の非特権化が進行するにつれて、その反面においてはテクノクラートとビューロクラートの学歴的閉鎖性が高まり、そこに新たな『学歴的特権』が発生する」（同11頁）というものである。

さて、ブルーカラー化命題にせよ、この「非特権化」と「学歴閉鎖性」の命題にせよ、検討してみると、潮木が懸念していた1970年代後半の時期には「学歴閉鎖性」の高まりを除いて起こらなかったことがわかる。「非特権化」の動向は、大卒者が高卒者の代替雇用者として吸収されていくことによる解消と、オイルショック後の回復基調にあった経済の中で進行する、高学歴化を上回る人材需要の伸びによって、顕著にならなかったのである。アメリカ

合衆国においても、ラッセル・ランバーガーが同様の指摘をしている。つまり産業構造の速度が高学歴化の速度を上回るのであれば、高学歴化が自動的に高学歴者の非特権化やブルーカラー化をもたらすのではないということである。産業構造が固定化された中で高学歴化が進行していくのであれば、必然的に非特権化、ブルーカラー化に結びつくのだが、1970年代後半にはそれが起きなかったということである。

さて、図3-6 は、その「非特権化」の動向と読み替えてもらえばいい。この図によると、高専卒業者と短大卒業者を除いて、新規高等教育卒業者においては非特権化の傾向は見られない。40年間の急激な高学歴化の趨勢にもかかわらず、専門・管理職（管理職就職者は新卒者ではまれなため、専門職就職者と合わせた）就職者比率は、ほぼ一定である。高専卒業者においては、1970年代半ばにやや低下するがその直後、回復し、90％前後で推移している。短大卒業者は特異な傾向を示す。1980年代半ばまではこの比率は低下し続けるのだが、1990年代後半から顕著に伸び始め、2006年には54.8％にまでなっ

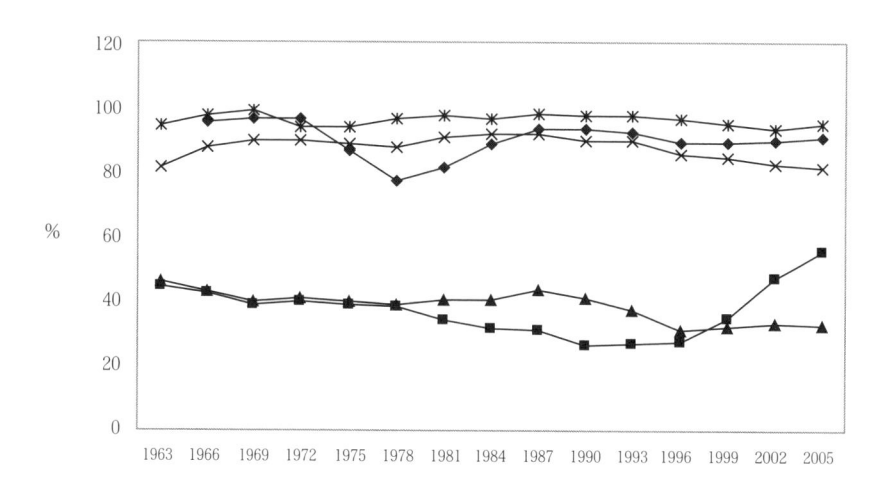

図3-6 専門・管理職に就く者の比率

ている。これは「冬の時代」の到来に危機感を抱いた短大の学科改組・転換が大きく影響していると考えられている。すなわち従来の完成教育的な文学と家政学を中心とした構成から、医療福祉などの専門的資格の取得を目指す構成への転換である。

現時点では、新規4年制大学卒業就職者において、専門職・管理職就職者比率がもっとも低くなっており、大学院、高専の3分の1、短大の2分の1とかなりかけ離れて低くなっていることは注目されてよいだろう。しかしこれは、高学歴化に伴い極端に大きく低下した結果ではないことにも留意が必要である。いずれにせよ、ブルーカラー化や非特権化などの状況は生じていない。

ついで、「学歴閉鎖性」の動向については、図3-7を参照されたい。この図にはないが、現在、新規中卒者、新規高卒者で専門・管理職に、就く者は僅少であり、例えば、2006年では新規中卒者では皆無、新規高卒者では5.1%である。1987年の時点で新規高卒者の比率は9.2%であったから、高等教育修了者の独占・寡占状況は20年以上続いていると考えてよいだろう。し

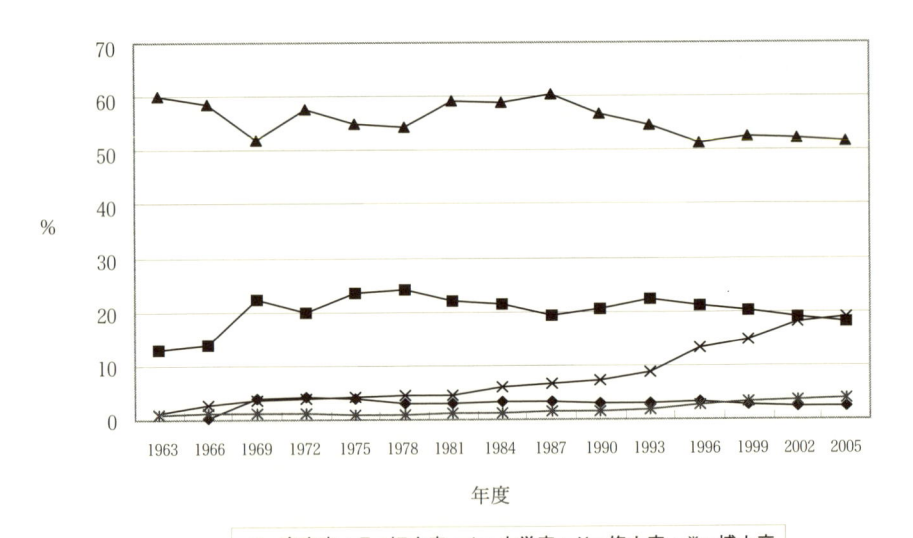

図3-7 専門・管理職に就く者の学歴構成

がって、図3-7における近年の部分は、高等教育修了者内部での専門・管理職の分配を示しているとも言える。この図によれば4年制大学卒業者は多少の増減はあるものの、50％台で安定しており、短大卒も近年漸減の傾向にあるとはいえ、20％台で安定している。短大卒のシェアの減少は、新規短大卒業者数の絶対数の減少による。目立つのは新規修士課程修了就職者の比率の増加である。1980年代後半までは10％にも満たなかったが、その後急増し、2006年には18.7％にまで達している。以上から、下記のように結論できるであろう。つまり、「学歴閉鎖性」に関しては、高等教育修了者による寡占状態は変わらず続いているが、高等教育修了者内部での分配には変化が見られ、高等教育修了者内部でのさらなる高学歴化が進行している。

さて、「非特権化」が進行せず、「学歴閉鎖性」が維持されているならば大きな問題はないのかと言えば、もちろんそうではない。**図3-8**により無業者の比率を見ておこう。なお、4年制大学卒業者に関しては、1990年より「一時的な仕事に就いた者」というカテゴリーが新たに設けられている。

これによれば、学士課程修了者の無業者比率は1980年代末（バブル崩壊前）までは、10％未満で推移していたのが、1990年代から2000年代初頭にか

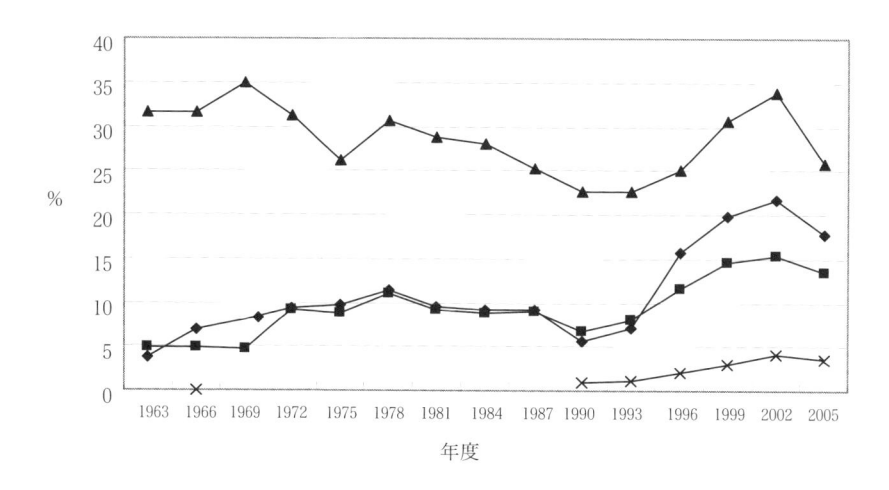

図3-8　無業者の比率（1990年度以降学士卒で一時的な仕事に就いた者の比率）

けて急増し、2002年には21.7％にまで達している。その後再び減少傾向にあり、2006年には14.7％になっている。近年の団塊の世代の一斉退職に伴う、一時的雇用回復によるものであろう。なお、一時的な仕事に就いた者は2002年4.2％、2005年3.5％、2006年3.0％となっており、大きな比率には達していない。修士課程修了者については、やはり同じ傾向が読みとれるものの、2002年の無業者比率は15.3％と学士課程修了者よりも低く、2006年には11.9％にまで減少している。一時的な仕事に就く者の比率（微少なため、図には示していない）も2006年で1.4％と学士課程修了者よりもかなり少なくなっている。修士課程に進学することは、この面から見ても、メリットのあることと言えるのだろう。

問題は博士課程である。学士課程や修士課程とは比較にならないほど高率の無業者が存在する。バブル崩壊頃までは、20％代前半まで漸減する傾向にあったが、1990年代後半以降、再び急増に転じ、2002年33.8％、2005年25.8％、2006年16.4％となっている。図には示していないが、一時的な仕事に就いている者が2005年4.9％、2006年4.6％いる（2002年以前にはこのカテゴリーはない）。ここで言う一時的な仕事に就いている者とは、おおむね世間で言われているところのフリーターであり、濱中淳子（2007）が指摘するとおり、正規雇用者の中にも任期付きのポストにいる者が含まれている。このことを考えると、博士課程修了者の進路は（他の高等教育修了者のケースとはかなり異質で）かなり暗く、しかも近年の拡張政策に伴う悪化が顕著であると言える。

大学院修了者、4年制大学卒業者が、代替雇用により労働市場に吸収され、その結果「非特権化」（その極端な表現がブルーカラー化）は進行せず、「学歴閉鎖性」をキープする一方で、無業者が増大するということである。**図 3-9** に見るように、高学歴化の進行と職業構成の高度化（ここでは専門・管理職比率の増大）はかなりパラレルであり、専門・管理職の拡大部分に、増加した大学院卒、4大卒はかなり吸収されるものの、吸収しきれないほど、急激な高学歴化が見られるため、失業者は否応なく発生する。

このような例の先駆として韓国の状況がある。韓国では若年就労問題は

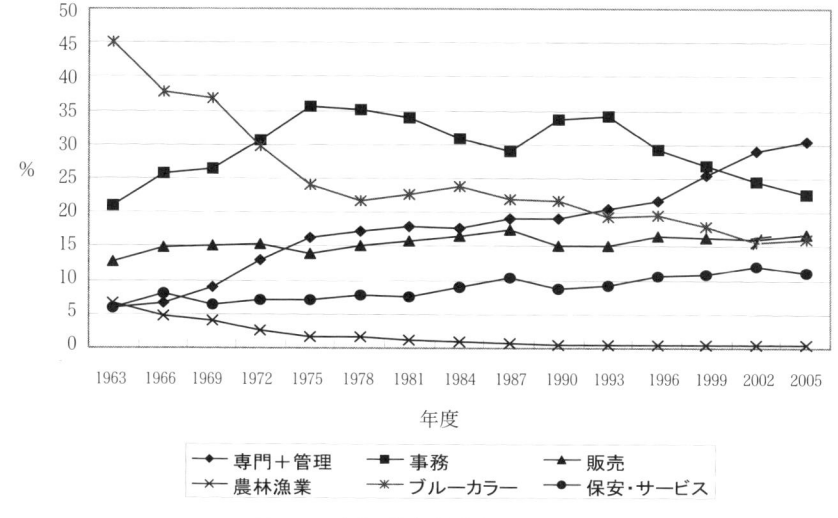

図3-9　新規学卒就職者の職業構成

日本よりさらに深刻であり、30代後半でもう肩たたきが始まると言われる。一部の地域ではこれを「38度線」と称している。38歳を境に失業、転職を余儀なくされる人々が多くいるからである。朝日新聞社より刊行された『ロストジェネレーション』によれば、「韓国では高学歴の若者ほど就職率が低いという皮肉な現象が起きている。2006年の大卒・大学院卒のうち正社員として就職したのは49.2%。原因は、需給のミスマッチだ」ということであるが、日本とは違い、有名大学を出てフリーターになるとか、タクシー運転手、ラーメン屋になる者は少ない。「韓国は特に『名分(名誉)』を大事にする社会だ。『どの大学を出て』『どの職場で働いて』『どの地域に住んで』……。過酷な競争社会のため、ずっと成長することが大切で、親は子どもに社会的地位を上げてほしいと願う。人から尊敬されるような仕事に就かなくてはいけない。そうできないなら、勉強を続けたほうがいいとなる」ということである。日本も韓国のような歯止めのかからない高学歴化の状況に突入してしまうのであろうか。もしそうなれば、さらに状況は深刻になろう。

3. 大学院卒業者の社会的位置づけ

　では、大学院に来る者の意識に問題がないのか、というとそうでもない。国際協力研究科で私の同僚であったある教授によれば、大学院は新興宗教と似ているということである。なぜ、あれほど授業料が高くなっても大学院に来る学生は増えるのか？　あの高い授業料はお布施なのである。お布施を納めて、大学院という疑似コミュニティに属する。そこに似たような仲間たちがいる。これはただ単なる人の集まりではない。国際協力とか社会福祉とか、人の役に立つこと、奉仕を売りにしている社会組織でもある。何か良いことをする組織に属し、高いお布施を納め、仲間を見出し、安心する。学問は教理であり、教科書はバイブルである。新興宗教の組織と似ているではないか、ということである。このように考えてくると、ニートなどという概念は陳腐なのではないかという考えも浮かんでくる。「高学歴ニート」とか「企業内ニート」などという（自己矛盾的な）言葉もあるとおり、学校に在籍している者は職業準備にいそしんでいるから、ニートの概念からはずれるというのはおかしいのではないだろうか。もちろん、単なるモラトリアムではない院生もたくさんいる。しかし、少なからぬ者にとっては、就職が決まらなかった、決めたくなかった、でも体裁を取り繕いたいという場合には、大学院は格好のシェルターなのである。「自分のやりたいことがごく漠然としか決まっておらず、社会に出るのが不安」と考える一方、大学院を出たら大学教員になれると、実に単純に考えている者が少なからずいる。それだからこそ、引用・参考文献リストに挙げてある濱中淳子の「大学院は出たけれど」という論文に感心し、私のゼミで配布して読ませたところ、かなりショックを受けた院生が少なからずいた。何人かの院生は休学して思索にふけっているし、退学した者もいる。私の時代には、あえてバブルの状勢に背を向けて、学界という斜陽産業（当時すでに少子化の動向は予測がついていたから）へ飛び込んだがゆえに、世の中からあぶれる（そして指弾を受ける）覚悟はそれなりにあったものだが、今の院生には厳しい情勢に対する認識が不足しているというのは、一般論として（個別的な例外はもちろんある）ではあるが、言えるであろう。

4. 結　論

　結論として言えることは、以下のとおりである。まず、第一に大学院 VS. 学部という構図ではなく、学士課程＋修士課程 VS. 博士課程という構図で大学・大学院を捉えることである。修士課程は文系・理系ともに今後も引き続き拡大していくであろうし、教授法・カリキュラムや管理・運営のあり方に関してもいわゆる学校化の傾向を強めていくであろう。修士課程に進学してくる学生の中にはもちろん、博士課程への進学を意図する者もいる。しかし、少なからぬ者が学部教育では不十分であると感じて補完的な教育、完成教育を修士課程に期待している。当然ながら、博士課程にはそのような者は僅少である。大学院を5年一貫と捉えるのではなく、修士課程を学士課程とセットで考え、博士課程とは切り離すべきであろう。修士課程が学校化して、拡大するのに対して、博士課程は研究者（もちろん、大学教員とは限らない）養成機関として、修士課程よりもずっと狭いミッションを背負った教育研究ユニットとして考える必要がある。研究者に対する需要は当然、限りがある。修士課程はこれまでどおり新自由主義的な規制緩和路線で進むのもいいだろうが、博士課程はもう少し厳しい規制を課していくべきではないか。先述のように、一部の文部科学官僚の間から仄聞（そくぶん）される「大学院では実社会に進むための教育をほとんどしておらず、大学教員の養成ばかりを念頭に置いているから就職ができないのだ」という議論は、教育の世界によくある犯人探しであり、空疎である。いくら教育を改善して社会のニーズに応えるようにしたとしても、需要がなければどうしようもない。むしろニーズに合った教育を提供したがゆえに、それでも就職がないということになればより大きな院生たちの不満を呼ぶことになるだろう。（社会ではなく）教育を改善すれば社会問題は解決するはずだ、という発想には明らかに限界がある。カリキュラムの標準化、国際化も修士課程ではかなりの程度なされていくであろうしまたそれが望ましいであろうが、博士課程ではいまだに単位制の敷かれていない大学院もあり、あるいは固有の授業が用意されていない大学院もあり、修士課程のような学校化は困難であろうし、する必要もないであろう。

入り口では緩やかに、多くの者を受け入れるのも良いであろう。だが、その場合には必ずスクーリングを通じてふるい落として、博士号を取得する者を絞り込むことを通じて学位の質を保つということが重要である。入学者中の学位取得者率（それも3年間での）などを博士後期課程の質的指標と考えるのではなく、修士とは違った教育機関として、異なる指標の開発が必要であろう。たしかに「学位の出し渋り」は大きな問題である。しかし「学位の叩き売り」もまた同様に問題である。質の高い学位をできるだけ発行できるように、教育機関は努力すべきであろうが、機関、教員がいかに努力しようとも、いかんともしがたい事情も多々ある。むしろ社会的責任を果たすという意味では、博士の学位を在学年限内に取得できる見込みのうすい者には再考を促し、早期の進路変更を促すほうが重要なのではないだろうか。

以上、修士課程は、今、学士課程のプラスアルファ的な短期教育として連続的な位置を占めている。両者の間にはかつては大きな溝があった。しかしその溝は埋まり、そのかわりに修士課程と博士課程の間に大きな溝が広がりつつある。こういう観点からすれば昨今一部の大学人が盛んに提唱している学士課程から大学院進学の際の大学間移動（要は学士課程を過ごした大学とは別の大学の大学院に進学すること）などは見当はずれというほかない。例えば、羽田貴史（2007）も指摘しているとおり、内部進学者が圧倒的に多いのは、旧帝大の学部を有する研究科（つまり、独立研究科は除くということ）であり、羽田の広島大学や筆者の大学などは内部進学者の少なさが議論になることはあっても逆はない。

とまれ、これまで大学院の研究は不足していると言われてきた。しかし、修士・博士ひとまとめの大学院研究ではなく、修士課程と博士課程は別の課程として研究されていく必要があろう。政策的にも、十把一絡げの「大学院政策」ではなく、修士課程、博士課程それぞれにかなり異なる政策が必要とされるであろう。

注
1 周知のとおり、『学校基本調査報告書』の就業状況をめぐる統計は多くの批判に

晒されている。各学校の事務担当者の恣意的な就業分類をアグリゲートしたものに過ぎないとの批判もある。そのため、『国勢調査』や『就業構造基本調査報告』を用いる研究が多く見られる。ただ、大学院修了者の増加はごく近年の現象であり、『国勢調査』や『就業構造基本調査報告』には独自のカテゴリーとして「大学院卒」は設けられていない。したがって、本章では数々の制約はあるものの『学校基本調査報告書』を用いて分析した。

　なお、新規中学卒業就職者の職業別就業状況については1976（昭和51）年度以降記載されていない。これは新規中学卒業就職者の数自体が激減したことと、職業構成がブルーカラー職に大きく偏っていることによるものと推察される。したがって、本章での1978以降の新規中学卒業就職者の職業構成については、1976年度の職業構成が不変であると仮定した。明らかに無理のある仮定であるが、1978年度、2005年度、06年度の新規中学卒業就職者はそれぞれ69,102人、8,755人、8,419人で、それぞれ新規学卒就職者全体の6.5％、1.3％、1.2％に相当する。また職業構成を見ても、1976（昭和51）年度の時点で、専門・管理職は皆無、事務職は1.0％に過ぎないのに対し、ブルーカラーが67.3％を占めている。したがって、専門・管理職を中心とする大学院卒の就業を検討するには、統計資料の不足している現在、以上のような仮定も許されよう。

引用・参考文献

朝日新聞「ロストジェネレーション」取材班，2007，『ロストジェネレーション―さまよう2000万人―』朝日新聞社．

朝日ニュース，1997，『フィルムに残されたあのころのにっぽん第4巻（昭和43年～46年）』文藝春秋（ビデオ）．

市川昭午・喜多村和之編，1995，『現代の大学院教育』玉川大学出版部．

稲井雅人，2007～，『京大M1物語』（小学館『ビッグコミックスピリッツ』に連載中）．

伊藤彰浩，2004，「大卒者の就職・採用のメカニズム―日本的移行過程の形成と変容―」，寺田盛紀編『キャリア形成就職メカニズムの国際比較―日独米中の学校から職業への移行過程―』晃洋書房，58-82頁．

植村泰忠（研究代表者），1981a，『研究成果報告書　大学院問題に関する調査研究』東京大学理学部．

―――，1981b，『大学院問題所感（研究成果報告書　大学院問題に関する調査研究別冊）』東京大学理学部．

ウォルターズ，E.編，1969，木田宏監訳『これからの大学院（大学問題シリーズ3）』東京大学出版会．

馬越徹，2007，『比較教育学―越境のレッスン―』東信堂．

潮木守一，1971，「高等教育の国際比較―高等教育卒業者の就業構造の比較研究―」，

日本教育社会学会編『教育社会学研究』第26集，東洋館出版社，2-16頁.
———，1986,『キャンパスの生態誌―大学とは何だろう―』中公新書.
江原武一・馬越徹編，2004,『大学院の改革（講座「21世紀の大学・高等教育を考える」第4巻）』東信堂.
大沢勝他編，1982,『学術体制と大学（講座　日本の大学改革〔4〕）』青木書店.
OD問題の解決を目指す若手研究者団体連絡会，1980,『オーバードクター問題の解決を目指して―わが国の高等教育・学術研究体制のバランスのとれた発展を―』京都大学院生協議会.
———，1981,『オーバードクター白書―全国一斉アンケート調査報告　1981.11.―』北斗プリント社.
尾崎盛光，1967,『日本就職史』文藝春秋.
———，1967,『就職―商品としての学生―』中央公論社.
———，1972,『人材の社会学―主流はどう変わってきたか―』実業之日本社.
折原浩，2006,『大衆化する大学院――個別事例にみる研究指導と学位認定―』未来社.
金子元久，1989,「石油危機以降の学卒労働力需給」，日本教育社会学会『日本教育社会学会第41回大会発表要旨集録』372-373頁.
加藤尚文，1971,『大卒労働力―現場投入の時代―』日本経営出版会.
———，1980,『学歴信仰の崩壊―いま大卒に何が求められているか―』日本経営出版会.
川嶋太津夫，1998,「大衆化する大学院」，佐伯他編『変貌する高等教育（岩波講座10現代の教育―危機と改革―）』岩波書店.
———，2003,「21世紀は大学院の時代か」，有本章・山本眞一編『大学改革の現在（講座「21世紀の大学・高等教育を考える」第1巻）』東信堂.
菊池城司，1984,「高等教育卒業者の『非特権化』と『学歴閉鎖性』」『大学進学研究』No.34，大学進学研究会.
京都大学大学院生協議会，1962,『京都大学大学院白書』京都大学大学院生協議会中央委員会.
クラーク，B.R., 2002，有本章監訳『大学院教育の国際比較』玉川大学出版部.
———編，1999，潮木守一監訳『大学院教育の研究』東信堂.
国立教育研究所，1978,『特別研究　大学院の研究―その1―』国立教育研究所.
———，1979,『特別研究　大学院の研究―その2―』国立教育研究所.
国立大学協会旧設大学院問題検討小委員会，1985,『旧設大学院の改善について』国立大学協会.
国立大学協会第6常置委員会，1978,『国立大学における助手の任用ならびに職務実態に関する調査報告書』国立大学協会.

小谷野敦，2007，『非望』幻冬舎．
近藤博之，1987，「高学歴化と職業的地位の配分―就業構造の時点間比較分析―」，日本教育社会学会編『教育社会学研究』第42集，東洋館出版社，137-149頁．
柴田翔，1964，『されどわれらが日々―』文藝春秋．
職業研究所・日本リクルートセンター，1978，『大卒労働市場の組織と機能に関する研究結果報告書』日本リクルートセンター．
総理府青少年対策本部，1977，『卒業生調査（青少年問題研究調査報告書）』総理府．
大学職業指導研究会編，1979，『大学と職業「大学職業指導研究会」10周年記念出版―大学教育における職業指導―』専修大学就職部．
大学生協東京事業連合会編，1981，『データが語る東京の大学生』主婦の友社．
友田泰正，1974，「統計から見た日本の大学院―昭和35～46年―」『大学論集』第2集，広島大学大学教育研究センター，31-44頁．
日本科学者会議編，1983，『オーバードクター問題―学術体制への警告―』青木書店．
日本学術会議科学者の待遇問題委員会，1965，『大学助手・研究補助者の実態調査』日本学術会議．
日本学術会議学術体制委員会，1961，『大学院に関する調査報告書』日本学術会議．
財団法人日本青少年研究所，1980，『大学卒業生の追跡調査―日・米・独国際比較―』財団法人日本青少年研究所．
―――，2002，『中学生の生活と意識に関する調査報告書―日本・米国・中国の3カ国の比較―』財団法人日本青少年研究所．
「博士になっても就職難？―ニュースがわからん！―」『朝日新聞』2007年8月23日朝刊2面．
羽田貴史，2007，「大学における初年次少人数教育と『学びの転換』」，東北大学高等教育開発推進センター編『大学における初年次少人数教育と「学びの転換」―特色ある大学教育支援プログラム（特色GP）東北大学シンポジウム―』東北大学出版会，100-109頁．
濱中淳子，2007，「大学院は出たけれど―夢を追い続ける『高学歴就職難民』2万人―」『論座』2007年6月号，朝日新聞社，128-135頁．
広島大学大学院生協議会・広島大学教育社会学研究室，1966，『広島大学大学院白書―研究と生活―』広島大学．
藤田英典（研究代表者），1996，『大学院における教育カリキュラムの日米比較研究』東京大学教育学部．
フリーマン，R.B.，1977，小黒昌一訳『大学出の価値―教育過剰時代―』竹内書店新社．
ホイチョイ・プロダクションズ，2007，『気まぐれコンセプトクロニクル』小学館．
北海道大学大学院生協議会白書編集委員会，1965，『北海道大学大学院白書』北海道大学大学院生協議会全学幹事会．

堀田あけみ, 1989, 『君は優しい心理学 (サイコロジー)』集英社.
本多顕彰, 1956, 『大学教授―知識人の地獄極楽―』光文社.
枡田隆治, 1957, 『学閥―日本を支配する赤門―』有紀書房.
宮原将平・川村亮編, 1980, 『現代の大学院』早稲田大学出版部.
文部省, 1966, 『大学院実態調査報告書 昭和40年度』文部省.
山内乾史, 1989, 『高学歴化と職業構成の変動―戦後日本における学歴と職業の対応関係についての考察―』大阪大学大学院人間科学研究科修士論文.
―――, 1989, 「新規学卒就職者における学歴と職業との対応関係に関する一考察」『大阪大学教育社会学・教育計画論研究集録』第7号, 大阪大学人間科学部教育社会学・教育計画論研究室, 25-39頁.
―――, 1991, 「学歴と職業との年齢段階別対応関係の考察」『大阪大学教育社会学・教育計画論研究集録』第8号, 大阪大学人間科学部教育社会学・教育計画論研究室, 1-13頁.
吉本圭一, 1996, 「大学教育と職業―大衆化に伴う大卒者の職業における変化の研究動向レビュー――」『九州大学教育学部紀要 (教育学部門)』第42集, 95-108頁.
―――, 1998, 「学校から職業への移行の国際比較―移行システムの効率性と改革の方向―」『日本労働研究雑誌』No. 457, 日本労働研究機構, 41-51頁.
リクルート・カレッジマネジメント, 1988, 『大学院卒の採用と大学院の評価に関する調査報告書』リクルート.
「若き頭脳が埋もれている―さまようポスドク1万人―」『AERA』2001年5月21日号, 23-25頁.
Gordon, M.S., 1974, "The changing labor market for college graduates," in Gordon, M.S. (ed.), *Higher Education and Labor Market*, McGraw-Hill.
Rumberger, R.W., 1984, "The job market for college graduates, 1969-1990," *Journal of Higher Education*, vol. 55 no. 4, pp. 431-454.

第Ⅱ部
先進諸国における若年就労の状況

第4章 「社会的に恵まれない層」をターゲットとする
　　　アメリカの若年雇用政策――中等教育段階の職業
　　　教育と離学後の積極的雇用政策を中心に

第5章 マック仕事の労働者たち――米国とカナダと日本の
　　　ファストフード店を中心に

第6章 フランス型教育モデルの変容――民主化から
　　　新自由主義へ

第7章 フランス中等教育の多層性

第4章 「社会的に恵まれない層」をターゲットとするアメリカの若年雇用政策
――中等教育段階の職業教育と離学後の積極的雇用政策を中心に

深堀聡子

1. はじめに

　経済的に自立した生活を可能にする職業に就くことができないため、貧しく不安定な生活を余儀なくされている若者の問題が、世界各地で顕在化している。多くの欧米先進諸国では、若年人口が減少し、全体として高学歴化しているにもかかわらず、雇用の流動化や労働力需給のミスマッチなどの要因によって、若年失業率が年長者の失業率を上回る状態が続いている。例えば25～54歳労働力人口に対する15～24歳労働力人口の失業率は、OECD 30カ国のうち、デンマークとドイツを除く28カ国で2倍を超えており（2005年）、OECD平均も1995年の2.4倍から2005年の2.7倍へと高まっている（Quintini and Martin 2006, p. 10）。この若年雇用の問題に、経済大国アメリカはどのように対応してきたのだろうか。アメリカの経験から、日本に対するいかなる示唆が得られるのだろうか。

　アメリカを日本の合わせ鏡とすることには、両国の福祉政策アプローチの類似性を鑑みると、特に深い意義があると言えよう。国民の社会的保護を推進するにあたって、①高率の国民負担（国民所得に占める租税負担と社会保障負担の合計の割合）の上に、高い水準の社会権を普遍的に保障しようとする「社会民主主義」的福祉国家（典型国はスウェーデンをはじめとする北欧諸国）や、②既存の職業・宗教団体が伝統的に築いてきたリスクの共同負担の原理に基づく労働者世帯の保護を機軸に社会保険が制度化されている「保守主義」的福祉国家（典型国はフランスをはじめとする欧州諸国）に対して、③低率の国民負担によって最低限の社会権のみを保障し、福祉依存を抑制して市場を活性化させることで、社会全体としての豊かさを実現しようとする「自由主義」的

福祉国家に、日本もアメリカも分類される（エスピン-アンデルセン，1990＝2001a，23-31頁）。

アメリカにおける政府に依存しない自助主義は、「貧民や社会福祉に対するアメリカ社会の反感や冷淡な態度を形成し、アメリカが常に福祉後進国に止まる一因ともなってきた」（新井 2007，111頁）などと批判されてきたが、国民負担率（2004年日本35.5％、アメリカ31.9％⇔スウェーデン70.2％、フランス61.0％、以下同順）（財務省 2007）や社会保障支出（2003年対GDP比17.7％、16.2％⇔31.3％、28.7％）（OECD 2007）の水準が示すように、日本もアメリカと同様に、国民の自助の上に成り立っている社会であることは、意外と認識されていない。

「福祉後進国」という言葉は、政府によって提供される福祉を拡充し、社会民主主義的福祉国家に近づくことが「進歩」であるという哲学に依拠している。しかしながら、今日の日本における社会保険制度への不安や増税への抵抗を勘案すると、国民負担率の大幅な引き上げを必然的に伴う社会民主主義的な福祉政策アプローチを日本がただちに選択するとは考えにくい。むしろ行財政的権限を中央政府の下に集権化するよりも、地方政府・法人・個人に分権化し、政府からの給付を充実させるのではなく、国民の自助を支援促進する方向で、今後も国民生活の保護が目指されていくと考えられる。最小限の普遍主義的な所得移転、最低限の社会保険プラン、ミーンズテスト（資産・所得調査）つきの扶助に特徴づけられる福祉政策の下で、人々は民間福祉サービスも積極的に活用しながら、失業・疾病・出産・高齢化などの生活リスクに対応していくと考えられる。

日本では2004年の「若者の自立・挑戦のためのアクションプラン」の策定を受けて、日本版デュアルシステムやジョブカフェなど、欧州の若年雇用対策をモデルとする取り組みが導入されてきている。しかしながら若年雇用問題に政府・学校・地域社会・企業がどのように連携して取り組むかという問題に関わるこれらの制度を、その根幹にある福祉政策アプローチと切り離して導入することには限界があろう。若年層の生活リスクに対して、誰がどのような支援を提供し、若年層の社会権を誰がどのように保障していくのかと

いう問題は、既存の福祉政策の枠組みと照らし合わせて検討する必要がある。

それゆえ同じ自由主義的福祉国家として福祉政策アプローチを共有するアメリカの経験は、日本が既存の枠組みの中で何にまず取り組むべきなのか、既存の枠組みにはどのような問題があり、いかなる課題が展望されるのか等を検討する上で、有益な示唆を提供する。こうした観点から、アメリカの若者や若年雇用政策の実態を検討し、日本の若年雇用問題への示唆を導くことが本章のねらいである。

本章の構成は次のとおりである。はじめに日米の若者を取り巻く労働環境や社会環境の特徴を整理し、両国の若年雇用問題のコンテキストについて理解を深める。次にアメリカの若年雇用政策に注目し、アメリカ社会が若年雇用問題にどのように取り組んでいるのかを明らかにする。さらにアメリカの若年雇用政策の中核をなす、①中等教育段階での職業教育と、②離学後の教育・訓練に焦点をあてて、その実態を連邦教育省国立教育統計センターによる全米規模の若年パネル調査 NELS: 88 データを用いて明らかにする。最後に、アメリカの経験が日本に示唆する事項について考察する。

2. 日米の若者を取り巻く労働・社会環境の特徴

日本とアメリカは福祉政策アプローチを共有するものの、若年雇用問題のコンテキストにおいて異なる点も少なくない。ここでは特筆すべき相違点を3点指摘する。

第1の相違点は、雇用の柔軟性にある。1990年代初頭まで日本の失業率は低位で推移し（全体2〜3％、若年層5％前後）、大きく変化してこなかった。対照的にアメリカの失業率は景気循環に敏感に反応しながら、大きく変動（全体5〜10％、若年層10〜18％）してきた。このことは好況期には雇用、不況期には解雇といった景気情勢に対応した雇用調整がアメリカでスムーズに行われていることを示しているが、その背景には、企業と労働組合との労働協約に定められている「レイオフ制度」がある。それは企業の経営状況が悪くなった場合には労働者の一時解雇を許容するものであるが、その際、勤続年数の

短い者から解雇され、逆に勤続年数の長い者から再雇用される「先任権制度」が適用されている。アメリカでは、景気循環の中で周期的に到来する不況期を速やかに克服するために、リストラという方法が労働者の合意の下で採用されているのである。そしてそのしわ寄せをもっとも直接的に経験するのが、若者なのである（白川 2006, 136-137頁）。こうした状況は、終身雇用制度の下で正社員の雇用が強力に保護されている日本と著しく異なる。

　第2の相違点は、雇用のタイミングにおける柔軟性である。年功序列賃金制をとる日本の企業は、賃金の安い新規高卒・学卒者の新規採用を優先的に行ってきた。1990年代の景気後退に伴って、即戦力のある中堅・ベテランの中途採用を行ったり、非正規雇用（パートタイム就業者・派遣社員など）の枠を広げたりした結果、日本の雇用は以前よりも柔軟化（不安定化）したものの、依然として新規高卒・学卒者の新規採用に大きなウェイトがかけられており、正規雇用と非正規雇用の間の著しい雇用条件の格差も解消されていないため、新規高卒・学卒者の新規採用のチャンスを逃した若者は、就労において圧倒的に不利な立場に陥ってきた。対照的に職能給制をとるアメリカの企業は、必ずしも新規高卒・学卒者を優先的に雇用するとは限らず、必要に応じて職務に適した能力をもつ人材を、それに見合う賃金で雇用してきた。「失業したとして、納得のいく仕事が簡単に見つかる」(International Social Survey Program, 1997) と回答した割合が50.3％（日本5.0％）（男女共同参画会議 2005, 15頁）であることが象徴するように、アメリカでは雇用のチャンスが随時発生するため、ハイスクールや大学を離れてから定職に就くまでの間に、多様な仕事を転々とする若者も珍しくない。正社員とフリーター・ニートの境界は、アメリカでは日本よりもはるかに曖昧なのである。

　第3の相違点は、雇用状況における著しい人種・民族間、階層間格差である。人種・民族マイノリティや貧困層は、「学校から仕事への移行」に多大な困難を経験している。例えば連邦教育省国立教育統計センター統計（NCES 2007）によると、2006年における就労も就学もしていない若者（16－19歳）の比率は7.6％であったが、人種・民族別に見ると白人5.9％とアジア系5.7％に対して、黒人11.5％、ヒスパニック10.6％、階層別に見ると世帯所得が

貧困水準の2倍以上の家庭4.6％に対して、貧困水準以上で2倍未満の家庭10.0％、貧困水準未満の家庭17.0％であった（NCES 2007, pp. 46-50）。こうした「社会的に恵まれない層」の学業不振が、教育条件の不平等（Kozol 1992, pp. 236-237）、白人中心主義の学校カリキュラムや学校文化（Apple 1979, pp. 63-65）、社会の不平等を再生産する学校構造（Bowles and Gintis 1976, pp. 102-124）などの構造的要因によってもたらされていることは、繰り返し指摘されてきたが、「社会的に恵まれない層」の学校での疎外状況は、仕事への移行にも暗い影を落としているのである。アメリカの若年雇用問題の背景には、人種・民族マイノリティや貧困層の包摂と排除の問題が介在しており、若年雇用対策はこうした「社会的に恵まれない層」の社会統合策として位置づけられている。これは若年雇用の問題が階層と深く関連していることが明らかになってきているにもかかわらず、若年雇用政策が必ずしも階層問題への対策として位置づけられていない日本の現状と対照的である（宮本 2006, 145-149頁）。

3. アメリカの若年雇用対策

　自助の精神が重んじられ、雇用と解雇が景気の状況と労働者の職能に応じて柔軟に実行されているアメリカでは、「社会的に恵まれた」白人・富裕層の無業者の存在が、現代社会の豊かさが生んだ、大人になることを拒む「夢追い型ピーターパン」と揶揄されることがあっても、深刻な社会問題と捉えられることはない（藤田 2006、53-55頁）。ところが「社会的に恵まれない」人種・民族マイノリティや貧困層の無業者の存在は、アメリカ社会の統合を脅かす社会問題とみなされているため、彼らにターゲットを絞った対策が重点的に実施されているのである。ここではアメリカの若年雇用対策を、①中等教育段階の職業教育、および離学後段階の、②消極的雇用政策、③積極的雇用政策に分類して概観してみよう。

1）中等教育段階の職業教育

　アメリカの職業教育の歴史は、中等後教育段階では19世紀後半、中等教

育段階では20世紀初頭にさかのぼる。まず中等後教育段階では、職業教育を行う州・地方に国有地を無償提供することを定めた1862年第1次モリル法、職業教育を行う学校に連邦補助金を提供することを定めた1890年第2次モリル法が法的基盤となって、主に州立大学やコミュニティ・カレッジで職業教育が実施されるようになった。さらに市場ニーズに応じて民間（非営利組織や営利組織）による職業専門学校も発展し、1980年代よりその在学生にも連邦奨学金が支給されるようになった。

　次に中等教育段階では、連邦基準を満たす職業教育計画を提出した州に対して費用の半額に相当する連邦補助金を交付することを定めた1917年スミス・ヒューズ法が、中等教育カリキュラムに職業教育科目を導入する重要な契機となった。20世紀は中等教育が大衆化し、多様な生徒層に門戸を開放するようになった時代であるが、その中で、①進学課程、②一般課程、③職業課程の3つのコースをもつ総合制ハイスクールが急速に普及した（米川 1996, 18-26頁）。この総合制ハイスクールは、幅広い選択科目を提供しながら生徒を卒業後の進路（進学・就職）に向けて計画的・段階的に準備することで、若者の「学校から仕事への移行」を支えてきたが、特に職業教育が重点的に提供されている職業課程は、卒業後に就職を目指す「社会的に恵まれない層」を中心とする生徒層を支援する上できわめて重要な役割を果たしてきた。

　そうした状況の中で1984年には、特に「社会的に恵まれない層」に対する職業教育を実施するために連邦補助金を交付することを定めたカール・D・パーキンズ職業教育法（Carl D. Perkins Vocational Education Act）が交付され、低所得層（その多くは人種・民族マイノリティ）の若者に手に職をつけさせることで、彼らの社会統合を図ることが目指されるようになった。ところがこのパーキンズ職業教育法は、1990年にカール・D・パーキンズ職業教育及び応用技術教育法改正法（Carl D. Perkins Vocational and Applied Technology Education Act Amendments of 1990）に改正され、「高度技術社会において就労する上で必要なアカデミックな能力と職業技術能力の双方を習得しうる教育プログラムの改善」が優先課題に掲げられるようになった。そこでは「社会的に恵まれない層」に職業技術能力を習得させるだけでは、ポスト工業化社会における不透明な

雇用環境に備えさせることはできないため、職業教育とアカデミックな教育を統合することで、高校卒業レベルの学力も着実に習得させる必要があることが強調されている。そしてこの方針は、現行の同1998年改正法にも引き継がれ、アカデミックな教育の水準を高めることで、中等後教育への接続も支援する職業教育を目指す方針が明らかにされている。同様に1994年の学校から仕事への移行教育法 (School-to-Work Opportunities Act) でも、「学校における学習」と「職場における学習」、およびそれらを「統合する活動」を拡充するとともに、中等教育から中等後教育への円滑な接続を図る方針が掲げられている (藤田 2006, 63-70頁)。

したがってアメリカの職業教育の今日的なトレンドとしては、「社会的に恵まれない層」を中心とする職業教育の履修者に、特定の職業に直接的に関わる知識・技能を習得させるだけではなく、それをアカデミックな知識・技能と結びつけることで両分野への理解を深め、かつ総合的な思考力・判断力・表現力なども習得させることで、中等後教育への進学も視野に入れながら、高度に情報・技術化した今日の雇用環境に適応させていくことが目指されている。

こうした職業教育は、学校内での職業教育科目としてだけでなく、コオペラティブ教育 (cooperative education) や青少年訓練生制度 (youth apprenticeship) の下で、職場での職業体験・訓練と組み合わせる形でも実施されている。コオペラティブ教育では、学校と企業が連携し、両者の間で取り交わされた協定書に基づいて、学校での教育と職場での訓練が交互に実施されている。地元企業で求められる実践的な知識・技能を生徒に習得させることが、その主たるねらいと言える。それに対して青少年訓練生制度では、学校での教育を主軸に、学校で習得した職業的な知識・技能を応用・実践できる職場での訓練が一定期間、計画的に導入されている。ただしコオペラティブ教育と青少年訓練生制度の違いは明確ではなく、しばしば互換的に用語が用いられている。

なお職業教育は、総合制ハイスクールの職業課程で重点的に実施されているが、大規模ハイスクールの中に独立した経営主体として設置される小規模の「学校内学校 (school within a school)」の一種であるキャリア・アカデミーで

も実施されている。キャリア・アカデミーでは、学力不振などの問題を抱える生徒を主たる対象として、地元企業と密接に連携しながら、雇用に結びつく教育が重点的に行われている。また中等教育(第11〜12学年)と高等教育(第1〜2年)を統合し、4年間の一貫した職業教育がアカデミックな教育と平行して実施されているのがテクプレップである。テクプレップ卒業者には準学士の称号が付与されている(藤田 2006, 73-85頁)。

2) 離学者のための消極的雇用政策

 中等教育機関や中等後教育機関を離学(卒業・中退)した若者に対して提供されている支援に注目してみよう。消極的雇用政策(passive labor market policies)とは、失業保険制度をはじめとする労働者の生活保護を目指すセーフティ・ネットとしての政策である。自助主義の国アメリカでは、消極的雇用政策は相対的に貧弱である。失業給付による所得保障率(60カ月失業した場合の平均、2004年)は31%(日本57%⇔スウェーデン73%、フランス62%)に過ぎず、GDPに占める比率もきわめて低い(表4-1参照)。最低賃金(2005年)も所得中央値の30%(2003年日本32%⇔2005年フランス66%)に過ぎない(OECD, 2007)。これは最低限の生活すら保障するに至らない水準であり、働いても貧困から抜け出せない、いわゆる「ワーキング・プア」層を輩出する一因となっ

表4-1 各国の雇用政策に対する公的支出(対GDP比、2004年)

(%)

	日本	アメリカ	スウェーデン	フランス
消極的雇用政策費	0.46	0.37	1.32	1.72
失業給付	0.46	0.37	1.32	1.64
早期退職	0.00	0.00	0.00	0.08
積極的雇用政策費	0.28	0.16	1.24	0.97
公的雇用サービス	0.21	0.04	0.24	0.25
教育・訓練	0.04	0.05	0.35	0.31
その他注	0.03	0.07	0.65	0.42
合 計	0.73	0.53	2.56	2.69

注)雇用促進(employment incentives)、障害者統合(integration of the disabled)、直接的な雇用創出(direct job creation)、起業促進(start-up incentives)
出所)OECD 2006, pp. 271-276 より抜粋。四捨五入により合計が異なる場合もある。

ている (Tannock 2001, pp. 1-4; Shipler 2004, pp. 39-76)。

アメリカ社会の消極的雇用政策の貧弱さは、福祉給付の充実が福祉への依存をもたらし、国民を怠惰にし、経済活動を阻害するという危機感に根ざしていると考えられている。高水準の福祉を提供するために高率の国民負担を強いることは、労働者の勤労意欲や貯蓄意欲を低下させる方向に作用し、企業の設備投資を困難にするという考え方も背景にあるとされている。さらに人種・民族的、宗教的、文化的に多様な背景をもつ人々から構成される多文化社会アメリカでは、北欧・欧州諸国のような共助の精神が形成されにくく、生活リスクの自己管理を選好する自助の精神が育まれやすいとも考えられている (橘木 2006, 14-22頁)。多文化社会アメリカは「小さな政府」を志向し、社会的弱者の保護を一時的に犠牲にしてでも、経済の活性化を優先する方法で共栄を目指してきたのである[1]。

しかしながらセーフティ・ネットとしての消極的雇用政策は、景気循環によって起こる周期的失業 (cyclical unemployment) などへの一時的な対策としては有効であるが、労働力の需給におけるミスマッチを解消する有力な手立てでもなければ、労働者の技能向上を促すものでもないため、抜本的な雇用対策にはならない。社会的弱者を保護するためには、彼らが労働市場に参入し、労働力としての価値を高められるようにするための、より積極的な雇用政策が不可欠なのである。

3) 離学者のための積極的雇用政策

積極的雇用政策 (active labor market policies) とは、①職探しへの支援や②教育・訓練など、労働者の市場参入を促し、その市場性を高めることを目指す政策である。アメリカではこの積極的雇用政策も決して充実しているとは言えないが、「社会的に恵まれない層」にターゲットを絞った政策が講じられており、そのうち若者に対する政策にも比較的重点が置かれている(**表4-2参照**)。

離学した若者に対する積極的雇用政策は、1960年代の「貧困との戦い」の一環として制定されたマンパワー開発訓練法 (Manpower Development and Training Act, 1962) や経済機会法 (Economic Opportunity Act, 1964) を法的基盤として成立し、

表4-2　各国の若年雇用政策に対する公的支出（2002年）

(%)

	日本	アメリカ	スウェーデン	フランス
対GDP費	0.01	0.02	0.02	0.40
積極的雇用政策費に占める割合	1.8	17.2	1.8	32.2

出所）Quintini and Martin 2006, pp. 63 より抜粋。

包括雇用・訓練法（Comprehensive Employment and Training Act, 1973）、およびその改正法である職業訓練パートナーシップ法（Job Training Partnership Act, 1982）、労働力投資法（Workforce Investment Act, 1998）に基づいて実施されてきた。そこでは連邦政府直轄事業および州政府による連邦補助金事業を通して一貫して、「社会的に恵まれない層」に雇用関係情報を提供する（職探しへの支援）とともに、職業的な知識・技能を習得させる（教育・訓練）ことで、不安定な就労状況から抜け出させることが目指されてきた。

　まず職探しへの支援（Job Search Assistance）に注目してみよう。職探しへの支援は、職業訓練パートナーシップ法に基づいて導入され、労働力投資法の下で、州知事の指定する地域区分ごとに設置が義務づけられるようになったワンストップ・キャリア・センターで提供されている。なおこのワンストップ・キャリア・センターでは、求人情報を中心に、教育・訓練や社会保障給付などの情報が総合的に提供されている。

　こうした職探しへの支援は、比較的安価なコストで社会保障の給付件数や給付期間を削減する有意な効果をもつことが、OECDによる調査研究や、積極的雇用政策に関する実証研究等より明らかにされている（Daniels and Trebilcock 2005, p. 204）。このことは人材を求める企業と、職を求める失業者のマッチングを支援する仲介サービスが、労働の流動性が失われて一時的に起こる摩擦的失業（frictional unemployment）を解消する上で、一定の効力をもつことを示唆している。失業者の中には、新たに教育・訓練を受けずとも、職に就くことができる者も少なくないのである。そうした若者のために、職探しへの支援は不可欠な措置と言えよう。

　ところが職探しへの支援は、企業が求める知識・技能を労働者がもたないために起きる構造的失業（structural unemployment）への対策としては、不十分

である。雇用の要件となる知識・技能をもたない失業者がいくら情報にアクセスしても、結果的に採用には至らない。構造的失業への対策としては、若者を市場価値の高い労働者へと育成する教育・訓練が求められる。

　そうした教育・訓練プログラムのもっとも代表的なものが、1964年より連邦労働省所管の事業として継続的に実施されてきたジョブ・コア (Job Corps) である。ジョブ・コアは、プログラムへの参加を希望した「社会的に恵まれない若者 (16〜24歳)」に対して、職業的な知識・技能とアカデミックな知識・技能に加えて、コミュニケーション能力や問題解決能力、社会的・対人的マネジメント能力を習得させ、職業キャリアに向けて準備させることを目指す全寮制の教育・訓練プログラムである。ジョブ・コアの課程は、①オリエンテーション (ジョブ・コアの意義や活動内容、参加者の心構え、成果の見通しについての理解を形成する)、②キャリア準備期間 (社会人としての資質と職探しスキルの形成、ワンストップ・キャリア・センターの訪問、キャリア開発計画の立案)、③キャリア開発期 (知識・技能習得、職探しの開始、自立した生活に向けての準備)、④キャリア移行期 (職探し・住居探し・通勤や子育ての支援・カウンセリング) の4段階から構成されているが、参加者は独自のペース (8カ月〜2年程度) で①〜③を履修し、卒業後1年間は④のサポートを受けることができる。ジョブ・コアでの寮費・食費・授業料等はすべて無償であり、若干の生活費も支給される。2006年度には全米122カ所のジョブ・コア・センターに、約6万人の参加者が入所し、15.6億ドルの予算 (労働省予算合計106億8,375.5万ドル) が費やされた (DOL 2007a)。なお連邦労働省の『2006〜2011年度戦略的計画 (Strategic Plan)』では、ジョブ・コア卒業後に就職または進学する若者の比率を2005年の79％から2011年には87％に引き上げること、高校卒業証書または一般教育発達試験 (General Educational Development Test: GED) による高校卒業同等資格取得率を2005年の60％から2011年には68％に引き上げることが、数値目標として掲げられている (DOL 2007b, pp. 24-25)。

　もっとも連邦労働省の委託によって1994〜1996年に実施されたジョブ・コアに関わるパネル調査データ (参加資格をもつ「社会的に恵まれない」若者81,000人の中から9,400人を実験集団に、6,000人を統制集団にランダム抽出) (在学中2年間

に1回、卒業後2年間に2回実施)、および社会保障番号 (Social Security Number) に基づく所得や社会保障給付に関わる行政調査データ (在籍前2年間、在籍中2年間、卒業後5年間の計9年分) の分析からは、雇用率や所得を改善する上でのジョブ・コアの有意な効果は確認されていない。パネル調査データでも行政調査データでも、ジョブ・コア在籍直後の2年間は、実験集団の雇用率や所得が統制集団よりも高いことは確認されているが、卒業後3年目以降は有意な差異が見られなくなる。ただし年齢別に見ると、16～19歳の年少者よりも20～24歳の年長者のほうが、実験集団の雇用率や所得は高く、卒業後も低下しない。したがってこれらの調査より、プログラム全体としての長期的効果は検証されないが、年齢別に異なる効果があることが示唆される (Schochet, McConnell and Burghardt 2003, pp. xix)[2]。

　連邦政府による離学者のためのその他の代表的な教育・訓練プログラムとしては、労働力投資法若年プログラム (WIA Youth Program) や登録制訓練生制度 (registered apprenticeship) が挙げられる。まず労働力投資法若年プログラムでは、高校中退者・ホームレス・家出者・妊婦ないし育児中などの「危機的状況」にある若者 (14～21歳) に個別指導、オルタナティブ・スクールへのアクセス、夏期休業中の職業、教育・訓練、メンタリングやカウンセリングなどが提供され、高校を卒業させることと、就職や進学に向けて準備させることが目指されている。なお連邦労働省の『2006～2011年度戦略的計画 (Strategic Plan)』では、このWIA若年プログラムを通して、2006～2011年の間にプログラム終了後の就職・進学率を58％から64％に引き上げること、高校卒業証書または高校卒業同等資格の取得率を36％から44％に引き上げることが、数値目標として掲げられている (DOL 2007b, pp. 24-25)。

　次に登録制訓練生制度では、政府の主導の下で、雇用主によって16歳以上の希望者に対して、1～4年間の計画的な教育・訓練 (OJT) が実地で提供されている。訓練生が雇用主より受け取る賃金は、教育・訓練の成果に応じて、通常賃金の9割程度に達するまで徐々に引き上げられる。また教育・訓練期間の修了とともに、訓練生には連邦政府の認定を受けた州訓練生機関 (State Apprenticeship Agency) より修了証書 (Apprenticeship Completion Certificate) が授与さ

れる。この訓練生制度は、雇用主にとっても高度の技能をもった労働者を適正規模で育成できること、教育・訓練の効率化を図れること、欠勤・転職を抑制して生産性を向上させられることなどのメリットが認められるため、その費用は主に雇用主によって負担されている。2005年には約42万人が電気技術者、大工、配管工、板金工などの訓練生として約29,000のプログラムに参加していた (DOL 2007c)。なお連邦労働省の『2006～2011年度戦略的計画 (Strategic Plan)』では、1937年より継続されているこの制度を時代の要請に適応したものへと不断に更新する取り組みの一環として、新たな職業分野での訓練先を開拓すること、訓練期間中の訓練生が雇用機会を逃さずにすむよう、暫定的な修了証書を設けるなどの措置をとること、訓練生制度に関する最新の情報を提供できるよう、情報システムを拡充することなどが課題として掲げられている (DOL 2007b, pp. 24-25)。

最後に近年、世界的潮流になっているもう1つの積極的雇用政策として、失業給付と引き換えに就労を要求するワークフェア (workfare) が挙げられる。アメリカでは1971年タルマッジ修正法によって、社会保障給付を受ける母親で子どもが学齢期を迎えた場合には、社会保障給付条件として就労義務が課されるようになって以来、給付と就労を結びつける方針が踏襲されてきた。特に1996年の自己責任就労機会調停法 (Personal Responsibility and Work Opportunity Reconciliation Act) では、乳幼児を抱えた母親にも、福祉を受給する条件として就労が求められるようになった。すなわち母子世帯を主な対象とし、最低限所得保障に重点を置く公的扶助制度の「要扶養児童家庭扶助 (AFDC)」が「暫定的困窮世帯扶助 (TANF)」に改められた。この「暫定的困窮世帯扶助」の受給者に対しては、必要な保育サービスが受けられることなどを前提に、可能な限り早い時期に仕事に就くか、求職活動を行うか、教育・訓練等に参加することが義務づけられ、仕事に就かずに2年以上給付を受け続けることはできなくなった。さらに原則として、生涯に累積60カ月以上給付を受けることは認めない方針が示された (新井 2007, 90-95, 115-117頁)。

4. 若年雇用政策と若年雇用の実態

このように自助主義を重んじ、柔軟な雇用環境をもつアメリカでは、若年雇用問題は「社会的に恵まれない層」の社会統合の問題として位置づけられており、「社会的に恵まれない層」を主たるターゲットとする中等教育段階の職業教育や離学者のための失業給付（消極的雇用政策）、職探しへの支援や教育・訓練（積極的雇用政策）が実施されてきた。このセクションでは、連邦教育省国立教育統計センターによる全米規模の若年パネル調査 NELS: 88 (National Education Longitudinal Study of 1988–2000、以下 NELS 調査) の分析を通して、アメリカの若年雇用政策のありようと若年雇用の実態を、①中等教育段階の職業教育と、②離学者のための教育・訓練に焦点を当てて探る。

NELS 調査では、1988年に二段層化抽出法に基づいて抽出された全米の第8学年生徒（14歳）26,432人に対して、その生活と意識に関する調査（回収票 n＝24,599）が実施され、さらに1990年（n＝20,706）、1992年（n＝21,635、サンプル追加）、1994年（n＝15,964、層化抽出法に基づいてサンプル削減）、2000年（n＝12,144）に4回の追跡調査が実施された。本分析で使用するのは、第2次追跡調査（第12学年）と第4次追跡調査（卒業後8年目）データがそろっている12,144人のデータである[3]。ハイスクール在学中の職業教育の状況や卒業直後の予定進路、およびさまざまな教育機関や職場を遍歴してある程度落ち着いた後の26歳時点の進路状況を明らかにし、アメリカの若年雇用の実態を捉えることを試みる。

なお、この NELS 調査のコーホートに注目するのは、1992年のハイスクール卒業時の社会環境が、若年雇用問題が深刻化した2000年頃の日本の社会環境と、労働市場と教育の面で非常に類似しているからである。すなわち1990年頃より不況期に入ったアメリカでは、1992年に失業率がピーク（7.5％）に達し、特に若者にとって労働市場は厳しく閉ざされたものとなった。その一方で、1983年『危機に立つ国家』刊行を契機として、児童生徒の学力状況が問題視されるようになり、1980年代に42州で高校卒業要件が引き上げられるなど、学力向上に向けた教育改革が積極的に手掛けられた。結果的に、

より多くの高校生にとって中等後教育機関はアクセス可能な進路先となり、むしろ進学が就職よりも有力な進路の選択肢となったのである。アメリカのこうした状況は、失業率が5%を超え、いわゆる学力低下論を経て大学全入時代を迎えつつある2000年代初頭の日本にとって、多くの示唆を含んでいるように思われる。

1) ハイスクールにおける職業教育と卒業直後の予定進路

それではアメリカのハイスクールでは、職業教育はどのように実施されているのだろうか。職業教育が主として総合制ハイスクールの職業課程において提供されており、卒業後に就職を目指す「社会的に恵まれない層」に対してもっぱら職業技術能力を習得させる教育から、職業技術能力に加えてアカデミックな知識・技能も習得させる教育へと、1990年以降変容してきたことは、先述したとおりである。

図4-1は、NELSコーホート第12学年生徒に「過去2年間に職業教育科目(例えば、家政学、経営学、事務技能、自動車整備など)を履修したことがありますか」という質問に対する回答を、課程別に示したものである。まず生徒全体の46.0%が第11～12学年の間に職業教育科目を履修していることがわかるが、履修者は特に職業課程に多く、79.2%に及んでいる。もっとも職業課程で、

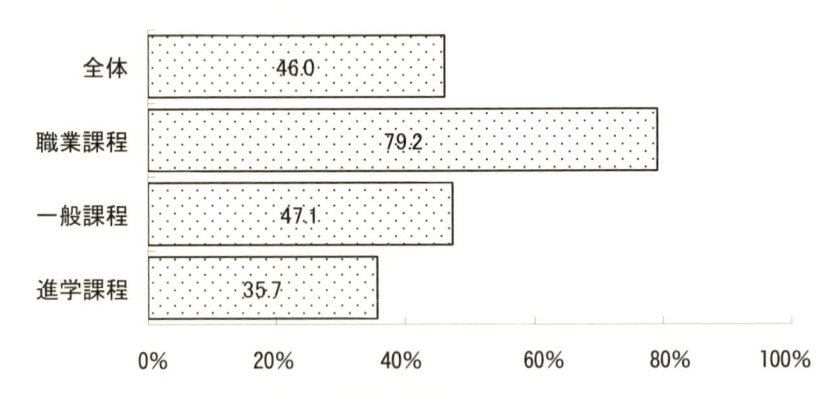

図4-1 第11～12学年の間に職業教育科目を履修した生徒の割合

出所) NELS調査 1988～2000。

職業教育科目を履修していない生徒が2割も存在することは意外とも言えよう。さらにアメリカでは1980年代半ば以降、アカデミック科目に重点を置くカリキュラムの引き締めが行われたにもかかわらず、進学課程の35.7%の生徒が職業教育科目を履修していることも、予想外の結果である。アメリカでは、中等後教育機関への進学を目指す進学課程の生徒も含め、幅広い層の生徒がハイスクール在学中に職業教育を体験しているのである。もっとも大都市や郊外など、階層的にも人種・民族的にも同質化している地域社会では、学校に多様な生徒を受け入れることが困難になり、総合制ハイスクールとは名ばかりの、特定の職業や進学課程に特化したハイスクールも出現している。また辺境地の小規模校では、多様な分野の教員や設備を準備することが困難な場合も少なくない。図4-1の結果は、こうした総合制ハイスクールの多様な実情をある程度反映していると理解することもできる。

それでは1991～92年時点の職業教育の中身は、いかなるものだったのか。1990年のカール・D・パーキンズ職業教育及び応用技術教育法改正法を受けて、どの程度「アカデミックな能力と職業技術能力の双方を習得しうる教育プログラム」へと変容を遂げていたのだろうか。図4-2は、第12学年生徒に

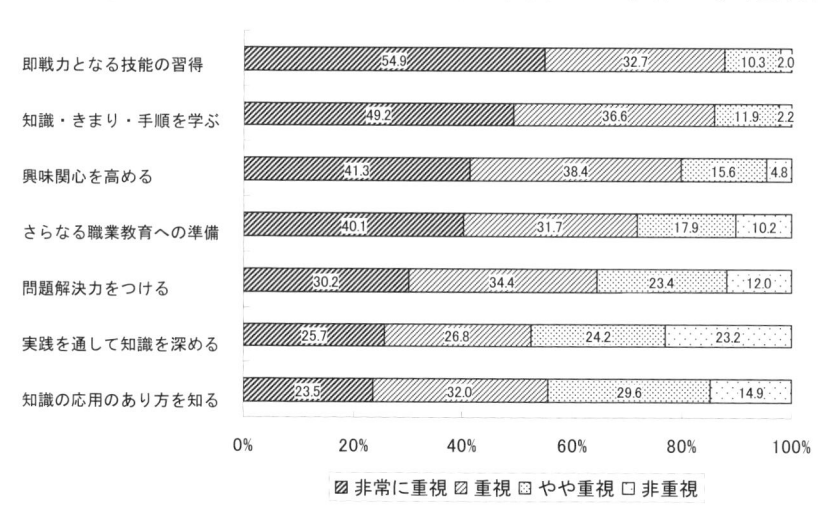

図4-2 第11～12学年の間に履修した職業教育科目で重視されていた目標

対して、「現在履修している（またはもっとも最近履修した）職業教育科目」で重視されている目標についてたずねた質問の回答である。表より1991〜92年時点の職業教育科目では、特定の職業に直接的に関わる知識・技能の習得に重点が置かれており、アカデミックな知識・技能と統合させて理解を深めたり、思考力・判断力・表現力などの習得を目指したりすることにはあまり重点が置かれていなかったことがわかる。1990年の法改正の影響は、この時点では全国規模では現れていなかった。

こうした職業教育を受けた生徒のハイスクール卒業直後の予定進路を見てみよう。表4-3は、ハイスクール卒業直後の予定進路を、性、人種・民族性、階層、課程と職業教育科目履修状況別に整理したものである。はじめに全体

表4-3 ハイスクール卒業直後の予定進路

(%)

1992年予定進路		進学	入隊	フルタイム就業				N	x^2
				内定	未内定	未活動	非希望		
全体		72.8	5.2	8.3	4.3	1.5	7.9	10,133	
性別	男性	68.6	8.9	10.1	4.1	1.5	6.7	5,097	356.971***
	女性	77.0	1.4	6.4	4.4	1.5	9.2	5,036	(df = 5)
人種・民族性	白人	72.5	5.1	9.1	4.3	1.4	7.6	7,292	128.492***
	アジア系	82.0	4.7	4.9	3.7	0.2	4.4	406	(df = 20)
	黒人	74.9	6.1	3.9	2.8	2.2	10.1	1,231	
	ヒスパニック	69.7	4.5	8.9	5.5	2.1	9.3	1,020	
	先住民	47.8	15.2	12.0	12.0	3.3	9.8	92	
階層	高所得層	83.8	3.9	4.1	3.4	0.6	4.2	3,018	364.084***
	中所得層	72.6	5.0	10.1	3.7	1.0	7.7	2,925	(df = 10)
	低所得層	62.3	7.0	10.7	6.7	2.4	11.0	2,468	
課程と職業教育履修の有無注	進学課程 履修	86.9	4.7	3.3	1.4	0.5	3.3	1,517	23.643***
	非履修	91.0	3.3	1.6	0.8	0.4	3.0	2,745	(df=5)
	合計	89.5	3.8	2.2	1.0	0.4	3.1	4,262	
	一般課程 履修	60.8	5.0	14.9	7.4	1.0	11.0	1,696	37.559***
	非履修	67.4	6.4	9.9	5.8	1.7	8.8	1,869	(df=5)
	合計	64.3	5.7	12.3	6.6	1.3	9.8	3,565	
	職業課程 履修	48.7	8.2	17.6	9.2	6.5	9.8	932	29.754***
	非履修	46.8	11.1	15.3	6.4	1.3	19.6	235	(df=5)
	合計	48.3	8.7	17.1	8.6	5.5	11.7	1,167	

注) ハイスクール中退者などが分析から除外されるため、n = 8,994。

的な傾向として、ハイスクール卒業直後に生徒の72.8％が何らかの中等後教育機関への進学（通学しながら就業する者を含む）、13.5％が入隊・フルタイム就業（内定）を予定しており、合わせて86.3％の生徒が比較的安定した進路への移行に成功していることがうかがえる。一方、5.8％がフルタイム就業を希望しながら未内定・未活動の状態で、7.9％がフルタイム就業を希望していないことから、合わせて13.7％の生徒は相対的に不安定な進路への移行を余儀なくされていたことがわかる。

　次に性、人種・民族性、階層グループ別に見ると、進学予定者は女性、アジア系と黒人、高所得層に多く、入隊予定者は黒人と先住民、低所得層に多く、フルタイム就業予定者は男性、白人とヒスパニックと先住民、中・低所得層に全体平均よりも高い比率で多く分布している。一方、相対的に不安定な進路（未内定・未活動・非希望）に移行する生徒の比率は、人種・民族マイノリティと低所得層で高い。したがって冒頭で指摘した、アメリカの若年雇用問題の特徴である人種・民族マイノリティや貧困層（2006年の16－19歳人口に）の「学校から仕事への移行」困難、すなわち「社会的に恵まれた層」による安定的な進路と、「社会的に恵まれない層」による不安定な進路への移行という基本的構図は、この1992年の18歳人口においても確認できる。

　もっとも黒人生徒の進学率の高さ（74.9％）は連邦奨学金事業、差別解消積極措置（affirmative action）、2年制のコミュニティ・カレッジの普及などの成果と見ることができよう。1970年代後半以降の高等教育機会の拡大に伴って、従来高等教育機会から締め出されてきた人種・民族マイノリティをはじめとする非伝統的学生の多くは、入学者選考方法が開放的で学費が安価な地元の2年制大学に進学した。ところがアカデミックな教育を行う4年制大学と職業教育を行う2年制大学とのステータス格差が構造化されていったため、結果的に非伝統的学生は学士学位とその社会的恩恵から遠ざけられてしまったと批判されている（Brint and Karabel 1989, pp. 225–232; Dougherty, 2001 pp. 5–7）。しかしながら人種・民族マイノリティが高等教育への参入を果たしたことは、その社会的地位の向上にとってきわめて意義深いステップであった。なお女性にフルタイム就業を希望しないグループが存在するのは、専業主婦志向が一

定程度支持されているためと考えられる。

さらに課程と職業教育履修状況による予定進路の違いに注目してみよう。まず課程別の全体的な傾向として、進学率は進学課程（89.5％）＞一般課程（64.3％）＞職業課程（48.3％）の順に高く、安定的な進路である入隊・フルタイム就業内定は進学課程（3.8％・2.2％）＜一般課程（5.7％・12.3％）＜職業課程（8.7％・17.1％）の順に高い。ただし、相対的に不安定な進路である未内定・未活動・非希望も、進学課程（1.0％・0.4％・3.1％）＜一般課程（6.6％・1.3％・9.8％）＜職業課程（8.6％・5.5％・11.7％）の順に高い。進学課程は進学に進路を絞り込んでいるため、ハイスクール卒業時の進路リスクは小さくてすむ。それに対して職業課程は、進学に加えて入隊・フルタイム就職にも重点を置いているため、就職者に有利な条件を提供するものの、閉鎖的な若年労働市場の下での進路リスクは小さくないのである。なお一般課程はこの中間に位置する。

次に課程別の職業教育科目の履修者と非履修者の違いをみてみよう。進路課程では、非履修者の進路が進学に集中しているのに対して、履修者の進路は入隊やフルタイム就業にも分散している。一般課程では履修者はフルタイム就業、非履修者は進学を予定する者が基本的に多い。なお職業課程の履修者には、進学を予定する者もフルタイム就業を予定する者も多く、非履修者には入隊を志願したり、フルタイム就業を希望しなかったりする場合が目立っている。したがって職業教育科目の履修は、それぞれの課程において、フルタイム就業に向けて一定の足がかりを提供していると考えることができる。

2）離学者のための教育・訓練とハイスクール卒業後8年目の進路

それでは1992年のハイスクール卒業生は、卒業後8年目の2000年には、どのような進路に至っているのだろうか。大学進学者はいかなる職業生活に踏み出し、就職者はいかなる変容を遂げたのだろうか。

表4-4は、ハイスクール卒業後8年目の進路状況を、性、人種・民族性、階層、ハイスクールでの課程と職業教育科目履修状況別に整理したものである。全体的な傾向として、26歳になった若者たちの76.4％がフルタイムで就業（軍

表4-4 ハイスクール卒業後8年目の進路状況

(%)

2000年進路			就業者		非就業者					N	χ2
			フルタイム	パートタイム	大学・大学院	職業専門学校	教育・訓練	一時解雇	無業	専業主婦・主夫		
全体			76.4	10.2	3.2	0.5	0.3	1.2	1.6	6.5	12,135	
性別	男性		84.1	8.3	3.0	0.4	0.3	0.9	2.2	0.8	6,082	785.649***
	女性		68.8	12.1	3.5	0.6	0.4	1.4	1.0	12.3	6,052	(df=7)
人種・民族性	白人		78.2	9.2	3.2	0.4	0.2	1.0	1.2	6.5	8,508	332.718***
	アジア系		66.7	12.7	10.0	2.4	1.3	0.7	2.4	3.8	450	(df=28)
	黒人		73.3	12.5	2.0	0.6	0.3	2.0	3.0	6.3	1,513	
	ヒスパニック		75.2	11.5	2.7	0.5	0.2	1.6	1.0	7.2	1,353	
	先住民		53.8	24.9	1.2	0.6	0.6	3.6	9.5	5.9	169	
階層	高所得		78.3	10.8	5.0	0.1	0.7	0.8	1.3	3.0	3,195	218.349***
	中所得		77.8	10.2	3.1	0.5	0.1	1.0	1.6	5.7	3,468	(df=14)
	低所得		74.2	10.1	1.7	0.6	0.3	1.8	1.8	9.5	3,371	
課程と職業教育履修の有無注	進学課程	履修	81.3	8.3	4.5	0.2	0.4	0.7	1.2	3.4	1,537	22.864**
		非履修	78.0	11.7	5.7	0.2	0.4	0.8	1.2	2.0	2,772	(df=7)
		合計	79.1	10.5	5.2	0.2	0.4	0.8	1.2	2.5	4,309	
	一般課程	履修	81.3	7.9	1.9	0.5	0.2	1.3	1.0	6.0	1,735	24.325**
		非履修	76.7	11.8	3.0	0.7	0.1	1.0	0.7	6.1	1,945	(df=7)
		合計	78.9	9.9	2.5	0.6	0.1	1.1	0.9	6.1	3680	
	職業課程	履修	80.3	5.8	0.8	0.5	0.2	1.6	0.9	9.8	956	34.007***
		非履修	80.5	8.8	0.8	1.2	3.2	0.4	0.4	4.8	251	(df=7)
		合計	80.4	6.4	0.8	0.7	0.8	1.3	0.8	8.8	1,207	

注) ハイスクール中退者などが分析から除外されるため、n=9,194。

隊を含む)しており、その中身は明らかではないものの、多くの若者が比較的安定した就業状況に落ち着いていることがわかる。しかしパートタイム就業者は10.2%、大学・大学院生(3.2%)や職業専門学校生(0.5%)、専業主婦・主夫(6.5%)を除く非就業者は3.1%と、相対的に不安定な状況にある若者も少なくない。

　非就業者に対して「現在、フルタイムまたはパートタイムの仕事を求めていますか」と質問した回答を整理したのが**表4-5**である。表に示すとおり、

表 4-5 非就職者の就業意志 (%)

	希望―活動中	希望―未活動	非希望	不明	N
大学・大学院	17.9	10.0	70.3	1.8	391
職業専門学校	34.9	30.3	30.3	4.5	66
教育・訓練	82.5	0.0	7.5	10.0	40
一時解雇	59.3	12.9	27.1	0.7	140
無業	42.3	21.1	33.0	3.6	194
専業主婦・主夫	19.9	20.3	57.4	2.5	795
合　計	27.6	17.2	52.6	2.6	1,626

大学・大学院生(70.3%)や専業主婦・主夫(57.4%)では、ただちに就業を希望していない若者の比率が高く、職業専門学校生は就職を希望していない者(30.3%)、希望しているが活動していない者(30.3%)、希望しており活動もしている者(34.9%)がほぼ同率である。それに対して、教育・訓練(活動中82.5%、未活動0.0%、以下同順)、一時解雇(59.3%、12.9%)、無業(42.3%、21.1%)の若者は、就業を希望しており活動もしている比率が高い。この後者のグループが、就労支援をただちに必要としているグループと言えよう。なお教育・訓練には、前述したジョブ・コアや登録制訓練生制度などの離学者のための積極的雇用政策が含まれる。

　次に性、人種・民族性、階層による違いに注目すると、フルタイム就業者は男性、白人、中・高所得層に多く、パートタイム就業者は女性、人種・民族マイノリティに多いことがわかる。「社会的に恵まれた層」は安定的な進路、「社会的に恵まれない層」は相対的に不安定な進路という基本的構図は、2000年(26歳)の段階でも確認される。

　大学・大学院や職業専門学校、教育・訓練生が多いのは、アジア系の特徴と言える。アジア系アメリカ人は、ハイスクール卒業直後の予定進路では進学率がもっとも高かったグループであるが、大学卒業後のフルタイム就業の機会にあまり恵まれていないため、より高度な職業技術能力を身につけることで逆境を乗り越えようとしているという仮説を立てることができよう。一時解雇者や無業者は、先住民の間で際立って多く、就業困難の深刻さがうかがえる。なお専業主婦・主夫率は女性、ヒスパニック、低所得層で高い。

ハイスクールの課程と職業教育科目履修状況による、卒業後8年目の進路の違いに注目してみよう。まず課程別の全体的な傾向として、フルタイム就業率はどの課程でも約8割に達しているが、パートタイム就業率や無業率は進学課程の卒業生で高く、職業課程の卒業生で低くなっている。進学課程の生徒は、ハイスクール卒業時には進学することで進路リスクを回避できたものの、大学卒業後に不安定な状況に陥る場合も少なくないのである。それが自発的な場合は「夢追い型ピーターパン」、非自発的な場合は「就職難民」ということになろう。対照的に就職課程の卒業生は、ハイスクール卒業時のフルタイム就業（内定）率を17.1％から卒業後8年目までに80.4％に躍進させ、身分を著しく安定させたと言える。一般課程はこの中間に位置する。

次に課程別の職業教育科目の履修者と非履修者を比べてみよう。進学課程と一般課程では、履修者のフルタイム就業率は非履修者よりも高く、パートタイム就業率は低い。職業課程でも、履修者のパートタイム就業率は非履修者よりも低い。したがって中等教育段階の職業教育は、若者の就業を促進する緩やかな長期的効果をもつという仮説を立てることができよう。さらに職業課程の非履修者は、卒業後8年目に教育・訓練（3.2％）を受けたり、職業専門学校（1.2％）に在学したりする比率が高い。このことは、ハイスクールで職業教育を受ける機会を逃した若者にとって、離学後の教育訓練機会はとりわけ必要な措置であることを示唆している。

3）ハイスクール卒業直後と卒業後8年目の進路の関連

ハイスクール卒業後8年目の進路状況は、ハイスクール卒業直後の進路に強く規定されている。表4-6は、2時点の進路状況の関係を示すものであるが、ハイスクール卒業直後に安定的な進路に移行した入隊者（87.4％）やフルタイム就業内定者（82.8％）は、卒業後8年目にもフルタイム就業している比率が高い。対照的にフルタイム就業を希望していながら活動していなかった者（63.9％）やフルタイム就業を希望していなかった者（66.9％）の卒業後8年目のフルタイム就業率は相対的に低く、一時解雇（順に2.6％、1.5％）や無業者（1.3％、2.7％）などの不安定な状況にある傾向が相対的に強い。なおハイ

表4-6 1992年予定進路と2000年進路状況との連関

(%)

2000年進路 / 1992年予定進路	就業者		非就業者						N
	フルタイム	パートタイム	大学・大学院	職業専門学校	教育・訓練	一時解雇	無業	専業主婦・主夫	
進学	78.5	10.9	4.1	0.4	0.4	0.9	1.1	3.7	7,375
入隊	87.4	5.7	1.5	0.2	0.2	1.3	1.7	1.9	524
フルタイム就業 内定	82.8	6.9	1.1	0.1	0.2	0.7	0.7	7.4	839
フルタイム就業 未内定	78.6	9.1	0.7	0.9	0.0	0.7	1.2	8.8	430
フルタイム就業 未活動	63.9	4.5	0.0	1.3	0.0	2.6	1.3	26.5	155
フルタイム就業 非希望	66.9	14.2	4.1	0.6	0.1	1.5	2.7	9.8	804
合計	78.2	10.4	3.5	0.4	0.3	1.0	1.2	5.0	10,127

スクール卒業直後に進学した者の78.5%は、卒業後8年目にフルタイム就業しているが、パートタイム就業率(10.9%)も相対的に高い。したがってアメリカの雇用は柔軟で流動性に富むものの、安定的な初職に就けた若者は、その後も安定したキャリアを進みやすく、就けなかった若者は20歳代後半の時点でも不安定な生活をしている傾向が強いことがわかる。

なお離学者のための積極的雇用政策の一環としての教育・訓練の恩恵を相対的に高い比率で受けているのは、ハイスクール卒業直後に進学したグループである[4]。そして、フルタイム就業を希望しながら内定に至らなかったグループ(未内定・未活動・非希望)は、むしろ職業専門学校に通い、職業技術能力の習得に努めている。このことは教育・訓練にアクセスするためには、進学者のもつ情報リテラシーが必要となることを意味しているのかもしれない。雇用主の下での数年間に及ぶ教育・訓練に取り組むには、進学者のもつ学習意欲と勤勉さが求められるのかもしれない。また進学者がコミュニティ・カレッジや職業専門学校などの中等後教育機関ですでに習得した職業技術能力などが、教育・訓練に取り組む足がかりとなっているのかもしれない。逆にこうした技能や資質をもたない若者にとって、教育・訓練の機会は閉ざされたものなのかもしれない。柔軟で流動性に富む雇用環境にあるアメリカにおいても、初職のインパクトは大きく、そのハンデを克服するための教育・

訓練の機会をさらに拡充し、アクセスしやすいものにする必要があることを、この結果は示唆している。

5．おわりに

アメリカの若者や若年雇用問題の実態から導かれる、日本の若年雇用問題への示唆を3点取り上げて、本章をしめくくりたい。

第1は、雇用の流動性を支える仕組みに関わる示唆である。アメリカではハイスクール卒業直後にフルタイム就業を希望していながら就職活動をしていなかったり、フルタイム就業を希望していなかったりした場合でも、卒業後8年目には6割以上のものがフルタイム就業しており、硬直的な雇用制度をもつ日本とは対照的に、再チャレンジがかなりの程度可能な社会であることがわかる。そしてこの再チャレンジを支える仕組みとして、職業専門学校や教育・訓練の制度が一定の機能を果たしている。

その中で先に述べた登録制訓練生制度は、日本にとって特に示唆に富むように思われる。日本でも雇用が流動化し、非正規雇用が増大する中で、企業がその従業員に対して教育・訓練を専属的に行う従来の企業内教育は成り立たなくなってきている。労働者が特定の雇用主の下で受けた教育・訓練の成果を政府が認定することで、教育・訓練の汎用性を高めていくことができれば、企業の教育・訓練負担を全体として軽減させながら、労働者の職業技術能力とそれに伴う市場価値を高めていくことができる。こうした仕組みは、非正規雇用者の正規雇用化を促し、同一労働同一賃金制の導入を実現させる有力な手がかりともなるだろう。しかもそれは、企業が従来営んできた教育・訓練を社会制度化する取り組みであり、政府が自ら教育・訓練を提供する取り組みではないため、自由主義的福祉国家の枠組みにおいても、実現可能な措置と言える。

第2は、安定的な初職を保障する重要性に関わる示唆である。流動的な雇用制度をもつアメリカにおいても、安定的なキャリアを形成するためには、安定的な初職に就くことの重要性を確認することができた。このことは中等

教育機関や中等後教育機関が若者の「学校から職場への移行」を重点課題として位置づけ、安定的な初職を保障することに向けて真剣に取り組んでいく必要があることを意味している。この進路保障の責任を果たす上で、職業教育は重要な役割を担っているように思われる。職業教育の中身や効果については今後検証していく必要があるが、実践的なスキルを習得させるとともに、学ぶことと働くこととのリンクをより明示的に理解させることが、若者を労働市場に送り出す高校・専門学校・短大・大学・大学院それぞれのきわめて重要な役割の1つである点に疑いの余地はない。その際、就職を遅延するためだけの進学は、進路リスクを先延ばしすることに過ぎず、時には深刻化させる危険性をはらんでいることを、若者に認識させる必要もある。

第3は、雇用格差に関する示唆である。アメリカでは「社会的に恵まれた層」の若者が安定的な進路に移行し、「社会的に恵まれない層」の若者が相対的に不安定な進路に移行している実態を一貫して確認することができた。このことは格差が社会・経済・文化的に構造化されてしまうと、もはやそれを是正することはきわめて困難であることを示している。例えばアメリカは、「社会的に恵まれない層」の自立支援に向けてジョブ・コアのほかにも、就学前・初等中等・高等教育の各段階 (例えば、ヘッドスタート計画・教育初等中等教育法第Ⅰ章事業・連邦奨学金事業等) で実にさまざまな取り組みを展開し、膨大な国家予算を費やしてきた。それにもかかわらず、「社会的に恵まれない層」の社会的排除の問題は解決されておらず、むしろ格差が拡大している側面も否めない。日本でも若者を中心とする貧困層が、近年急速に増加してきている。こうした若年貧困層にターゲットを絞った雇用政策を重点的に展開し、格差の構造化をできる限り未然に防ぐ取り組みが急務となっている。

注
1 橘木 (2006) は、日本もアメリカと同様に国民負担率と社会保障支出が低い「非福祉国家」であるが、その背景要因として伝統的に家族と企業が福祉の担い手として重要な役割を果たしてきたため、国家が福祉に関与する必要性が低かったことを挙げている。
2 この最終報告書では、行政データを参照することで、パネル調査が終了した後

の調査対象者の雇用状況と所得をモニターすることに成功した点が、それまでの報告書とは大きく異なる。2001年報告書では、在籍直後2年間のプログラム効果を過剰に評価し、ジョブ・コアにはコストに勝る効果があると結論づけたが、実際には初期効果が薄れることが確認されたため、最終報告書では分析を改めている。
3　NELSでは、社会政策的な関心より高校中退者、人種・民族マイノリティ、私立学校在学生などを高い比率で抽出しており、全米を代表するサンプルに修正するために、各調査段階で重みづけ変数が設けられている。本分析では第2次追跡調査から第4次追跡調査までの対象となった生徒に割り当てられるF4F2PNWT重みづけ変数を用いて全米を代表するサンプル（n＝3,148,608）に調整した後に、もとのサンプルサイズ（n＝12,144）に戻した。
4　表4-4、表4-5、表4-6より、ハイスクール卒業後8年目に教育・訓練を受けているのは、ハイスクールで職業課程に在籍し、職業教育科目を履修することなく中等後教育機関に進学した若者を中心とするグループであることがわかる。しかもその多くは、アジア系の若者であると考えられる。彼らは大学に進学したにもかかわらず、卒業後にフルタイム就業機会に恵まれず、より高度な専門的技能を習得するために教育・訓練を受けているという仮説を立てることができる。

引用・参考文献

新井光吉，2007，「アメリカの社会福祉の現状と課題」，松村祥子編『欧米の社会福祉』放送大学教育振興会，111-127頁．
―――，2007，「雇用と社会福祉」，松村祥子編『欧米の社会福祉』放送大学教育振興会，85-98頁．
エスピン-アンデルセン，G.，2001，岡沢憲芙・宮本太郎監訳『福祉資本主義の三つの世界―比較福祉国家の理論と動態』ミネルヴァ書房．
財務省，2007，「OECD諸国の国民負担率（対国民所得比）」．（http://www.mof.go.jp/jouhou/syuzei/siryou/238.htm）
白川一郎，2005，『日本のニート・世界のフリーター―欧米の経験に学ぶ』中公新書ラクレ．
橘木俊詔，2006，『アメリカ型不安社会でいいのか―格差・年金・失業・少子化問題への処方箋』朝日選書．
男女共同参画会議（少子化と男女共同参画に関する専門調査会），2005，「少子化と男女共同参画に関する社会環境の国際比較報告書」．（http://www.gender.go.jp/danjo-kaigi/syosika/houkoku/index-kokusai.html）
藤田晃之，2006，「アメリカのキャリア教育と就業支援」，小杉礼子・堀有喜衣編

『キャリア教育と就業支援—フリーター・ニート対策の国際比較』勁草書房, 53-97頁.
宮本みち子, 2006, 「家庭環境から見る」, 小杉礼子編著『フリーターとニート』勁草書房, 145-197頁.
米川英樹, 1996, 「アメリカ中等教育の歴史的展開」, 米川英樹・江原武一編著『自己意識とキャリア形成—アメリカ高校卒業生にみる』学文社, 3-32頁.
Apple, M. 1979, *Ideology and Curriculum*, Routledge and Kegan Paul.
Bowles, S. and Gintis, S., 1976, *Schooling in Capitalist America: Education Reform and the Contradiction of Economic Life*, Basic Books.
Brint, D. and Karabel, J., 1989, *The Diverted Dream: Community Colleges and the Promise of Educational Opportunity in America, 1900-1985*, Oxford University Press.
Daniels, R. and Trebilcock, M., 2005, *Rethinking the Welfare State*, Routledge.
Dougherty, K., 2001, *Contradictory College: The Conflicting Origins, Impacts, and Futures of the Community College*, SUNY Press.
Kozol, J., 1992, *Savage Inequalities,* Harper Collins.
OECD, 2006, Employment Outlook—Statistical Annex. (http://www.oecd.org/dataoecd/53/15/36900060.pdf)
―――, 2007, Society at a Glance: OECD Social Indicators, 2006. (http://www.oecd.org/els/social/indicators/SAG)
Quintini, G. and Martin, S., 2006, "Starting Well or Losing Their Way? The Position of Youth in the Labour Market in OECD Countries," in Directorate for Employment, Labour and Social Affairs Employment, Labour and Social Affairs Committee, *OECD Social, Employment and Migration Working Papers*, OECD.
Shipler, D., 2005, *The Working Poor—Inivisible in America*, Vintage Books.
Schochet, P., McConnell, S. and Burghardt, J., 2003, *National Job Corps Study: Findings Using Administrative Earnings Records Data—Final Report,* Mathematica Policy Research, Inc.
Tannock, S., 2001, *Youth at Work—The Unionized Fast-food and Grocery Workplace,* Temple University Press.
U.S. Department of Education, National Center for Education Statistics (NCES), 2007, *The Condition of Education 2007*. (http://nces.ed.gov/programs/coe/2007/pdf/19_2007.pdf)
U.S. Department of Labor (DOL), 2007a, *What Happens in Job Corps?* (http://jobcorps.dol.gov/students.htm)
―――, 2007b, *Strategic Plan-Fiscal Years 2006-2011*. (http://www.dol.gov/_sec/

stratplan/strat_plan_2006-2011.pdf)
——— (Employment & Training Administration, Office of Apprenticeship), 2007c, *Welcome to the Registered Apprenticeship Website.* (http://www.doleta.gov/OA/)

第5章 マック仕事の労働者たち
―― 米国とカナダと日本のファストフード店を中心に

大石 徹

1. はじめに

　日本のフリーターや学生アルバイトは、コンビニエンス・ストア、スーパーマーケット、ファストフード店や居酒屋など各種飲食店で働くことが多い（熊沢 2003, 35頁）。すなわち飲食店チェーンや小売店チェーンの「マック仕事」（McJobs）で働いている。
　「マック仕事」は、ファストフード店チェーンのマクドナルドに由来する言葉で、「マクドナルド化」（McDonaldization）のために出現する仕事のことだ。飲食店チェーンや小売店チェーンの仕事のように、非熟練、規格化、低賃金、高ストレス、不安定な労働条件、高い離職率が特徴の仕事とも言えよう。企業の経営陣は、賃金と社会的地位の低い仕事を創出する際、このようなマック仕事を参考にしている（リッツァ 1999；2001, 103頁；タノック 2006, 29-52頁）。
　北米（米国とカナダ）でも、非正規雇用の若者が働く事情は日本と似ている。北米の若者たちは、マック仕事よりも良好な労働条件の仕事を見つけられない。ふだん自分たちが食事や買物をするチェーン店のマック仕事で働く。つまり小売店チェーン、飲食店チェーン、テーマパークや映画館などの娯楽施設のチェーンで働いている。北米の若者たちはチェーン店の消費者であると同時に労働者なのだ（Tannock 2001, p. 2；2002, pp. 1, 15；タノック 2006, 5頁）。日本でも、「激安」を謳い文句にした小売店チェーンが全国展開し、利益を上げている。なぜそれほど激安なのかと言えば、従業員を激安の賃金で働かせ、使い捨てているからである。しかし、1円単位の安さを求めてチェーン店に飛びつくのもまた、激安で働いている不安定雇用層なのだ（雨宮 2007, 70頁）。

こうしたチェーン店が栄えれば栄えるほど、マック仕事の労働者も増えてくる。例えば2002年1月にエクソン・モービルを抜いて収入の点で全米一の企業になったウォルマートは、雇用している労働者数でも全米一だ (Tannock 2002, p. 6)。米国の飲食店にしても1931年にチェーン店は3％未満だったが、1980年代にはマクドナルドだけでも飲食店の客のうち17％が訪れている (Cobble 1991, p. 193)。現在の米国では毎日、14人に1人がマクドナルドで食事する。そして毎月、米国の子どもの90％がマクドナルドを訪れている（シューサー 2007, 9-10頁）。

　北米ではチェーン店のマック仕事が、賃金と社会的地位の高い仕事よりも急速なペースで増えている。日本でも北米でも、若者だけでなく、ますます多くの大人がマック仕事で働くようになってきた。北米では、マック仕事から転職した人々でさえ、生涯の賃金労働のうち2割の時期をマック仕事で過ごしている（タノック 2006, 7頁）。

　本章では、今世界的規模で増殖しているマクドナルド化とマック仕事について説明する。まずマクドナルド化がどんな現象なのかを簡単に解説しよう。次にマック仕事の特徴を把握した後、米国とカナダと日本のファストフード店で働く人々の実態を紹介したい。

2. マクドナルド化

　「マクドナルド化」の概念を思いついたのは、米国の社会学者ジョージ・リッツアである。マクドナルド化とは、米国で生まれたファストフード産業のシステムが世界中のさまざまな産業や制度に採用される過程のことだ（リッツア 1999, 17-21頁）。マクドナルド化には4つの特徴（効率、計算可能性、予測可能性、制御）がある。それぞれの特徴について、簡単に説明しよう。

　マクドナルド化に見られる効率の例としては、迅速なサービス、商品の単純化、メニューの限定、作業工程の単純化、セルフサービスなどがある（リッツア 1999, 73-81頁）。

　計算可能性の例には、サービスのスピードの数値化、各店の実績の数値化、

品質管理の数値化（例えばフライドポテトやフライドチキンを調理してから一定の時間が過ぎれば捨てること）などがある（リッツア 1999, 31, 107-114頁）。

予測可能性の例には、食品調達と調理の規格化、作業のルーティン化、同じ包装で同じ質の商品、店舗構造の標準化、接客のマニュアル化などがある。経営陣は、こうした予測可能性によって、顧客数、商品の売り上げ、材料の必要量、人件費を管理できる（リッツア 1999, 32-33, 134-145頁）。

製品、生産の工程、顧客の行動は制御されている。こうした制御の例には、カップがいっぱいになれば自動的に止まるソフトドリンク分配機、あらかじめプログラムが打ちこまれているので接客係が金額を確認しなくてもよいレジなどがある（リッツア 1999, 34-35, 167-172頁）。

マクドナルド化が推進される要因としては3つのことが考えられる。1つは、マクドナルド化された組織の経済的な野心だ。そうした組織では、何を売るか（質）よりも、どれだけ売れるか（量）が重視される。もう1つは、マクドナルド化を高く評価する米国的な価値観。そしてマクドナルド化に対する人々の同調である（リッツア 1999, 231-232頁）。

3. マック仕事

この節では、リッツアの論考に依拠しながら、米国でのマック仕事の特徴を把握しよう。米国のマック仕事では主に(1)「若者と女性とマイノリティの労働者」が雇われている。マック仕事の労働条件、例えば(2)「低賃金」、(3)「低い社会的地位」、(4)「規格化された非熟練労働」、(5)「管理されすぎるために感じるストレス」、(6)「不規則な労働時間のパートタイム労働」、(7)「筋肉痛や火傷や感電や転倒や強盗の危険性」のために、(8)「高い離職率」になってしまう。たとえ従業員たちがマック仕事の劣悪な労働条件を改善しようとしても、ファストフード企業側による(9)「労働組合つぶし」のために改善できない。これら9つの特徴のうち、いくつかについて、さらにくわしく見てみよう。

(1)「若者と女性とマイノリティの労働者」が多いことには、所得や年齢や

ジェンダーや民族をめぐる階層分化が関係している（リッツア 2001，104頁；Reiter 2002, p. 46）。所得の点で下層の人々はマック仕事で働くことが多い。中層や上層の出身者も、若い頃の一時期にマック仕事で働きはする。しかし、学歴が低くて技能もない下層出身者は、マック仕事以外に職がないので、長期間にわたってマック仕事で働いたり、大人になってからもマック仕事で働きつづけたりすることが多い（リッツア 2001，327-328頁）。

　年齢の点から言えば、米国のファストフード店の労働者は約3分の2が20歳未満である。米国では、高校生のアルバイトがマクドナルドなどのファストフード店で働くことは「負け組（out）」と考えられている。しかし、ファストフード店でもスターバックスで働くのは「勝ち組（in）」らしい。そして高校生アルバイトにとっては、飲食チェーン店で働くならば、たとえ最低賃金しか稼げないとしても、ステーキ店など高級レストランのチェーン店で接客するほうが体裁も良い（シュローサー 2001，96, 111頁；Tannock 2002, pp. 16-17）。

　マイノリティの民族も、マック仕事で働くケースが多い。マイノリティの若者の8人に1人はファストフード産業で働いたことがある（Newman 2000, p. 46）。しかし、白人や黒人や中南米系や東欧系や東南アジア系など、さまざまな民族の人々がファストフード店で働いてはいる（リッツア 2001，327-328頁；タノック 2006，23頁）。

　マック仕事で得られるのは、(2)「低賃金」である。全米の約20万のファストフード店では約350万人の労働者が雇われ、米国最大の最低賃金労働者の集団になっている（リッツア 2001，104頁；シュローサー 2001，14頁）。カナダのバンクーバー在住のリズ・カー（労働組合オルグ／29歳）も、「誰かがスターバックスで働かなければならないのでしょう。でも、どうして私なのでしょうか。どうして私は生活できるだけの給料をもらえないのでしょうか」と嘆く（タノック 2006，257頁）。

　マック仕事は、(4)「規格化された非熟練労働」でもある。マクドナルドがマック仕事を考案した際、工場に使われていたような科学的管理法や作業ライン方式を導入したので、マック仕事は一連の単純な作業に分解されている（リッツア 2001, 104-105頁；Reiter 2002, p. 46）。バンクーバーの労働組合オルグ(24歳)

も、「長い間、スターバックスで働いてきました。仕事は、同じつまらないことの繰り返しです。こんな仕事、勉強してきたことと何の関係もありませんし、8歳のときに想像していた自分の人生とはまったく違います。でも、この仕事を辞め、どこか他の場所に行っても、マネージャーと同僚が違う人たちというだけで、仕事の内容は同じようなものなのです」と言う（タノック 2006, 257頁）。

マック仕事では、労働者が(5)「管理されすぎるために感じるストレス」も大きい。そうしたストレスの要因としては、ビデオカメラによる監視、麻薬服用についての検査、客を装った調査員の抜き打ちチェックなどがある。

マック仕事は、(6)「不規則な労働時間のパートタイム労働」である。ファストフード店の従業員の圧倒的多数はパートタイム労働者だ。ファストフード産業では従業員の週の平均労働時間は30時間である（シュローサー 2007, 80頁）。とはいえファストフード店の従業員は、1日何時間働くことになるのかさえ保証されていない。その日の営業が思わしくなければ早々と職場から追い出され、店舗が忙しくなれば急に呼び出されたり遅くまで残らされたりする（リッツア 2001, 115頁）。なお米国労働省によれば、労働時間および賃金に関する違法行為がもっとも多いのは外食産業（特にファストフード産業）とスーパーやコンビニである（タノック 2006, 233頁）。

(7)「筋肉痛や火傷や感電や転倒や強盗の危険性」のうち、ここでは強盗について述べる。米国のファストフード店では1ヶ月に4～5人の従業員が殺されている。そのほとんどが強盗殺人によるものだ。米国では毎週、何百というファストフード店が強盗に襲われている。ファストフード店では現金決済なので、店内に何千ドルも現金があるからだ。そして驚くことには、ファストフード店に押し入る強盗の約3分の1が、現従業員もしくは前従業員である（シュローサー 2001, 116-118頁）。

ファストフード産業は、米国でもっとも(8)「高い離職率」の業界だ。1年当たり200～300％の離職率である（Leidner 2002, p. 16）。つまり、米国のファストフード店の平均的な労働者は4～6ヶ月しか働きつづけない。労働条件やマネージャーに不満があれば辞め、同じようなマック仕事を他の職場で見

つけ、また離職するということを繰り返す（シュローサー　2001，116頁）。

　以上のような特徴のマック仕事が創出されつづける理由はと言えば、まず人件費の削減である。人件費を削りたい経営者は低賃金の従業員を雇い、セルフサービス（すなわち顧客による無償労働）を導入する。チェーンが大規模になるにつれ、より大きな利益に対するいっそう強い欲望も生まれてくる。経済的効率を最優先する価値観が消費者から支持されるという風潮もマクドナルド化に拍車をかけている（リッツア　1999；2001）。

4. 米国のファストフード店で働く人々

　米国ではファストフード店の販売額が1994年に初めてフルサービスのレストランの額を上回った（リッツア　1999，19頁）。今日では食費の半分が外食産業（主としてファストフード産業）に支払われている。外食産業はまた、米国最大の民間雇用セクターでもある。マクドナルドだけでも毎年新規に約100万人を雇う。米国の労働者の8人に1人はマクドナルドで働いたことがある（リッツア　2001，104頁；シュローサー　2001，11, 14頁）。

　この節では、米国の巨大なファストフード産業で働く従業員たちの実態を把握するために、キャサリン・ニューマンの調査報告書『私のゲームはみっともなくない——都市部のワーキング・プア』（Newman 2000）とスペンサー・パーマーの手記『飲食店の操縦者——ファストフード店労働者の世界』（Palmer 2003）を取り上げ、4つの点（マック仕事で働くようになった理由、仕事の楽しい点、仕事への不満、仕事を辞める理由）に言及する。

1）ニューヨークのハーレムのハンバーガー店

　『私のゲームはみっともなくない』は、人類学者のニューマンがニューヨークのハーレムのファストフード店で働く人々について書いた本である。ニューマンが率いる調査チームは、ハーレムの4つのハンバーガー店で働く200人（そのほとんどがアフリカ系と中南米系。その半数以上が25歳を超えている）、それら4店舗のうち2店舗で求職に失敗した100人、経営者たちとマネー

ジャーたちを2年間の調査でインタビューした。この本に描かれているのは、ファストフード店の労働、労働者の向上心と挫折、最低賃金の仕事さえ入手困難という雇用機会不足、麻薬や犯罪に満ちたコミュニティの生活、親族や近隣による相互扶助のネットワーク、労働者の恋愛や結婚生活、財源不足の学校での教育、医療保険や児童保護の欠如などである。

ハーレムのハンバーガー店で働くようになった理由としては、高校生男子のラリーの場合、生活費を稼ぐためである。ジェシカ（女）は、16歳のとき、自分の小遣い銭のために働くようになった。24歳のプエルトリコ系のキーシャ・スミス（女／勤続9年）も、欲しい服を買うためだった。イアンナ（女）の場合、服代や本代や交通費や食費を稼ぐためである。勤続2年のイアンナは、16歳のときに生涯最初の仕事をこの店で見つけた。アフリカ系のウィリアム（男）も、高校生のとき、本代や交通費を稼ぐために働きはじめる。友人や兄姉や両親や祖父母や親族の紹介によって働きはじめた従業員たちも多い（Newman 2000, pp. 25, 64, 78-79, 96, 126, 137, 243）。

仕事の楽しい点としては、まず職場が社交や恋愛の場になっていることがある。中南米系のレイナルド（18歳の高校生男子）は、職場で同僚たちとふざけることができて楽しい。高校生のときに9ヶ月間働いていたドミニカ系のローザによれば、彼女と同僚たちは絆を感じていたので、いっしょに外出した。19歳の黒人女性のティファニーも、買物や映画やクラブに同僚たちと出かけるのは楽しいと言う。ドミニカ出身のアントニア（勤続1年強）の友人全員が彼女の職場で知りあった人たちである。ラリー（男）も職場の友人たちのことを「ファミリー」だと思っている（Newman 2000, pp. 25, 77, 107-108, 116, 126）。

真面目さが身につくこともマック仕事の良い点である。ウィリアムによれば、職場では麻薬も見栄の張り合いも嫌がらせもないので、すばらしい。アフリカ系の高校生のロン（男）とタマラ（女）は、働くことによって勤勉さが身についたので、ちゃんと高校に通学するようになった（Newman 2000, pp. 65, 123）。

マック仕事への不満についても述べよう。22歳の黒人男性のジャマールは、

お金をもっと稼ぐために、労働時間を長くしてほしい。キーシャは、医療保険がない点に不満だ。アフリカ系のロバータ（女／勤続5年）はマネージャーを目指して働いている。ロバータは、ハンバーガー店で働いていること自体について、客が従業員に面と向かって侮辱してくると言う。イアンナも、落ち込んでイライラしている客たちから八つ当たりされている。19歳のアフリカ系のジャーヴィス（男）も、そういう無礼な客たちに腹が立つ。イアンナはまた、ハンバーガー店の仕事が単純労働という点にも不満だ。ロンは働かせすぎと低賃金が気に入らない。プエルトリコ出身のジェイム（男）によれば、調理の仕事ではたくさん汗をかくので、女性たちからモテない (Newman 2000, pp. 5, 31, 90-91, 112, 116, 252, 263)。

仕事を辞める理由はと言えば、例えばローザは、高校の授業が終わった後に午後4時から10時半まで働いていたので学業と両立できなくなり、仕事を辞めた。14歳のときから働いてきたタワナ（女）も、いつまでもこの店で働きたくないので、いつか辞めたいと思っている (Newman 2000, pp. 107, 129)。

2）ジョージア州のハンバーガー店

『飲食店の操縦者』はアルバイト体験記である。20歳の大学生だったパーマーは、ジョージア州北部のアトランタに近い町ケネソーのハンバーガー店でアルバイトをした。その店で働いた期間は1999年8月16日から2000年8月20日までの370日間である。パーマーは大学卒業後の24歳になって当時のアルバイトをふりかえり、この手記を書いた。

パーマーは、授業料や本代を稼ぐ必要があったので、すでにそのハンバーガー店で働いていた兄に紹介してもらって働きはじめた (Palmer 2003, p. 1)。

マック仕事の楽しい点として、パーマーは、働きはじめたときに仕事のコツを教えてくれた同僚たちの親切、店の同僚たちと開くパーティ、同僚たちとの悪ふざけを挙げる。無礼な客が追い出され、「2度と来るな」と言われているのを見るのも楽しいと述べている (Palmer 2003, pp. 48-50, 68, 74, 78, 80, 138)。

パーマーは、マック仕事への不満についても、いくつかの点を指摘している。まず、時間が関係する問題である。例えば大学の試験勉強とハンバー

ガー店の労働を両立させるのには疲れた。欠勤した労働者たちのせいで、朝10時から夜12時まで14時間も働いたことがある。その日は合計4人も同僚が突然「離職したい」と電話で告げてきたからだ。怠ける労働者もいて、同僚に迷惑をかける。こういう怠け者が閉店時の作業をさぼるために、同僚たちの退勤時間が遅くなる。閉店時刻の直前に客が来るために長時間労働になることもある。閉店時刻の午後11時の2分前に40人の客が来店したときは、退勤が午前2時になった。店の人員が不足しているため、作業時間に余裕がなく、昼食時と夕食時のラッシュに労働者はたいへんである。同時に複数の作業をこなす必要があるからだ（Palmer 2003, pp. 11, 18, 31-34, 40-41, 84, 105-108, 110, 137, 140-143, 159-161, 164-165）。

横柄な客も問題である。例えば店の人員が不足しているため、注文した品がそろうまで時間がかかるので、いらつく客は従業員に当たり散らす。休暇シーズンには酔っ払いの客が多くなる。そんな酔っ払いも相手にしなければならない。労働者は、そういう無礼な客に怒鳴り返したり皮肉を言ったりした時点でクビになる。客はまた、メニュー（チョコレートチップ・クッキー、ミルクシェイク、ベイクトポテトなど）の品切れや機械（ミルクシェイク製造機や氷製造機など）の故障の際にも激怒する。商品に関する知識がない客にも面食らう。フィッシュ＆チップスを受けとった客がもどってきて、「どこにポテトチップスがあるんだ」と聞いてくるので、いちいち「チップスとはフレンチフライのことです」と言わなければならない（Palmer 2003, pp. iii, 84, 86, 123-126, 129-131, 169）。

パーマーは、身体に良くない職場環境にも不満だ。例えばキッチンでは、さまざまな機器があるので火傷しやすい。パーマーが掃除機をプラグに差し込めばソケットがショートして感電した。キッチンにはレンジやオーブンやフライ機があるため、とても暑く、まるで溶鉱炉の中で働いているようである（Palmer 2003, pp. 111-112, 148）。

仕事を辞める第1の理由としては、無礼な客たちにうんざりしたからである。パーマーは、2度と飲食店では働きたくないと言っている（Palmer 2003, pp. 167, 178）。

5. カナダのファストフード店で働く若者たち

　米国のファストフード企業は、1960年代からカナダに進出してきた。1980年代にはマクドナルドがカナダのハンバーガー市場の50％を占めるようになる。マクドナルドが1999年に公表したデータによれば、毎日300万人のカナダ人（カナダの人口の10％）がマクドナルドで食事しているらしい（Reiter 2002, pp. 30, 32-33）。

　カナダの若年労働者（15～24歳）の半数は、カナダのヨーク大学が1999年に公表した調査データによれば、小売店と飲食店と宿泊施設で雇われている（Reiter 2002, p. 35）。教育社会学者スチュアート・タノックの調査報告書『使い捨てられる若者たち』(2006) に登場する若者たちもカナダのフライドチキン店チェーンで働いているので、ヨーク大学のその統計調査の数字には含まれているだろう。この節では、カナダのファストフード店で働く若者たちの実態を把握するために、『使い捨てられる若者たち』を取り上げ、3つの点（マック仕事の楽しい点、仕事への不満、仕事を辞める理由）に言及する。

　タノックの本の舞台になっているのは、カナダの大都市グレンウッドのフライドチキン店(仮名)チェーンである。タノックは1990年代末にグレンウッドで34人の若年労働者（年齢は17～28歳。その5分の3が18～21歳。男は15人、女は19人）にインタビューした。ちなみにグレンウッドのそのフライドチキン店チェーン全50店舗では、約750人の労働者のうち3分の2以上が25歳未満である。30～50代の労働者もいるのだが、そのほとんどは女性だ（タノック 2006, 17, 113, 276-277頁）。

　仕事の楽しい点としては、まず同僚との付きあいが挙げられる。同僚たちのことを「チーム」「ファミリー」「いっしょに遊ぶ友人」と呼ぶ労働者もいるぐらいだ。ある接客係は、仕事中の冗談や悪ふざけのおかげで同僚たちとの作業がもっと楽しくなると言う（タノック 2006, 58-61, 137-138頁）。

　仕事上の工夫も楽しい。接客係の男性は、確実にベストの仕事がしたいので、カウンターをきれいにしておき、レジの金銭もそろえておき、万全の状

態でシフトを始めたいと述べている。ある女性労働者によれば、学校では命令されたことをするのだが、フライドチキン店の職場では自分のすることを自分で決めるという(タノック 2006, 67頁)。

　しかし若い労働者たちは、フライドチキン店の仕事に対して不満も抱いている。そのような不満点は6つに分けることができる。すなわち仕事内容、仕事上の危険、時間が関係する問題、客、経営陣、マネージャー、という6点だ。

　まず仕事内容という点では、作業のマニュアル化に不満が述べられている。調理係の男性によれば、会社のガイドライン通りにしていたら、作業に3倍の時間がかかってしまう。別の調理係も、調理のコンピュータ化されたスケジュールが「この商品がこの時刻にこれだけ必要」と指示する場合はたいてい的外れと述べている。労働者に仕事内容上の決定権がないことについては、調理係の男性が、従業員たちは前面に立って仕事をしているのでマネージャーは従業員たちの意見をもっと聞くべきだと語る(タノック 2006, 140頁)。

　仕事上の危険には火傷と強盗がある。火傷の危険性については、スーパーバイザーの女性と調理係の男性が語っている。グレンウッドのフライドチキン店チェーンの数店舗は強盗に襲われた。何度も強盗が押し入った店もある(タノック 2006, 48-49, 51頁)。

　米国のハンバーガー店と同じように、カナダのフライドチキン店でも、時間に関係する問題が起こっている。こうした時間上の問題点としては、シフトの削減、休憩時間の欠如、タイムカード改竄と不払い残業、時間的余裕の欠如がある。例えば勤続2ヶ月半の接客係は、週に3つしかシフトがもらえないので、どうやって家賃を工面するのか思案しなくてはならない。あるスーパーバイザーは、休憩時間を逃すというのは大きな問題だと思っている。ある接客係は、30分の休憩どころか15分さえ休憩できない日もあると言う。ある調理係によれば、タイムカードは改竄され、残業手当も支払われない。19歳のスーパーバイザーの女性は、ストレスが溜まるのも仕事上のミスが起こるのも、作業時間に余裕がないためであると指摘している(タノック 2006, 230, 239, 246-247, 255頁)。

客に対する不満も大きい。例えば接客係の女性は、接客でストレスが溜まるので人に会いたくなくなると言う。ある接客係によれば、客は鬱憤晴らしに店員をどやしつけるらしい。別の接客係も、客から殺すぞと脅されたことがある。企業の顧問弁護士を志望している大学生の接客係（女）は、客が意地悪をしてくるとき、自分も意地悪な感じで話してしまうと告白している。カナダでも米国でも客は、ファストフード店の労働者が人員不足の状況で時間に追われていることを理解していない。接客係の男性によれば、客は店員をのろまなバカだと思っているという。マック仕事の社会的地位が低いため、客が横暴になることもある。先ほど登場した弁護士志望の接客係によれば、客は、相手がファストフード店の従業員という理由だけで、つまらない人間だと決めつけ、無礼になるという。客は労働者の身体に危害を加えることさえある。酔っ払った男性客がドライブスルーの窓をパンチしたので、従業員の目にガラスの破片が入り、その従業員が手術を受けるという事態が起こった。商品について理解不足の客もいる。接客係の女性によれば、12ピースのセットにチキンが何ピース入っているのかと聞いてくる客もいるらしい（タノック 2006, 30-32, 48, 69, 127頁）。

経営陣も批判を受けている。ある接客係が言うには、従業員は店で何が起こっているのかを知っているから、従業員のほうが経営陣よりもうまく会社を経営できるはずだ。経営陣は、金銭、自分たちが乗る大きな飛行機、商品のことばかりを考え、自分たちのために金銭を稼いでいる従業員が実行している仕事内容や耐えているつらさを考えていない、と別の接客係も述べている（タノック 2006, 69, 146頁）。

マネージャーも批判の的になっている。ある接客係によれば、店長は従業員に「お前らは負け犬だ」と毒づいた。別の接客係も、新しいマネージャーが着任するたびに店の方針が変わることにとまどっている。物忘れが激しくて在庫の確認もできないマネージャーもいる。ある調理係によれば、嫌いな従業員を辞めさせるために罠を仕掛けるマネージャーもいるらしい（タノック 2006, 33-34頁）。

そして若年労働者がマック仕事を辞めるのは、将来性のない仕事だからで

ある。例えば24歳の調理係の男性(勤続6年)は、ずっとこの店で働いてきたので、もう辞めたいと言う。18歳の接客係の男性も、この店で努力して出世なんかしたくないと述べる。23歳の調理係の男性(勤続7年)によれば、高校を卒業したらハンバーガー店の仕事は魅力がなくなり、単なる繰り返しになるらしい(タノック 2006, 120, 128-129頁)。

6. 日本のファストフード産業の正社員

　総務省の最新版『事業所・企業統計調査』(平成16・2004年度)によれば、日本の一般飲食店(料亭、バー、キャバレー、酒場などの遊興飲食店ではない飲食店)の事業所数は41万9,663、従業者数は277万7,305人である。従業者のうち女性は57.8%を占める。一般飲食店の常用雇用者(日雇や臨時雇といった一時的雇用とは異なり、特に期間が定められず雇われている者)の男性では正社員が37.6%、非正社員が62.4%だ。女性の常用雇用者の場合、正社員が15.1%、非社員が84.9%である。女性は非正社員の割合が圧倒的に多い。性別を抜きにすれば、一般飲食店の常用雇用者全体では正社員24%、非社員76%になる。

　『事業所・企業統計調査』には「ファストフード店」という項目はないのだが、「ハンバーガー店」という産業小分類はある。平成16年度の『事業所・企業統計調査』によれば、日本のハンバーガー店の事業所数は5,014、従業者数は12万9,382人。従業者のうち女性は54.5%を占める。ハンバーガー店の常用雇用者の男性では正社員が13.5%、非正社員が86.5%だ。女性の常用雇用者の場合、正社員が2.7%、非社員が97.3%である。男女ともに非正社員の割合が圧倒的に多い。性別を抜きにすれば、ハンバーガー店の労働者全体では正社員7.6%、非正社員92.4%になる。「ハンバーガー店」は、『事業所・企業統計調査』の産業小分類のうち、常用雇用者に占める非正社員の割合がもっとも高い。

　今、日本のマスメディアでは、マクドナルド店長の残業代請求訴訟や外食チェーン正社員の過労など、外食チェーン正社員の労働問題が注目を集めて

いる。この節でも、ファストフード店チェーンの1人の元正社員（男）が語る意見を取り上げ、4つの点（マック仕事で働くようになった理由、仕事の楽しい点、仕事への不満、仕事を辞める理由）に言及する。

　マック仕事で働くようになったのは、その店は大学への通学ルートの途中にあったのでアルバイト先として好都合だと思ったからである。アルバイトとしては4年間働いた。外食産業には就職したくなかったのだが、当時は就職難だったので、大学卒業後に仕方なくアルバイト先のファストフード店チェーンの正社員になる。

　とはいえファストフード店の仕事は、アルバイトにとっては楽しい。アルバイト先には飲み友だちがいて楽しかった。店の人たちと海にも行った。マック仕事のアルバイトは小遣い稼ぎとしても良い。シフトのやりくりもできるので、アルバイトと他の活動を両立させることができた。それにアルバイトなら、仕事が嫌になれば「辞めます」と言える。

　しかし、ファストフード店の仕事は正社員にとってはよくない。残業代も支払われない長時間労働だからである。特に改装オープンのときは長時間労働になり、1時間の仮眠だけという激務が2週間も続く。改装オープンでは、経費削減のために専門業者が雇われなかったので、機械のメンテナンスや壁紙の張り替えを担当させられた。

　店長もマック仕事を悪化させる要因になる。店長のキャラクターによって店のカラーも決まってくる。やはり店では店長に権限があるからだ。店長が横暴であれば、職場の雰囲気もたまらなくなる。また、店長のために不払い残業も増えている。「残業ゼロ」にもかかわらず、そして「社員に有給休暇をとらせている」にもかかわらず店の業績が上がれば、店長の評価は高くなるので、店長には残業を記録する気がないからだ。店長の上司も、店の売り上げや収益が悪ければ店長や正社員に対して「この給料泥棒！」と罵声を浴びせる。

　マック仕事の正社員を退職したのは、こんな長時間労働の激務では身体を壊すと思ったし、リスタートを切るには早ければ早いほど良いと思ったからである。

7. むすび

　これまで本章では、マクドナルド化やマック仕事の特徴を説明し、米国とカナダと日本のファストフード店で働く人々の実態を紹介してきた。章の最後にあたり、マック仕事の労働者が職場のどういう部分を変えるように要求しているのかについて、もう1度確認したい。そういった要求を具体的に知ることは、マック仕事の職場を改善するために役立つからだ。労働者の要求には賃金と労働時間と嫌がらせに関するものが多いと言えよう。

　例えば米国のファストフード店労働者が、労働組合結成を試みるときに主張した要求には、基本給を上げること、連邦最低賃金の上昇に合わせた昇給、賃金の定期的な検討、シフトをその4日前に告知すること、フルタイムの従業員が1年間働きつづければ1週間の有給休暇を取得できること、従業員を虐待していたマネージャーを「人材開発」トレーニングに派遣すること、経営陣と従業員との間で1年に4回のミーティングを開くこと、査定の方式を書面にすること、もっと良心的なフルタイム正社員の配属、店舗の人員不足を解消すること、救急道具の備え付け、従業員が夏に開催するピクニックを後援することなどがあった（Leidner 2002, p. 9；タノック 2006, 258-259頁）。

　カナダのファストフード店労働者が労働組合結成を試みる際に主張した要求はと言えば、法定最低賃金未満の賃金を上げること、3時間以上のシフトも設けること、従業員の勤務スケジュールを唐突かつ恣意的に変えないこと、シフトを割り当てる際のえこひいき禁止、恣意的解雇の禁止、従業員を虐待しないこと、安全でない労働条件の改善などがある（Reiter 2002, pp. 42, 44；タノック 2006, 259-261頁）。

　とはいえ米国とカナダのマクドナルドには労働組合がない。日本では2006年5月にマクドナルドの労働組合が結成された。その翌月の6月にはケンタッキーフライドチキンにも労働組合ができる。日本のマック仕事の労働者たちが職場を改善するために要求している内容の詳細については、日本マクドナルドユニオンのホームページなどをチェックしていただきたい。

引用・参考文献

雨宮処凛，2007，『生きさせろ！―難民化する若者たち』太田出版．
熊沢誠，2003，『リストラとワークシェアリング』岩波新書．
シュローサー，エリック，2001，楡井浩一訳『ファストフードが世界を食いつくす』草思社．
シュローサー，エリック＆チャールズ・ウィルソン，2007，宇丹貴代実訳『おいしいハンバーガーのこわい話』草思社．
タノック，スチュアート，2006，大石徹訳『使い捨てられる若者たち―アメリカのフリーターと学生アルバイト』岩波書店．
リッツア，ジョージ，1999，正岡寛司監訳『マクドナルド化する社会』早稲田大学出版部．
―――，2001，正岡寛司監訳『マクドナルド化の世界―そのテーマは何か？』早稲田大学出版部．
Cobble, Dorothy Sue, 1991, *Dishing It Out: Waitresses and Their Unions in the Twentieth Century*, Urbana: University of Illinois Press.
Leidner, Robin, 2002, "Fast-food Work in the United States," in Royle, Tony and Towers, Brian (eds.), *Labour Relations in the Global Fast-food Industry*, Routledge, pp.8-29.
Newman, Katherine, 2000 (1999), *No Shame in My Game: The Working Poor in the Inner City*, New York: Vintage Books.
Palmer, Spencer, 2003, *Food Jockey: The World of a Fast Food Worker*, 1st Book Library.
Reiter, Ester, 2002, "Fast-food in Canada: Working Conditions, Labour Law and Unionization," in Royle, Tony and Towers, Brian (eds.), *Labour Relations in the Global Fast-food Industry*, Routledge, pp.30-47.
Tannock, Stuart, 2001, The Literacies of Youth Workers and Youth Workplaces. (http://laborcenter.berkeley.edu/youngworkers)
―――, 2002, Why Do Working Youth Work Where They Do? : A Report from the Young Worker Project. (http://laborcenter.berkeley.edu/youngworkers)

第6章　フランス型教育モデルの変容
――民主化から新自由主義へ

クリスチャン・ラヴァル（Christian LAVAL）
薬師院仁志訳

1. はじめに

　フランスの公立学校は、長い間、国内においても国外に対しても、自らの類稀なる威光を自負してきた。それは、国民国家の中で、政治的かつ文化的な面において、国家統一と国民同化に関する統括的な役割を担っていたのである。共和主義の社会や政治を主導した者たちは、理性を国是とし、学校がその体現者たることを求め続けていた。おそらく、フランスの「文芸面における天性」なるものが、それを根底において支えていたのだろうが、ともあれ、革命の子であるフランスの公立学校は、同時に、共和国を育てる母であらんとしていたのである。学校は、フランス国民の政治的および文化的なアイデンティティを作り上げ、それを広めるための中心に据えられていた。そして、このことは、何よりもまず、教育が無償であることによって、次いで――1つの「全市民的共同体」の確立を目指すべく――教育が万人に開かれていることによって保障されるものであった。ただし、この統一見解は、画一化や中央集権化と表裏一体のものであると同時に、実際の教育システムが非同質的であることを隠蔽してしまうという問題をはらんでいた。各学校は、歴史的な背景も違えば、集まる生徒たちの社会的背景も異なっているし、そもそも学校なるものは、子どもたちを異なった職業や社会的地位へと分け隔てて振り分ける制度でもあるのである。このこと自体は、教員たちの組合が19世紀末から指摘していたとおりであるし、社会学的な批判もまた、その指摘を肯定していた。この懸念は、やがて予想外の形で顕在化することになる。
　永遠たることを自負してきた「共和主義の学校」というモデルは、この1

世紀の間、決して不変であり続けたわけではない。では、どのように移り変わってきたのだろうか。この問いは、「学校教育の民主化」が成功したか否かを判断しようとする議論によって、しばしば大きく歪められてきた。その種の議論は、学校モデルの変遷に影響を与えた社会的および文化的な過程の本質をほとんど見逃している。例えば、就学者数、通学年数、学歴資格の取得者数等々、計量的な側面しか見ようとしない非常に皮相的な「民主化」議論が、その典型であろう。そこでは、学校システムが、単に「増量」しながら、迎え入れる生徒や学生を、中流層はもとより庶民層にまで拡大したことばかりが注目されているのである。だが、その量的拡大の過程において、教育の内容や方法、学校システムの構造やその目的、さらにはその「精神」——価値観や期待される行動規範——までもが同時に変容したという現実を看過してはならない。

　本章では、フランスの学校システムの変遷を論じるにあたって、量的な面での「民主化」が、いかにして想定外の結果をもたらすことになったのかを示そうと思う。21世紀の初頭に至って、フランスでも、教育システムはますます「新自由主義型の学校」[1]というモデルに追従するようになってきている。そして、そこには相互に関連した2つの傾向が存在している。1つは、学校教育が、雇用に適した労働力の養成を第1の使命とする「職業学校」型のモデルにますます従属しつつあることであり、もう1つは、学校教育が社会各層や各地域の分断化の進行という現象に晒され、万人に対する統一的なシステムという理想が蝕まれつつあるということである。これら2つの傾向が結びつく背後にあるものこそ、「大衆化」した教育システムが階層間の社会的分割を受け入れ、それを自らの内部に組み込んできたという事実なのだ。今や、社会階層の区分そのものが、学校システムの構成原理となりつつあるとさえ言えよう。かくして、フランスの学校は、それを創設した共和主義者たちが抱いていた理想像から遠ざかり、人間を育て、市民を育て、働き手を育てるという三位一体の目的は、もはや霞んでしまった[2]。学校は、多元性という理念を掲げながら単一機能に特化しつつあり、統一性を理想としながら社会的な分断を促進してしまっているのだ。量的に大衆化した学校システ

ムにあって、統一性とは、拡大しつつある社会的な階層分化を隠すための看板に過ぎない。現実には、学校システム自らが、階層分化に準拠する形で編制されるようにさえなっているのである。曲がりなりにも社会的な統合と機会の均等とを理想としてきた学校制度にとって、このような事態は、前代未聞の醜聞であろう。

2. フランスの学校教育——その民主化と大衆化

　フランスの学校教育は、昔に比べて、非常に多くの就学者を迎え入れるようになった。この厳然たる事実によって、「学校の民主化」が大いに語られるようになったのである。ただし、その「民主化」が意味するものは、まず第一に、知識に「晒される」者の人数とその年数が増えたことに過ぎず、次いで——結局は同じことであるが——学歴資格の取得者数が増えたことにほかならない。あるいは、庶民階層の出身者たちがバカロレア（高校修了兼大学進学資格）を手にするようになり、その多くの者が高等教育にまで進むようになったことを指して、「民主化」という語が用いられることも多い。しかしながら、民主化に対するこのような解釈は、どれも非常に表面的なものだと言わざるを得ないだろう。

　12歳までの初等教育はすでに19世紀から行き渡っていたが、中等教育の大衆化が始まったのは、フランスでも、20世紀の後半になってからのことであった。1960年におけるバカロレア取得者は6万人強で、同年齢層の約11％に過ぎなかったのだが、40年後には、それが50万人を超え、同年齢層の60％を超えるに至ったのである。バカレロレア取得率の伸びは、1990年代半ば以後停滞気味であるとは言え、中等教育に起こった著しい量的拡大を十分に示すものであろう。この量的拡大には、2つの大きな節目があった。1つめは、1960年代末期、もう1つは、1980年代半ばである。その背後には、学歴資格の多様化、とりわけ、伝統的な一般バカロレア（文学、科学、経済・社会の3部門）とは別に、技術バカロレア（1969年）と職業バカロレア（1985年）が新設されたという事情がある。そして、女子の進学率向上が、この量的拡

大に大きく寄与したことも忘れてはならない。1960年代末以後、バカロレア取得者数において、女子は男子を上回っているのである。なるほど、このような現象が、それまで教育の機会が乏しかった庶民階層の出身者たちに対して、多大な恩恵をもたらしたことは否定できない。実際、1930年生まれの世代では、労働者層の子どもたちのバカロレア取得率は約2%に過ぎなかったのだが、1980年生まれの世代になると、そのほぼ50%が何らかのバカロレアを取得しているのである。だが、この事実だけを見て、出身階層間の格差が縮まったと言うことはできない。管理職層（高学歴の上級被用者）の子どもたちを見れば、1930年生まれの世代で、すでにバカロレア取得率が約35%に達しており、今日では、それがほぼ90%になっているのだ。要するに、バカロレア取得率にしても高等教育進学率にしても、全体が平行移動的に向上したに過ぎないのであり、大衆層の進学率が上昇したことによって、社会集団間の格差が解消したわけではないのである。ともあれ、バカロレア取得者数と大学進学者数の増加に代表される大衆化の過程は、1990年代半ばまで、止むことなく続くことになる。

　当初、中等および高等教育の大衆化は、進歩主義的な志向に応えるものであるかのように思われていた。広く共有されたその志向は、万人に対して「同一の学校教育」を無償で提供することの実現を目指していたのである。つまり、教育機会を金銭の有無から解放すれば、学校教育上のあらゆる差異は、各個人の適性の違いだけに基づくものになるはずだと信じられ、学科系統の多様化は、各自の適性の違いを開花させるためのものになるはずだと信じられていたのである。しかし、このような基本路線は、さまざまな問題を解決すると称する一方で、多くの新しい問題を生み出すことになった。

　そもそも、履修課程や学科系列を「多様化」することを通じて、学校システムが社会的地位の振り分けを行うことは、正当かつ平等なことなのだろうか。と言うのは、学校で判断される「適性」なるものは、個人の生得的な才能に基づくものである以上に、周囲の環境、特に文化面での家庭環境によってきわめて強く規定されるものだからである。社会学的研究がこの事実を明らかにしたのは、ようやく1960年代になってのことであった。もちろん、

教育を受ける機会が金銭の有無によって規定されるような社会は、きわめて非民主的であり、そこに正当性など存在するはずがない。フランスでも、教育の無償化や数々の就学援助政策が、金銭の有無に起因する教育格差を大いに和らげる効果を果たしてきたことは事実であろう。しかし、まさにそのことによって、社会階層間の教育格差には、経済面以外の要素もまた非常に強く作用していることが明らかになったのである。P. ブルデューらの先駆的な研究は、それまでの学校教育が抱いた平等化幻想を実証的に打ち砕くものであった。すなわち——たとえ経済面や制度面での平等を実現したとしても——学校で開花する適性なるものは、「天賦の才」や「個人的資質」である以上に、むしろ出身家庭から相続された「文化資本」なのだというわけである。

1) 表面的な統一性と内在化した格差

1990年代半ば以後は横ばい状態にあるものの、就学面での量的拡大は、フランスの教育にとって一番大きな変化であった。そして、次に大きな変化は、この量的拡大と並行して、学校教育の内部で履修課程や学科系列が細分化していったことであろう。問題は、万人のための「公」教育であるにもかかわらず、課程や学科や学校の違い、学歴資格のタイプやレベルの違いなどが、社会階層や民族的な出自（移民の大半は低階層）や性別の違いに相関する傾向が生まれたということである。社会学者たちは、並行するこの2つの事態を総称して、「差別的民主化」という逆説的な名称を与えた。まさに、そこでは、2つの相矛盾する展開が進行しており、教育システムは、どんどん多くの生徒や学生に門戸を開くようになりながら、入学者の社会階層に応じて——高校にも大学にも入学試験がないのに——学科系列や学校種別が序列化されるようなったのである。

この「差別的民主化」という表現は、「民主化」という語の曖昧な用法に対する皮肉でもある。たしかに、就学者数や就学年数といった量だけを見れば、知識を享受しうる社会階層は大いに拡大したと言えよう。だが、民主化という語には、教育機会の中身、特に、難しい分野や権威あるコースに進む機会を平等化することも含まれるはずである。この側面に着目すれば、民主化の

実現は非常に疑わしい。実際、バカロレアと名のつく資格を取得する機会が著しく平等化している一方で、高校（リセ）の内部でもっとも権威あるコースに進む可能性、グランドゼコール（大学とは別個のエリート養成機関）やその準備学級に進む可能性等々に関しては、ほとんど民主化が進んでいないのである[3]。また、4大グランドゼコール——国立行政学院、理工科学校、高等師範学校、高等商業学校——が庶民階級に対して事実上門戸を閉ざしていることは、すでに1995年、C.テロとM.ウリアが明らかにしたとおりである。同じような現象は、多くの場面で観察されている。バカロレアにおける系列選択などは、階層別振り分けの典型であろう。一般バカロレアの科学部門（S）を選択する者は、中流以上の家庭の出身者でその3分の2が占められることもある一方で、職業バカロレアのいくつかの部門は、その選択者の3分の2が庶民階層の出身者で占められることさえあるのである。高等教育段階になると、この傾向はさらに強いものとなっている。

なお、女子は、男子に比べて控えめな進路選択をする傾向があり、成績面ではむしろ男子を上回っているにもかかわらず、「職業面での見返りが少ない」分野に進む割合が高い。実際、女子は、大学進学率では男子を上回っている一方で、最難関のグランドゼコール準備学級からは、ほとんど見捨てられたような状態に置かれているのである。

教育の量的拡大と大衆化は、たとえそれが民主化の旗印の下で進められたにせよ、フランスの学校教育から社会的な格差を追放することができなかった。それは、格差の形を変えただけであると同時に、時にはそれを隠蔽し、ある面ではそれを強化することにさえなったのである。

2）平等化幻想とその顛末

就学率の向上、平均就学年数の長期化、教育制度の単線化といった過程は、同時進行で実現してきた。1980年代から90年代にかけてのフランスの学校教育は、硬直したものであったどころか、むしろ急速な変化を経験していたと言えよう。教育予算は大幅に増大し、修業年限は伸び、履修課程は多様化し、多くの学歴資格が新設されたのである。しかしながら、量的拡大に伴って新

たに生まれて来た問題への対処を考慮すれば、予算の増加幅は、それでもまだ不十分なものだったと言えよう。また、学校運営に関する決定の場が「脱中央化」され、それが県や地域圏に移されていく過程で、財政責任の一部が各地方に移管されるという変化もあった。これによって、地方公共団体は、自らの自律性を主張しうる分野を獲得し、ひいては、それが地方選挙の価値を高めることにもなったのである。しかし、そこには学校教育に関して、財政面での地方間不平等を拡大するという犠牲が伴っていた。それが顕著に現れたのは、特に初等教育の段階であろう。いずれにせよ、長期教育に適応するだけの前提条件を共有していない庶民層に対しては、まずそれに不可欠な基礎教養や知的意欲を養うための重点的な教育が必要なのであり、その実現には、当然、特別な予算枠が新たに求められることになる。だが、多くの「新参層」が学校に押し掛けたことで、「学校教育の効率低下」が進行したにもかかわらず、それに対処するための予算は、緊縮財政とも相俟って、どこでも全般的に不足していたのである。

1980年代および90年代は、教師の経済的地位が大いに低下した時期でもあった。学歴と年功を基準に考えれば、約20年間の間に、教師層の購買力水準は約25％も低下したと推計されている。また、他業種以上の抵抗があったにもかかわらず、2003年の年金制度改革によって、教師の年金受給条件やその給付水準は低下してしまった。悪化したのは、経済面での条件だけではない。この時期には、教師の職務内容もまた、かなり悪化していた。中学校(コレージュ)でも高校(リセ)でも、1学級当たりの生徒数が減ることなしに、その質的構成が非常に多様化したことによって、教師たちは教育上の困難に直面していったのである。特に、庶民層の生徒が多く集まる学校ではそれが顕著であった。

いわゆる公式見解は、この顛末を甘く見積もっている。たしかに、同一学級内における成績差の拡大は、しばしば問題視されてきた。だが、その背後で集まる生徒の出身階層が学校ごとに同質化していったことは、問題にされなかったのである。なお、1983年から試行された校区制の一部緩和が、この傾向にさらに拍車をかけることになった[4]。いずれにせよ、問題が複雑で

あるにもかかわらず、各学校に──身近な公的サービスの砦として──過大な使命が課せられ、おまけに財源が不足しているという状況では、庶民階層の生徒たちを書物的な文化へ導くことなど、所詮は絵に描いた餅に過ぎない。1980年代に加速された量的教育拡大は、結局のところ、民主化という約束を果たせずに終わったのである。

3）踊らされた世代の失望

　教育の無償性とその量的拡大は、学歴獲得における階層間の不平等を解消することができなかった。そこでは、依然として、恵まれない階層の出身者たちが不利なのである。だが、人々がその事実に気づくまでには、少し時間がかかった。階層的要因が、以前とは異なった形で作用するようになったからである。フランスの学校における選別が、家庭から文化的な財布をもたされた者を利する形で行われていることが明示されたのは、ようやく1964年、P. ブルデューとJ.-C. パスロンの共著『遺産相続者たち』によってであった。ただし、この分析がなされた頃には、高等教育は「文化の相続者たち」の寡占状態にあり、一家の中で学問的な正統文化に初めて触れる第一世代が大学にまで大挙するという事態は、まだ始まっていなかった。だが、やがて大学もまた、あらゆる階層を巻き込んだ強い教育「要求」の高まりと結びついて、量的「爆発」の道を歩んでいく。学歴資格の獲得こそが、貧困や失業から身を守る方途なのだという考え方が、社会全体に広まったのである。1980年代以後の失業増や格差拡大を契機に、学歴の獲得が、「普通の生活」を送るために不可欠な必要条件──十分条件ではないにしても──だとみなされるようになった。ここに見られるのは、上昇移動への野心と言うより、むしろきわめて庶民的な保身策なのである。

　S. ボー[5]が明らかにしたとおり、大学の大衆化もまた、「新参学生層」の苦渋を伴わざるを得なかった。結局何の学歴資格も得られずに大学を去っていく学生が、大量に生み出されたのである。時流に押され、心構えも準備も欠いた進学に起因する大学大衆化は、多くの者に幻滅しか与えなかった。いくつかの学科では中途挫折者の割合が特に高いのであるが、この深刻な傾向

は、学生たちが身につけてきた知的性向と、大学が前提とする教育方法や知識内容との間に、埋め難い断絶が存在することを如実に示している。そのことに加えて、若年雇用の不安定化の進行と強く結びつく形で、学歴資格の価値低下という現象が生じていたこともまた、忘れてはなるまい。雇用の不安定化の第一の犠牲者は若年層であり、多くの若者が、条件の悪い仕事（見習雇用や短期契約）に就かざるを得なくなってきたのである。大学で与えられる学歴資格は――もし得られたとしても――もはや「いい仕事」へのパスポートではなくなっていたし、親を大きく超える学歴を獲得したとしても、それで親の代を上回る生活が保障されるわけでもなくなっていた。

　ともあれ、高等教育の場で学歴資格を獲得するために不可欠な能力や知識を付与する具体的な前提条件が整っていないのに、教育の長期化という事態のみが進行したのである。バカロレア資格の取得者全員に門戸を開いた大学は、結局のところ失敗し、「密かな選別」によって出口を閉ざすことになってしまった。要するに、入学時の資格制限だけを緩和したに過ぎなかったのである。ブルデューの言葉を借りれば、量的拡大によって「踊らされ、裏切られた世代」が、そこにいたということになるのだろう。

4）不平等の新しい形

　さまざまな階級の子どもたちが「同一の学校」で学ぶこと、これに関しては、20世紀において、少なくとも表面上、広範な合意が形成されていたと言えよう。その具体的な課題は、「適性に基づく多様性」なるものを実現するために行われる学歴の差異化を、文化の共有化と両立させることであった。要するに、国民全体の文化的向上、地位獲得機会の平等化、国家経済への貢献――戦後復興や高度成長――を組み合わせることが、学校教育の課題だったのである。

　おそらく、「同一の学校」制度を推進した者たちは、問題を甘く見ていたに違いない。なるほど、恵まれた地位や職業を、上流階層によって世襲されるものではなく、万人に開かれた教育を通じて、各個人の学歴達成によってのみ得られるものにするという発想自体は、単純明快である。だが、各社会

集団の間には、現に不平等が存在するのだ。そのような社会の中にあって、学校での競争だけが万人に対して公平であることなど、実際には想定し難いであろう。となると、学校での競争は、純粋に個人本位のものとはなり得ず、社会集団間の競争という側面をもたざるを得ないのである。おそらく、学歴競争は、個人本位の地位形成が可能な社会という理屈に合致しているに違いない。それでも、社会階梯を上昇する機会が完全に個人本位であり得るというのは、大いなる幻想にほかならないだろう。努力する個人が報われる制度など、巨視的に見れば差別の口実に過ぎない。いずれにせよ、「同一の学校」制度における学歴競争が、学校システムを内的に等級分化させざるを得ないことだけは、事実なのである。

ともあれ、この「競争型」モデルは、学校が準拠してきた基本的な枠組みをも変容させることになった。伝統的なモデルが、学校の内部と外部とを厳格に区別していたのに対し、教育の大衆化に伴って導入された「競争型」の学校モデルは、社会全体を巻き込むがゆえに、学校の「外部」を消失させてしまう。そして、ますます多くの者が、しかも長期にわたって、とにもかくにも学校の「内部」で過ごすようになったとき、かつてのような学校は、もはや存在しなくなっていたのである。では、学校はどう変わったのか。その特徴点を要約すると、以下のようになろう。

1. 学校という場が、以前にもまして、個人間および社会集団間の競争の舞台となっている。
2. 教育が「大衆化した市場」と化すに従って、マーケティングの論理に準拠する形で、学校システムの顧客分化や市場分化が進行している。
3. 学科系列による差異化や、さらには学校そのものの差異化までもが、生徒の出身階層の違いや民族性——主として移民家族か否か——の違いに対応してなされる傾向が強まっている。
4. 学校を「職業訓練所」のようにみなす考え方が広まるにつれて、学校教育を組織する際の原則は、その固有性を失い、各種の職業的要請に従属するようになっている。

5) 新しいタイプの学校——企業型モデル

　先に挙げた4つの特性は、相互に切り離し得るものではなく、全体として1つの新しいモデルを形作っている。一方、いわゆる「昔ながらの」学校教育は、経済や職業の論理に対して、ある程度の自律性を——少なくともイデオロギーの次元では——有することを旨としていた。このことは、時として無用な「聖域化」だとみなされることもあったのだが、国民の一体化と差異化とを同時に遂行するためには、学校が何らかの自律性をもつことが不可欠だとされていたのである。それがなければ、外的な影響力を抜きにして、純粋に「先天的な才能」や「獲得した適性」だけを基準にした人材選別など不可能だということであろう。学校は、内部／外部、あるいは包含／排除という対立軸に従って運行され、その意味で、まさに規律・訓練的な大いなる閉じ込め体制に属するものであった。すなわち、ミッシェル・フーコー[6]が分析した「閉鎖的で厳格な」制度の1つだったというわけである。

　これに対して、大衆化した学校教育は、労働市場や企業世界など、いわゆる外部を吸収する傾向にある。新しい学校は、新自由主義的な論理に準拠する形で、内部と外部の区別を低減させながら、始まりも終わりもない「無期就学」の図式に身を委ねようとしているのである。そこにあるのは、G.ドゥルーズが「あのおぞましい生涯教育」と呼ぶものにほかならない。突き詰めて言えば、この新手のモデルは、各個人を一生涯にわたって「産学連携体」につなぎ止め、学校の外にも企業の外にも出ないようにするためのものだということになる。これこそまさに、OECDや欧州委員会が「揺りかごから墓場まで」と形容する「継続教育」以外の何物でもないであろう。こうなると、学校は、ますます資本主義化せざるを得ず、企業界からの直接的かつ即時的な要求に隷従する形で、それに応える労働力の養成を請け負う機関とならざるを得ない。そこで主に求められるのは、人材育成の効率化であって、その平等化ではないのである。

　雇用情勢が不安定化し、若年失業率が上昇した状況の中にあって、学校もまた、外的な社会経済情勢から距離を置くことが困難になり、多様化の名の下、万人平等の単一性という理想は崩れ去ってしまった。目先の実利的要求

が強まる一方で、かつての進歩主義者たちが夢見た統一的な学校システムは、もはや消え去りつつある。さらに、学歴に関しても就職に関しても社会的地位に関しても、期待と現実との落差があらわになったことが、学校に対する幻滅に拍車をかけることになった。どうせ出来レースなのだという意識が子どもたちにまで広まり、自分が低ランクの学科系列——あるいはそれに対応した学校——に進むことをはじめから自明視している者が増えてしまったのである。その結果、学校システムにおける「内的排除」が進行し、窓際族の流刑地のごとき学科系列、さらには「ゴミ箱」と形容される学級までもが形成されるようになった。そのような場で学校生活を過ごした者たちは、当該の学科系列が公式に設定した知識内容や要求水準をまったく満たさないばかりか、基礎的な学力や勉学的な態度さえほとんど身につけることもなく、とにもかくにも教育に参加するだけなのである[7]。

　意外だと思われるかもしれないが、学校教育が経済システムに対して無防備になることは、生徒選抜の緩和と表裏一体なのだ。教育社会学的な諸研究が明らかにしたとおり、教育拡大の中で現実に作動してきたのは、厳格なる能力主義的選抜ではなく、単なる「選抜の延期」に過ぎなかった[8]。事実上の〈落伍者〉を何とか学校システム内に引き留める受け皿でしかない学科系列——その大部分は職業課程——は、社会階層間の学歴競争自体を成立させるための拘束手段なのである。相手が同じ競技場に立っていてくれなければ、勝者の正当性を保証することができないからである。

　今世紀に入ると、学業課程の「職業主義化」傾向はますます強まり、それこそが教育システムの民主化を促進する唯一の方策だとみなされると同時に、若年層の就職状況を改善する切り札だとさえ理解されている。しかし、上で示した文脈を抜きにして、この傾向の効能を安易に認めることはできないのである。

3. 学校教育の職業主義化——その建前と実像

　かつて欧州円卓会議は、「教育とは、経済界に役立つサービスだとみなさ

れるべきでものある」と明言した[9]。学校教育の職業主義化は、教育システムを「企業世界」に近づけることを目論んだ一連の審議会や委員会によって、ゆっくりと練り上げられてきた大義名分なのであるが、やがて、専門家もジャーナリストも官僚も、右派と左派とにかかわらず「現実的」を自認する政治指導者たちも、それを自明なことだとみなすようになっていく。その結果、教育における職業志向は、欧州委員会や経営者団体などの枠を大きく超え、フランスでも他の欧州諸国でも、強力なイデオロギーになっていったのである。この趨勢が、不安定な雇用情勢を背景に、教育の脱聖域化という新自由主義的な社会的要請に基づいていることは事実であろう。もちろん、給与所得者が多数派を占める社会にあって、学歴と職業との間の関係は、常に大きな関心を呼び起こすに違いない。だが、そのことだけで、就職や雇用と教育との直結性が強迫観念のごとく求められる現状を説明することはできないだろう。なるほど、進歩主義政策や組合運動は、かなり以前から、知的教育が職業的な側面から乖離してしまわないよう注視していた。それでも、教育システムの職業への同化という要求が、絶対的かつ排他的なものとして、他のあらゆる役割を押しのけることまでは想定されていなかったはずである。

　学校教育が、職業への準備という側面を有することは当然であろう。また、今日の社会が経済活動を中心に成立している以上、どのような分野のどのような段階の教育であれ、それと無関係であり得るはずがない。となると、あらゆる制度、あらゆる社会関係が、グローバルな経済競争に方向づけられることもまた、ごく普通のことだということになる。しかしながら、この種の実利主義は、想定外の結果をもたらしてしまった。すなわち、実践的な職業教育を導入すればするほど、校門外で国民を分割している要素がそのまま校内に持ち込まれることになり、学校という存在が、出身階層を選別する機関と化していったのである。多様な生徒層のニーズに応える学校は、それぞれのニーズが生まれてきた社会的背景——あらゆる格差や差別も含め——をそのまま反映するものになるほかはあるまい。

1）職業教育の重視と蔑視

　職業的な地位構造に準拠して編制され、「競争原理」を旨とする新しいタイプの学校は、課程間や学科間の上下関係を強化する。そして、その上下関係は、個々人の純然たる能力に基づくと言うより、それぞれの課程や学科に対応する職種や収入や権能の格付けに基づいて決められることになるのである。もちろん、国家に必要な少数エリートの育成を任務とする有名グランドゼコールと、万人に開かれた大学との間に見られるような、フランス型高等教育に特徴的な分割もまた、そのようなものであるに違いない。しかし、中等教育が歩んできた道は、それとはまったく異なっている。そこでは、均衡化を目指した国家の意図に反する形で、学科系列間の序列化が進行してしまったのである。職業教育の地位低下こそ、その典型的な実例であろう。

　高校の職業科課程は、この現象のあおりをますます強く受けることになった。正式な学校教育への取り込みによって「手を使う才知」が再評価されるどころか、それに対する偏見が学校教育にまで入り込んでしまったのである[10]。職業教育の価値下落は、労働者や一般賃労者——フランスの就業人口の約6割を占める部分——の育成がどのようなものなのかを、象徴的に表していると言えよう。こうした中にあって、高校の職業課程では、それらの職種に対応する学歴資格が、バカレロア資格と同等以下の水準で約500種類も用意され、約70万人の生徒がその取得のために学んでいるのである。だが、職業課程の地位下落は、そこに入れられた生徒たちに非常に不快な経験をさせることになってしまった。なぜこのような事態に陥ったのだろうか。

　普通課程の高校教育が、かつては排除していた生徒層にも門戸を開放すればするほど、職業課程のほうは、「別の才知」を磨く場ではなく、落伍者の収容所と化していく。また、入学資格、授与学歴名、学校名などの点に関しては、職業課程も普通科高校と同列化されたのだが、それによって実際の地位が向上したわけではない。むしろ、同一体系内の下層部分となることで、職業科は普通科の引き立て役に回ってしまったのである。単一制度への統合は、同じ土俵での比較や競争を可能にすることである以上、差異が序列に置き換えられても何ら不思議ではない。そして、事態はさらに進行する。われ

われは、一見すると学校教育の職業主義化という潮流と相反するようにも見える局面、すなわち、職業教育の脱学校化に立ち会うことになるのである。

　学校での職業教育が、労働市場や企業界への適応性を欠いているという批判は、これまでも絶えずなされてきた。そこで、企業の側は、自らが職業訓練の主導者であることを求め、自分たちが管理する訓練や資格こそを権威ある教育課程にすることを通じて、あらゆる問題を解決しようとし始めたのである。だが、「企業本位の職業教育」は、「学校の職業教育」の無価値化と表裏一体だということを見逃してはならない。こうなると、職業的序列に対応する形で教育課程が差別化されてしまうようになる。そして、万人に開かれた無償の公教育を通じて国家が発行する学歴資格が、企業側の都合だけに基づく一方的な能力評価に対して、一般国民に与えられるべき対抗手段だったということもまた、忘れてはならない。その対抗手段を失ってしまえば、当然、雇用条件はさらに「不安定化」することになるのである。

2) 理論的な学問分野の空洞化

　教育システムが職業訓練所のごときものと化すことは、大学教育に対しても大きな困難をもたらさざるを得ない。高校までの段階では、「非実践的な」普通科教育が職業課程よりも上位に置かれているにもかかわらず、高等教育においては、奇妙な逆転現象が生じているのである。フランスでも、大学に求められていた理論的な学術教育が「卒業後の職業を見据えた」科目群によって少しずつ圧迫されつつあり、非職業的な学部や学科に入る者は、もはや全学生数の半分を切ってしまっている。教育システムが変わったという以上に、雇用のシステムが根本的に変わったことによって、よく言われる「学問の使命の危機」だけではなく、「大学の使命の危機」までもが現実化しているのである。高等教育が、就職面や収入面での「収益性」を目指してますます職業主義化する背景には、進路指導の際に実利的な選択をする学生の割合が高まっているという事情がある[11]。今日では、このような趨勢が明らかになり、その要因として、学問自体のイメージ低下や教育論議の非現実性といったことが問題視されるようになった。だが実際には、早くも1990年代半ば

から、文学はもとより法制理論や経済理論といった「硬い」学問分野は、徐々に学生を失い始めていた。つまり、学問や教育のあり方がどうであれ、学生たちは、ともかく労働市場において収益性の高い高等教育資格を欲しがるようになっていったのである[12]。

　この現象は、量的な次元だけの問題ではない。大学は、主体的な選択による進学者以上に、既定路線に流されてきただけの学生を、ともかく大量に受け入れるようになった。その一方で、バカロレア取得者の中の最優秀層は、上流階層の出身であればなおさら、そもそも大学とは別のエリート教育機関に進む傾向が明らかに強まっているのである。大学の危機と呼ばれる事態は、ただ単に、大学教育に対する「認識不足や情報不足」に起因するものではない。むしろ、非実利的な機関であった大学が、職業的な学科系列の量的拡大に巻き込まれたことに加えて、高等教育機関の間で教育の収益性をめぐる競争が生じたことが、大学の状況をさらに難しくしているのである。

　もちろん、このような状況に至った原因は、それほど単純なものではない。だが、金銭的あるいは商業的な利益に直結しないあらゆる職業の地位低下、とりわけ研究者や教育者の物心両面における地位下落が、その一因であることだけは事実であろう。この種の実利志向は、学生の進路選択に対してだけではなく、教育の目的や内容に対しても影響を与えずにはいない。実際、商業的な役割の優位性と重要性ばかりが強調される今日的な風潮の中で、理論的知識や学問的態度や人間文化の担い手たる大学は、ひどく色あせてしまった。要するに、高等教育の段階では、職業的な学位のほうが、理論分野の学位よりもはるかに「採算が合う」というわけである。

3）落伍者の冷却──面倒見のいい学び

　資本主義社会の中で、あえて公的である学校教育は、人材配分を正当なものにするという重要な任務を担っている。だが、学校で学んだ者たちを、公平に、しかも妥当かつ理にかなった方式を通じて異なった職業的地位に振り分けるためには、どうすればよいのだろうか。現実を見れば、この振り分け作業は、学科系列の間にある不平等に対して、多様な個性の尊重、各自の才

能の違い、職業に貴賤なし等々といった根拠を追補すること以外の何物でもない。とりわけ、大衆化した学校教育システムにおいては、この根拠づけ作業が必須不可欠のものとなっている。それは、期待を裏切られた者たちを納得させる作業にほかならない。E. ゴフマン流に言えば、そこにあるのは、「詐欺に引っ掛かった者」を慰めたり、「カモにされた者の怨念」を静めたりするような作業だと言えよう[13]。ともあれ、今日の学校教育は、自らが行う地位の振り分け作業を正当化するために、この種の「内密化された機能」を発展させなければならないのである。

　ゴフマンは、この種の機能を「冷却」と呼んだ。大衆化したフランスの教育システムを分析する際にも、この機能に着目することがきわめて重要であろう。今日のフランスでは、社会的地位や職業的地位が、学歴資格のレベルおよび種別によって強く左右されている。各自がたどってきた教育経路は、1つのアイデンティティであると同時に、その人物の能力的な商品価値の指標なのである。一方、学歴を獲得する「機会の平等」なるものは、先行する段階の教育を修了した者全員に対して、その到達レベルにかかわらず、次の段階——普通課程か職業課程かはともかく——に進む権利を与えるということでしかない。

　ともあれ、学校種別、学科系列、学歴資格の違いは、以前よりもずっと直接的な形で、職業的地位の差異に規定されるものとなった。その結果、「文化」の涵養や良識ある「市民」の育成といった事柄は、もはや親たちがわが子の教育に対して求める必須要件ではなくなりつつある。教育の内容や方法がどうであれ、就職口の確保や社会的地位の向上に投資することのほうが、はるかに重要だというわけであろう。この種の投資は、近年ますます低年齢化する傾向にある。そして、そのことが学校間の競争を生み出したがために、教育の内容だけではなく、各教育機関そのものを非常に利己的な存在にしてしまった。かくして、個々人の適性や志向や個性を最大限に尊重するという口実の下、多様な顧客のニーズに応じた学びを提供し、面倒見よろしく各生徒を誘導することによって、学校教育は、差別と冷却という両機能を同時に満たしながら、自らの生き残りを図るようになったのである。

4. 階層別の隔離——その社会的影響

　フランスの学校システムは、国民を統合するどころか、むしろ社会階層間の隔離を強化するものとなりつつある。この隔離は、主として居住地域の違いに対応して現れている現象なのであるが、その背後には、そもそも地域的な住み分け自体が、社会階層の違いに対応してきたという事情がある。たしかに、アメリカで見られるような極端な住み分けと比べれば、隔離の程度はそれほど大きくないのであろう。それでも、学校が地域住民の「ニーズに応え」ようとすることによって、差別的な隔離を促進していることだけは否定できない。

　実際フランスでも、特定の学校ばかりが、庶民階層や移民家族に属する生徒たちを多く受け入れる傾向が生まれている[14]。学校間の自由競争傾向の強い大都市圏ほど、この種の偏りが大きい。つまり、生き残りを迫られた各教育機関は、それぞれ自らのお得意様層を特化しながら、いびつな共生関係を維持しているということなのである[15]。

　学校教育における隔離は、第1に、地域的な階層差に起因する。学校の問題がどうであれ、そもそも富裕層が専用の街区に集住する傾向が強まる一方で、貧困層は「恵まれない地帯」に押し込まれているからである[16]。だが、上流層と中流層を中心に、学校の「社会階層面での質」を基準とする住所選択が、1つの戦略と化していることもまた、見逃してはならない。そのことによって、各学校の生徒層分布が、ますます社会階層の違いや移民系か否かの違いに対応するようになっている[17]。特に、外国人移民を親にもつ生徒たちが特定の学校ばかりに多く集まる傾向は、フランスの教育システムが、アメリカやイギリスやニュージーランドやオランダなどの国々に似てきたことを示すものである。

1）分極化とその再生産——いい学校への脱出

　21世紀初頭の今日、生徒の出身階層が学校ごとに分化する傾向は、格差の世襲的再生産の一形態として、ますます加速しつつある。極端な話、「ブ

ルジョワの学校」と「プロレタリアの学校」という分極化が起こっているとさえ言えよう。マルクスの論法を援用するようであるが、事実として、大都市圏では、中流層を核に多様な階層の生徒が集まる普通の学校が消滅しつつあり、生徒層が学校別に二極分化する傾向が強まっているのである。多様な人々が地域内に同居することを前提としてきた「混成的な」学校は、1980年代末期以来、競争の波に呑み込まれることによって、その長い伝統を失ってしまった。実際、学校が迫られているのは、平等に集めた生徒たちをいかに教育するかをめぐる競争ではなく、入ってくる生徒の社会階層を選別する競争でしかない。かくして、各学校の個性や多様性と称する差別と相俟って、教育環境や学習条件の不平等は、かつてないほど大きくなっているのである。

　教育システムは、地域性に起因する社会経済的な不平等を単に被っているだけではなく、それを維持し、さらには強化してしまうことさえある。1960年代のはじめ以来、各学校への生徒配分は校区制に基づくものとなったのだが、そのことによって居住地の選択自体が人々の関心事となり、結果的に地域間の格差がさらに拡大してしまったのだ。しかも、それぞれの中学校や高校が用意する選択科目が各地域の実情に応じて個性化されると同時に、希望する選択科目が自校区にない場合には越境入学も認められるという制度によって、学校間の不平等は、さらに強化されるようになった。例えば、下町の生徒たちは実用的でやさしそうな学科や科目を選ぶ傾向が非常に強く、当該地区の学校もまた、このニーズに応えている一方、そのような校区から逃れようとする階層は、抽象的で理論的な科目や学科を希望するという口実で——成績条件があるにせよ——合法的な越境入学を果たすのである。

　都市部やその周辺地域では、「いい学校」を選ぶ手段が、時として非合法化していることすらある。高級住宅街の住所を得るために「住み込み家政婦」の口を見つけるというのは極端な例だとしても、少しでも「いい地域」に住む親族の住所を借りたり、一部の学校にしかない語学科目や特殊な選択科目をとるためだという口実を用意したりするといった行為は、至る所で発生している。要するに、教育の市場化とは、その「ブラックマーケット」をつくることなのである。そこでの需要は、生徒やその家族の戦略（親族を総動員し

た居住地選択など）によって構成され、供給側に置かれた学校は、可能な限り良い生徒を集めるために、選択科目や「いいクラス」の品揃えに関する戦略をめぐらせることになる。今や、学齢期の子をもつ家族の住居選択によって、住宅市場が間接的な学校市場と化し、入学可能な学校の値打ちに応じて家賃や不動産の価格が左右されるという事態さえ生じているのである。こうなると、学歴競争に対して、金銭の有無が——文化資本と比べても——強い影響力を発揮することにならざるを得ない[18]。あらゆる面でもっとも恵まれた生徒たちだけに「楽園的な教育環境」が用意されていることは、もはや誰の目にも明らかなのだ。しかも、それが、機会均等を旨として無償化された公教育システムの中に存在しているのである。ましてや、もし教育の民営化や企業化が導入されてしまえば、凄まじい格差社会が生まれることになろう。

2）庶民層の学校——門戸開放と門内排除

　その一方、楽園の反対側では、まったく異なった論理が働いている。庶民層の通う学校は、多くの場合、「地域の社会問題の集積場」と化しているのだ[19]。そこでは、もはや共通の価値観がほとんど存在せず、「普通」のクラスが慢性的な無規制状態の下に置かれているため、確固たる学問的知識の習得がきわめて困難になっている[20]。しかも、上流および中流の階層の生徒たちは、この種の学校——あるいは学科系列やクラス——からあらかじめ逃げ出しているので、庶民層の生徒たちの教育環境を悪化させているのは、大きく見れば、自分たち自身だということになってしまう。庶民層の親たちの苦悩と憤りの原点には、このような事情が存在する。出口のない閉塞状況の中に放置され、わが子が社会階梯を上っていく希望さえもつことができず、怒りの矛先がわからない悪循環の中で、世代を超えて同じ運命が繰り返されるのを見るほかはないというわけである。

　この種の困難校においても、現場の教師たちは、時として「燃え尽き症候群」におかされるほど、懸命に対策を考えてきた。それでも、生徒たちを知的世界に導くことができず、実際の教育効果が上がっているとも言い難い。もちろん、庶民層の生徒が通う学校が、すべて絶望的な極限状況に置かれて

いるわけではない。しかし、その種の学校のほとんどが、真に知識を獲得させることよりも、とにもかくにも学校らしい活動を何とか成立させるために多大な労力や時間や予算を割いていることは、否定し難い事実であろう。教師たちが現状に対処しようと努力すればするほど、学校は規定の任務から「脱線」せざるを得ず、結果的に、そんな学校から脱出しようとする者を増大させることになるのである。このような状況は、今日に至るまで社会問題として公式に認知されることがなかった。そのことが、教師たちや庶民層の親たちの苦悩をさらに大きくしたのである。学校の「損傷」に直面してきた現場の教師たちは、物的な面での支援をいくら得たところで、その「修復」が不可能であることをよく知っている。だが、そのことが広く理解されず、任務ばかりが押しつけられているのだ。目の前の事態に「対処する」ことばかりに追われる教師たちが望みうることは、劣悪な状況の中で何とか「サバイバル」することのみである。今や、どの科目を教える教師であれ、その関心事は、生徒の態度や行動だけであろう。たしかに、教育学や社会学は、庶民層の生徒が主流を占める学校では知的教育よりも生活指導へと目標を移す必要があると論じている。しかし、論じられているのは、その理論的な根拠だけであって、具体的な方策はほとんど示されていないのである。

　今日、テクノクラートの業界用語で「生徒フローの制御」と呼ばれるものが、教育システムの全面的な変容に深く関わるようになっている。すなわち、教育によって各生徒の欠点を克服しようという努力が脇に追いやられ、それよりも、生徒たちが各自の適性に応じた教育段階をスムーズにたどれるようにすることが求められているのである。となると、公教育の中に——学校の関係者やその利用者たちの言い方に従うならば——何らかの「ガラクタ置場」を設置せざるを得ない。すべての生徒に対して、とりわけ庶民層の出身者に対して、「内実を伴った」教育や訓練を行おうとすれば、人的なコストも物的なコストの多大なものになろう。それに対して、現実の学校システムは、落ちこぼれ対策に力を注ぐ「ふりをしている」に過ぎない。大衆化の中でつくられた「名ばかりの修了証書」などは、社会階層の再生産にとって不可欠な手段にさえなっている。その実質的な価値が暴かれるのは、学校を去って

から後のことだという仕組みである[21]。この類の証書は、獲得すべき知識との対応関係をますます低下させつつある。そのことが、学校教育の「水準低下」を叫ぶ者や私学教育を求める者たちに論拠を提供し、さらには、労働市場による継続的かつ絶え間ない能力評価を主張する者たちの声を大きくさせてしまうのである。

　かくして、さまざまな差別化プロセスが働いた結果、同じ学校や学級には、同じような社会階層の出身者ばかりが集まる傾向が生じてきた。そして、生徒たちの学校的アイデンティティもまた、それに応じてはっきりと区別されるものになりつつある。流刑地のような場に置かれた者のアイデンティティが、どうなってしまうかは明らかであろう。庶民層の若者たちは、自らの行く末が、居住地によって、場合によっては移民家族であることを示す名前や外見によって、あらかじめ定められていることを察知せざるを得ない。そこで形成されるのは、社会から切り離された者がもつようなアイデンティティでしかなく、それが「公民精神を欠いた」行動を生み出し、時には「非行」を誘発したとしても、ある意味で当然のことであろう。だが、そのことによって、庶民層に対する周囲の眼はさらに厳しくなり、事態はどうしようもない悪循環に陥ることになる。この種の偏見と差別は、「コミュニティづくり」を正当化する口実にさえなっているのである。これほど逆説的な事態もまた、おそらく珍しいであろう。平等化を意図したはずの校区制が、居住地ごとの同質化傾向を経由して、社会的な分断と格差を助長し、さらにはコミュニティ主義をも焚きつける結果になってしまったのだ。居住地による格差がなく、どこで生まれた人間であっても平等な条件が保障されているのであれば、コミュニティづくりに躍起になる必要もあるまい。いずれにせよ、地域間の「断層」によって、要するにコミュニティという名の地理的アパルトヘイトによって、出身階層に起因する教育格差が強化され、知識の獲得に対する不平等は、縮小するどころか、逆に拡大しているのである。

3）社会的分別——ゴミはゴミ箱へ

　共和主義的な学校制度が登場した頃は、二本立ての複線教育が、庶民層と

エリート層の学歴格差を強く規定していた。ほとんどの庶民層が受けていたのが進学を前提としない無償の小学校教育であったのに対し、エリート層の子どもたちは、はじめから中等教育機関の初等課程に入学していたのである。だが、教育年数の長期化に伴って、学校制度は生徒の振り分けを少しずつ精密化していった。ただ単に、二本立て制度の中でどちらの系列に入ってきたかということではなく、入学後の「適性」や「成績」をも重視した上で、どのレベルの学科系列に進むべきかが判定されるようになるのである。当初、学校制度を経由した社会的地位の振り分けは、統計的に見れば、庶民層の就学や進学の機会、あるいはその教育環境に対して、今日と比べても明らかに良い状況をもたらすことになった。少なくとも、「教育のある人材」に対する需要が、単に上流階層の枠を外すだけでは満たせなかった「高度成長期（1945年〜75年）」においては、そのことが当てはまるだろう。だが、その時代が過ぎ去ってしまうと、社会的地位の配分過程は、かなり複雑化していくことになる。大衆化以後の単線型学校教育においても、生徒の選抜が、学科系列や履修課程ごとの分別収容によってなされていることには変わりない。しかし、そのことに加えて、建前上はすべて平等であるはずの公教育機関自体が、明白に差別化されるようになっていったのだ。出身階層の区別や移民系か否かといった区別に基づく社会的分断が、「学科系列の序列化」のみならず、「学校の序列化」を通じて、同一システムの「内部」で行われるようになったというわけである。

　ともあれ、社会的再生産の様式は大きく変わることになった。生まれによる自動的な進路配分は、もはやあり得ない。学費の有無によって学校選択が制限されるといった極端な差別や排除もまた、今では姿を消している。むしろ、わが子の教育を自由に選択することを通じて、あらゆる家族は、階層的な再生産過程に強く巻き込まれることになるのである。と言うのは、英米系の学者たちの言う「社会的マッチング」なるものによって、ほとんどの者は、まさに自由なる選択を通じて、自らの出身階層にもっともふさわしい教育機関に入るという「社会的審判」を受けることになるからである。学歴達成やその成果に対して抱き得る期待そのものが、あらかじめ階層別に差別化され

ていることは、もはや誰の眼にも明らかであろう。なるほど、学校制度が下す審判は、「社会階級」に対して超然的な態度をとる教職者が、学校内での評価のみを基準に下すという原則に貫かれている。だが実際には、この種の形式的原則ほど、暴力的な審判を助長するものはほかにあるまい。

　さらに、学校教育の市場化に起因する匿名で不可視の暴力が、それに重なることになる。そこでは、選択および競争の自由という建前の下、各家族は、自分たちがもつ競争力だけを頼りに、自分たちが期待し得る範囲内のものを獲得するために——要するにきわめて制限された形で——学校を選択することになるからである。学校制度を万人共通なものに一本化し、私学も含めて教育を無償化したにもかかわらず、それがもたらした量的拡大は、公平な教育競争を実現するに遠く及ばなかったということであろう。もはや生徒の選抜が、純粋に学校教育の枠内でなされているとさえ言えない（規制緩和と市場化を通じた「生徒フローの制御」が昂進していくと、学校が認める能力や努力や到達レベル自体が、その固有性を失ってしまう）。今日、社会的地位の配分は、さまざまな条件に縛られた家族による——建前上は——自由なる選択を、教育システムが追認し、さらには正当化する形でなされているのである。

　市場原理が学校にまで入り込むようになることは、決して小さな出来事ではない。市場の論理は、社会階層間の分断を促進し、教育の内容や目的や場所をそれに応じて差別化していく。教育に対する理解や期待や親近性や熱意が大きく異なった者たちが、市場の中で自由な選択を行い、学校がそのニーズに応えるというわけである。今や、万人に「統一的な学校制度」という基本方針自体が、その信頼を失い始めている。この不信感は、「各人にそれぞれの」学校を旨とする新自由主義的なイデオロギーを後押し、「自分たちに合った」教育を求める人々を、相互隔離的な行動に走らせているのである。市場で提供される教育「製品」が各顧客層のニーズに応えるものになればなるほど、選択段階での格差は固定化され、強化されざるを得ない。市場化は、単に不平等を生み出すだけではなく、その不平等を通じて、ますます多くの人々を、新自由主義的な発想に基づく選択へと駆り立てるのである。

5. おわりに

　新自由主義の波に晒された学校教育は、外的な社会情勢に対する直接的な従属を強いられることになる。各社会階層が獲得を望む能力を育成しながら、企業の求めに応じた人材を輩出することが、学校の新しい役割だというわけである。だが、その実現のために、学校システムが規制緩和の対象とされたことによって、保護を失った庶民層の親たちは辛酸をなめ、目標のわからないその子どもたちは無規制化し、理念を失った教師たちは当惑することになる。その対策として「生徒フローの管理」なるものが求められるのであるが、それは、初等教育から高等教育に至るまで、もっとも恵まれない階層の出身者に対して、その適性や嗜好に応える形で、もっとも親しみやすい低ランクの教育的環境を用意し、もっとも親しみやすい無益な知識を提供することにほかならない[22]。

　文化や知識や教育に縁がないために被った出発点での不平等が、具体的に与えられる教育条件や教育内容の階層格差によって強化されるという悪循環は、すでに知られている。しかし、無償制の陰に隠れてか、住居選択を経由した経済的格差の存在は、広く社会問題化されているとは言い難い。ともあれ就学率が高まり、就学年数が伸びたにもかかわらず、学校や社会で成功する条件は、むしろ不平等化しているのである。そもそも、「困難校」や「要注意校」なる分類項の登場自体が、フランスの教育システムが大きく変容したことを体現している。職業訓練の安直な導入によって困難校の教育活動を何とか成立させたにしても、それは目先の問題解決に過ぎず、本質を深慮した抜本改革ではない。もっと包括的な視点で、事態の真相を分析しなければならないのだ。いかにして、教育システムを分断する不平等な状況を食い止めるのか。批判精神や一般教養の涵養を犠牲にすることなく、学び捨てではない確固たる職業教育を実現するにはどうすればよいのか。どのようにして学校間や地域間の格差をなくしていくのか。知識や文化といったものの価値を回復するには、何をすべきなのか。学者や教育者や文化人たちが、広くその真価を発揮するには何が必要なのか。これらの問いは、どれも切り離して考

えることはできない。教育の問題は、「社会そのもののあり方」と深く関わる問題なのである。

　グローバル資本主義への適応を第一とするエリート層が求めるような、競争的で不平等な格差型モデルにこのまま従い続けるのか、それとも、この主流モデルに抵抗し、あらゆる人間の共存と連帯を可能にするような代替モデルを模索するのか。これからのフランス型教育モデルを考えるにあたっては、この根本的な問いを避けて通ることができないのである。

注

1　Laval, Christian, 2004, *L'école n'est pas une entreprise, le néolibéralisme à l'assaut de l'enseignement public,* Poche/La Découverte を参照.
2　おそらく，他の国々でも，似たような事態が生じていると思われる．
3　Merle, Pierre, 2002, *La démocratisation de l'enseignement*, La Découverte «Repères» を参照.
4　地区（セクター）による校区制の導入時，皮肉にも，それは「セクト化」と呼ばれていた．
5　Beaud, Stéphane, 2003, *80 % au bac... et après?: Les enfants de la démocratisation scolaire,* La Découverte/Poche.
6　Foucault, Michel, 1976, *Surveiller et Punir*, Gallimard.
7　Poupeau, Franck et Garcia, Sandrine, 2006, "Pour une approche systémique de la crise de l'école," in *Penser la crise de l'école?, Revue du Mauss*, n°28, second semestre, p. 124.
8　Oeuvrard, Françoise, "Démocratisation ou élimination différée," *Actes de la recherche en sciences sociales*, n°30, pp. 87–97.
9　Rapport de *l'European Round Table*, février 1995.
10　Moreau, Gilles, "Ecole: la double disqualification des lycées professionnels," in Beaud, S., Confavreux, J. et Lindgaard, Jade, 2006, *La France invisible*, La Découverte を参照.
11　Convert, Bernard, 2006, *Les impasses de la démocratisation scolaire*, Raisons d'agir.
12　*Ibid*., p.11.
13　Goffman, Erwing, 1989, "Calmer le jobard: quelques aspects de l'adaptation à l'échec," in *Le parler frais d'Erwing Goffman*, Minuit, pp. 277-300. なお，この「冷却」機能に関しては，Clark, Burton R., "The 'Cooling out' Function in Higher Education," *American Journal of Sociology,* LXV (May, 1960), pp. 569-576,（Halsey, A. H., Floud, J.

and Anderson, C. A. ((édit.), 1961, *Education, Economy and Society*, The Free Press of Glencoe, 1961. に再録) を参照.

14 Trancart, D., 1998, "L'évolution des disparités entre collèges publics," *Revue française de pédagogie*, n°124, pp. 43-54 et Préteceille, E., "lieu de résidence et ségrégation sociale", *Cahiers français*, n°314, pp. 64-70 を参照.

15 CERI (Centre pour la recherche et l'innovation dans l'enseignement), *L'école, une affaire de choix*, OCDE, 1994, Paris および Meuret, Denis, Broccholichi, Sylvain, et Duru-Bellat, Marie, 2001, *Autonomie et choix des établissements scolaires: finalités, modalités, effets*, Cahiers de l'IREDU を参照.

16 Pinçon, Michel et Pinçon-Charlot, Monique, *Sociologie de la bourgeoisie*, La Découverte, Paris, 2003 et *Sociologie de Paris*, La Découverte, Paris, 2004 を参照.

17 Maresca, Bruno, 2003, *Le consumérisme scolaire et la ségrégation sociale dans les espaces résidentiels*, Credoc, Cahier de recherche, n°184, mars 2003 を参照.

18 Oberti, Marco, 1999, "Ségrégation dans l'école et dans la ville," *Mouvements*, n°5, septembre-octobre 1999 を参照.

19 Careil, Yves, 1998, "l'école publique à l'encan," *Le Monde diplomatique*, novembre 1998 を参照.

20 Bacquet, Marie-Hélène et Sintomer, Yves, 2001, "Affiliations et désaffiliations en banlieue, Réflexions à partir des exemples de Saint-Denis et d'Aubervilliers," *Revue française de sociologie,* Avril-juin 2001, 42-2 を参照.

21 Blöss, Thierry et Erlich, Valérie, 2000, "Les 'nouveaux acteurs' de la sélection universitaire: les bacheliers technologiques en question," *Revue française de sociologie*, octobre-décembre 2000, 41-4 を参照.

22 Beaud, Stéphane, *op. cit.*, pp. 314-315.

第7章　フランス中等教育の多層性

白鳥義彦

1. はじめに

　フランスの前期中等教育を担うコレージュの課程[1]は、1975年7月11日のいわゆる「アビ法」によって、統一コレージュ (collège unique) として、旧来の複線型のものから単線型のものへと制度上再編された。これは、1946年に示されたランジュヴァンとワロンによる改革案、生徒たちを同一の「中等教育コレージュ」(collège d'enseignement secondaire: CES) に集めつつ、異なるコースに分けていた1963年のフーシェ改革などの諸段階を経て、最終的に実現したものである。しかし、当初は、統一コレージュは現実には第6級（コレージュの第1学年)[2]と第5級（同第2学年）においてしか実現していなかった。1970年代の終わり頃には、約4分の1の生徒が、コレージュ第2学年の修了時点で職業につながるコースに進んでいた [*Éducation et formations* 2003, p. 40]。その後、近年では、職業的なコースに進むことやあるいは留年することは減少し、90％以上がコレージュ第3学年相当で普通科コースに進んでいることが**図7-1**からも読み取れる。

　このように、1975年から四半世紀以上を経て、統一コレージュ、あるいは少なくともすべての生徒が共通の教育を受けるという目標が実現されてきたとも見ることが、統計の数字の上では可能である [cf. *Éducation et formations* 2003, p. 41]。しかしこのことは、現実の教育の現場において共通の水準に到達することが可能になったということを意味するものではなく、大きな多層性がいまだ存在し、この多層性への対処の1つの方策として、教育優先地域 ZEP（Zone d'éducation prioritaire) の政策が1981年に導入されたと考えること

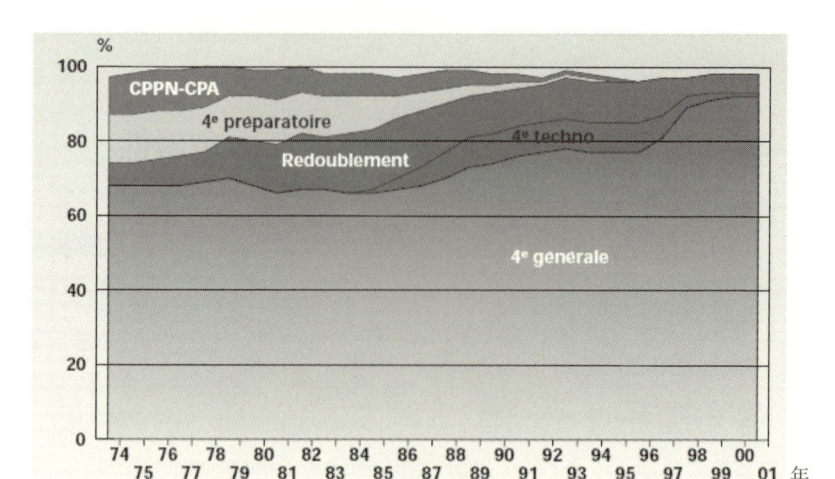

図7-1 コレージュ第2学年の生徒の進路（フランス本土、公立および私立）

* CPPN →職業前水準級 Classe préprofessionelle de niveau
CPA →見習準備級 Classe préparatoire à l'apprentissage
4e préparatoire →職業適格証［Certificat d'aptitude professionnelle: CAP］準備級第4級（コレージュ第3学年）
Redoublement →留年
4e techno →技術科第4級（コレージュ第3学年）
4e génerale →普通科第4級（コレージュ第3学年）
出所）*Éducation et formations* 2003, p. 40.

ができる。本章では、このZEPについて、「アファーマティブ・アクション」の観点との関連の中でまず考察する。

　また、後期中等教育を担うリセに目を転じると、ここには主要なものとして、普通リセ、技術リセ、職業リセの3種のものが存在している。これらは、いずれもバカロレアの取得へと導く課程であるが、普通バカロレア、技術バカロレア、職業バカロレアそれぞれの取得後の進路は、現実には大きく異なっている。本章ではこの現状を明らかにし、考察を加える。その上で、フランスの教育制度と職業との関係について、その特徴をより一般的な観点から明らかにしていきたい。

2. フランスにおける「アファーマティブ・アクション」

　社会的な差別の状況の存在を認めた上で、その差別の是正を求める方策の1つとして、アメリカなどを中心にして行われている積極的差別是正措置(アファーマティブ・アクション affirmative action)がある。これは、差別の対象となっているマイノリティの集団に対して優先的な扱いを行うことにより、そうした状況を改善していこうというものである。対象となる集団としては、黒人、ラテン系の人々、ネイティブ・アメリカン、女性、時にアジア系などを挙げることができ、またこうした措置がとられる主要な分野としては、雇用、高等教育への入学などが考えられる。

　一方、例えばトクヴィルなどによって早くから分析されてきたように、理念的に、中間集団を排して個人が直接的に全体社会や国家を構成するとされるフランスでは、このように集団を1つの単位として扱い、差別を是正するという考え方はとられにくかった。しかし近年、フランスにおいても積極的差別是正措置をめぐる議論が、アファーマティブ・アクションを指し示す語としてのディスクリミナシオン・ポジティヴ discrimination positive の語の下に行われてきている。

　ただし、アメリカ等における「アファーマティブ・アクション」とフランスにおける「ディスクリミナシオン・ポジティヴ」とは、まったく同一の概念というわけではない。では、英米やカナダといったアングロ＝サクソン系の国々でこれまで多くの議論がなされ、導入が試みられてきたアファーマティブ・アクションの考えと比べてのフランス的な特徴としては、どのようなことが考えられるであろうか[3]。

　フランスにおける「アファーマティブ・アクション」の特徴としてはまず、原則として、民族的、エスニックな出自を是正措置の対象とはしていないということが指摘される。これは、個人が直接的に全体社会を構成するという、フランス的な原理に基づくものである。ただし、現実の状況に応用するような局面においては、実質的にはこうした出自が考慮に入れられていると考えることもできる。

かわりにとられる原則は、地理的な是正措置である。失業率や、子どもたちの学業の不首尾や、市町村の財政基盤などといった基準から、ある地域の住民の平均的な社会的・経済的特徴が恵まれない状況にあると判断されるとき、是正措置がとられうる。現実には、社会的・経済的状況があまり恵まれていないがゆえに、そうした状況を基準として、移民の多い地域がこうした是正措置の対象となる可能性も高くなる。

フランスにおける「アファーマティブ・アクション」の実効的な例の1つとして、比例代表選挙に際して候補者リストに登載される候補者数を男女同数とするパリテの原則を挙げることができよう。ところでこのパリテを除いて、フランスの「アファーマティブ・アクション」的な措置は、最貧層を対象にすることが他の国々と異なる特徴的な点であるとして指摘される。アメリカ等のアファーマティブ・アクションが、差別の対象となってきた集団の中の、進学や就職を求める、比較的上層をなす部分に位置づく人々に対して措置を講ずることによって、彼ら／彼女らが動因となって、異なる集団間の格差や差別を減じていくことを求めるのと比べて、根本的な方向性の違いがそこに見出される。この意味では、フランスの場合は社会政策的な側面が強いと見ることもできよう。著名なエリート的有力校の1つであるパリ政治学院において、ZEPからの入学枠が定められたのは、「下から」ではなく「上から」対応を行おうとしたという意味で、従来のフランス的な対応とは異なる、こうした「アメリカ的」な施策の方向性をもったものとして理解することもできる。

3. ZEP——フランス的「アファーマティブ・アクション」の具体例

フランス的な「アファーマティブ・アクション」的措置の代表的なものとして、1981年に教育の分野に導入された、ZEPに注目することができる[4]。フランスでは、コレージュ全体の6.5％にあたる「非常に恵まれていない」という最下層のカテゴリーに位置づけられた329のコレージュで、管理職や企業主の子どもが6％、労働者層や無業者の子どもが65.5％、外国籍の子ども[5]が24.1％であるのに対して、コレージュ全体の8.4％にあたる「恵まれ

ている」424のコレージュでは、管理職や企業主の子どもが7倍以上の比率の45.9％、労働者層や無業者の子どもが4分の1の16％、外国籍の子どもが6分の1の3.9％という数字（2001－02年）が見出される（Toulemonde 2004, pp. 87-88）。また、移民の子弟の31％が何らかの資格も得ずに学業システムを離れるのに対して、両親がフランスで生まれた子どもの場合にはその率は14％にとどまるという数字も示される（HCI 2004, p. 21）。こうした状況の中、「学業の失敗と、学校における社会的不平等と闘う」（1981年7月1日付通達）ことを目的に謳い、格差の是正を求める措置として、地域を対象にして、教員数や予算などの面から指定されたのがZEPである。

　ZEPの歴史について、3つの大きな局面を捉えることができる[6]。第1は、1981－82年のアラン・サヴァリによるZEP創設の時期である。この高揚期においては、学業の遅れや試験への合格といった教育面での基準と、恵まれない社会カテゴリー層の集中といった社会的な基準によって、362のZEPが創設された。ここには、全国レベルで言うと、8％の小学生と10％の中学生とが含まれた。この時期の教育の状況として、バカロレアの取得者は対象世代の3分の1にいまだ限られており、また先にも見たようにコレージュ第3学年に進む生徒はコレージュ第1学年の生徒の3分の2にしか過ぎなかったことが想起される。このような数字から、当時は教育の「民主化」「平等化」がいまだ進んでいなかったことがわかる。第2の発展期は、1990年のリオネル・ジョスパンによる活性化の時期である。この時期には、ZEPの数が526に大きく増大したばかりでなく、地域評議会の創設や、地区社会開発（développement social des quartier: DSQ）の枠組みにおける都市政策との連接、特別手当を支給することでこうした地域において教育を担当することの困難さを初めて認知するといった財政的な側面によって、措置が補強された。第3は、セゴレーヌ・ロワイヤルとクロード・アレーグルの下での1998－99年の時期である。ここでは、ルーアンにおけるZEP全国大会の開催、ZEP地域の学校を、ZEPの基準には当てはまらないが地理的、社会的に近い学校と結び合わせる1999年の教育優先網REP（réseaux d'éducation prioritaire）の創設、契約政策、「中心的機関」（pôles d'excellence）[7]とのパートナーシップの推進などが行われた。

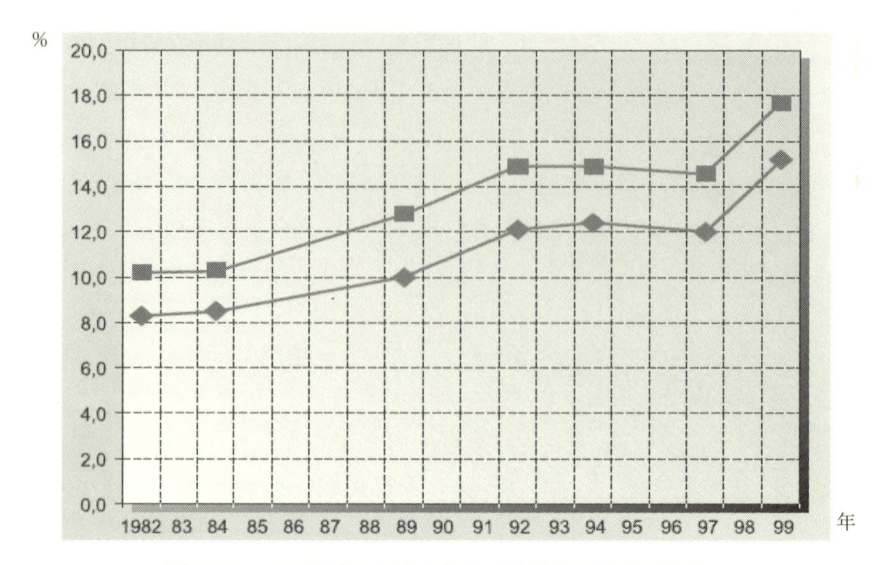

150　第Ⅱ部　先進諸国における若年就労の状況

図7-2　ZEP地域の小学生および中学生の比率の推移

─■─：中学生（％）、─◆─：小学生（％）
出所）Moisan 2001, p. 14.

またこの時期には、初めていくつかの私学がZEPに加えられた。なお、**図7-2**はZEPに含まれる生徒数の比率の変化の様子を示しており、ZEP導入期以降1992年まで緩やかに増大した後、1997年までの定常的あるいは多少の減少の時期を経て、1997年の第三の活性の時期から特に急激に比率を高めていったことが読み取れる。

　ZEPの指定は、あらかじめ定められた基準に従って、大学区（académie）と中央行政との対話を踏まえて、大学区長（recteur）によってなされる。これらの基準は、学業の失敗のリスクや、学校ならびに地域の学業的、社会・経済的な指標をもとにしている[8]。また、例えば外国出自や移民の子どもについては国籍がフランスである場合には、そのことを考慮に入れることが形式上困難になったり、あるいは都市部ではない地方でもZEPの基準に当てはめられるかどうかといったことが検討の対象となったりするなど、基準を踏まえて実際に判断を行うにはある種の微妙な問題を伴ってもいた。また、ZEP

の数が増大したことは、選抜性の弛緩とともに、ZEP の概念それ自体の希薄化ということを導いたとも考えられる。いくつかの大学区では、通学範囲が非常に広く、「地域」として捉えることが困難なリセも ZEP に指定された。これは、「地域」を対象にするという ZEP の原則からすると、非適合的なものと考えられるわけである。また ZEP が追加的な予算と教員への特別手当を得る手段であることが明らかになると、ZEP の指定を求める傾向がさらに強くなり、逆に指定をはずすという方向性は困難なものとなった。2001年では、17.9％の小学生、21.5％の中学生が REP に含まれており、ZEP の政策の目的自体がぼやけてしまうという懸念もある。180万人の生徒が ZEP に含まれているというのは、それ自体非常に大きな数字でもある。一方、地理的に見ると ZEP の分布は偏ってもいる。大都市圏を中心として、セーヌ゠サン゠ドニ県を頂点としたパリおよびその周辺のイル゠ド゠フランスや、ベルギー国境に近いフランス北部のリール大学区、イタリアに近い地中海に面するエックス゠マルセイユ大学区では、小・中学生の25％以上が ZEP に指定された地域の学校に通学しているのに対して、リモージュ、ポワティエ、レンヌ、あるいはトゥールーズといった諸大学区では、この比率は10％以下にとどまっている。また、ZEP の学校に通う中学生の60％近くが労働者あるいは失業者の子どもであり（他の公立コレージュでは平均35％）、その一方で管理職層、教員あるいは自由業の親の子どもはわずか16％しかおらず（他では37％）、そして27％が両親ともに移民出身である（他では7％）。したがって、ZEP に指定されることは、全般的な困難さをたしかに示してはいるが、その内実は多様性を包含してもいる (*ibid.*, pp. 89-91)。コレージュ第１学年の生徒の社会階層や学業水準の指標をもとにしてコレージュを６つのカテゴリーに分けると、下位の２つのカテゴリーは上位の他の４つのカテゴリーと大きな隔たりがあった。ZEP の政策はこうした状況に対応しようとするものであったが、コレージュの多層性を是正するには十分に至っていない (*Éducation et formations* 2003, pp. 44-45; Moisan 2001, pp. 20-21)。また、ZEP での教育の成否については、教員の力能が大きな影響を有するという指摘もあり (Chauveau 2001)、このことは逆に教育面での多層性を ZEP といった制度的な対応によって是

正することの困難さを示しているとも捉えることができる。

4. フランスのリセの現状

次に、フランスのリセの現状について考察していこう。

まず、国民教育省管轄下の学校によるバカロレアの水準への到達率の年次的変化は**図7-3**のようになっている。

この図から明らかなように、バカロレア水準への到達度の変化には、3つの大きな時期区分を見出すことができる。1980年代半ばまで、到達度の上昇は緩やかであった。1950年代の終わりには10％程度であったものが、1970年代半ばには約30％、1980年代のはじめには約35％であった。1984年以降、この率は急激に増大する。これは、新たに創設された職業バカロレアのコースと、従来からの普通バカロレアでの増大とに負うところが大きい。この増大傾向は1994年の67.7％を頂点にして頭打ちとなり、それ以降およそ63％前後の一定の水準で推移しており、2006年では63.2％である。3つのコースによる内訳は、普通科で約35％、技術科で約18％、職業科で約10％程度であるが、普通科とそれ以外とでおよそ半々となっており、普通科以外の相対的な比率の高さが注目される。なお、農林水産省管轄の学校、および実習といった、国民教育省管轄下以外のものを含めた、バカロレア水

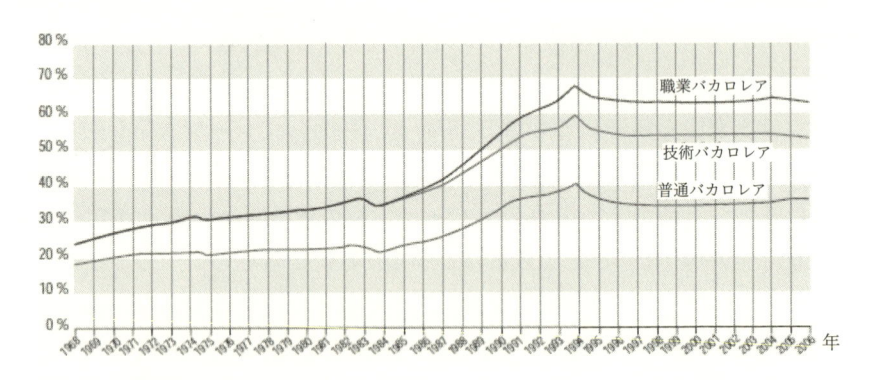

図7-3 国民教育省管轄下の学校によるバカロレアの水準への到達率の年次的変化

出所）*RERS* 2007, p. 103.

表7-1 科別、性別ごとの、バカロレア水準への到達率、2006－07年
（フランス本土＋海外県［DOM］、公立＋私立） (％)

科別	国民教育省管轄			全体		
	女性	男性	全体	女性	男性	全体
普通	41.4	28.6	34.9	41.6	28.8	35.1
技術	18.9	17.0	17.9	19.7	18.0	18.8
職業	9.3	11.4	10.3	14.0 (1)	17.6 (1)	15.8 (1)
全体	69.6	57.0	63.2	75.2 (1)	64.4 (1)	69.7 (1)

注）(1) 実習教育に関する、暫定的な推計値に基づいた数字。
出所）*RERS* 2007, p.103.

準到達率の全体的な数字は2006年で69.7％であり、こちらも最高であった1994年の71.4％から、1.5ポイントほど減少している（*RERS* 2007, p. 102）。

なお、バカロレア水準への到達に関しては、表7-1に示されるように、男女間で大きな差異を見出すことができる。国民教育省管轄に関して見れば、全体としては女性が69.6％であるのに対して、男性は57.0％にとどまっている。その差異は、普通科の比率によるところが大きいことが明らかである。

また表7-2に見るように、バカロレア取得者は、その種別によって、以後の進路は統計的に大きく異なっている。

大学、あるいはグランドゼコール準備級への進学は、普通バカロレアにおける比率が非常に高く、技術バカロレア取得者は4割以上が上級技術者養成課程に進学し、さらに職業バカロレアの場合には、そもそもその後に進

表7-2 新規バカロレア取得者の、取得直後の高等教育への登録率、
2006－07年 （％）

	普通バカロレア	技術バカロレア	職業バカロレア
大学	69.3	27.2	6.5
STS	7.8	42.5	15.5
CPGE	13.2	1.1	0.0
他の教育機関	10.8	5.0	0.6

STS: Sections de techniciens supérieurs. 上級技術者養成課程。リセ付設の2年間の職業技術教育課程。
CPGS: Classes préparatoires aux grandes écoles. グランドゼコール準備級。グランドゼコールへの進学準備のために、主にリセに付属して設置されている2年間の課程。
出所）*RERS* 2007, p. 207 より作成。

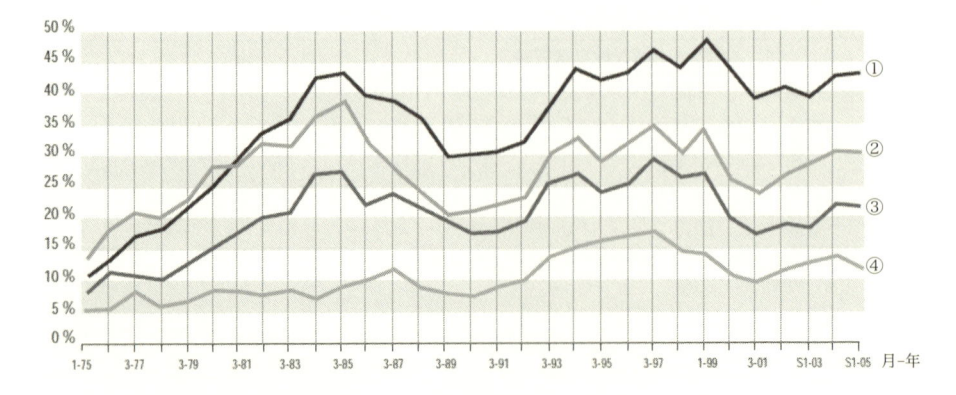

図7-4　申告された最高学歴に応じた、卒業後1年から4年後の失業率（フランス本土）

① ブレヴェあるいは学歴なし
② すべてのレベル。前年卒。
③ CAP、BEP、バカロレアあるいはその同等学歴
④ 高等教育の学歴

出所）*RERS* 2007, p.261.

学する比率自体が非常に低くなっており、このグループの進学率の合計は22.6％にとどまっている。

さらに、図7-4に示されるように、最終学歴に応じて、失業率に大きな格差が認められることが統計的に明らかにされている。

このように見ると、中等教育時からの学業の積み上げによって、結局失業に陥るか否かといった状況の可能性が変わってくることがわかる。

5. フランスの教育と職業

フランスでは原則的に、どの水準の教育まで受けたかによって、就職の可能な職業が決定されるシステムになっている。こうしたあり方を反映して、フランスの教育制度では、職業教育のなされる課程がそれぞれの段階で設けられている。それは中等教育ばかりでなく、高等教育においても見られ、技術短期大学部 IUT、上級技術者養成課程 STS、さらに大学内においても職業

学士、職業修士といった課程も設けられている。歴史をさかのぼると、1968年5月のいわゆる「5月革命」の1つの原因として、大学の社会的な位置づけの変容の中での、学生たちが感じていた就職への不安がその底流にあったとも捉えることができ[9]、職業バカロレアの導入などとともに、職業教育の強化ということをフランスの教育制度における大きな流れとして見出すことができる。また、社会的な統合のために、学校における職業教育的な側面の強化が提言されてもいる (HCI 2004)。フランスの教育制度はそもそも平等主義というよりも、各人の能力を伸ばすということのほうに力点が置かれてきており、教育制度の中の多層化ということは避け難いところがあるように思われる。それは、「統一コレージュ」が実現されたにしても、現実には ZEP に典型的に見られるようにコレージュ段階でもそうなのであり、しかもアファーマティブ・アクション的な施策が理念的にとり難い中で、その是正を目指したり、是正を有効的に行ったりすることには、多くの困難が見出されるのである。

注

1 フランスにおける教育制度の概観については、白鳥 2004を参照。基本的な学校体系は、2歳から5歳までの保育学校における就学前教育、5年間の小学校、4年間のコレージュ（日本の中学校に相当する前期中等教育）、3年間のリセ（日本の高等学校に相当する後期中等教育）、それ以降の大学その他の高等教育となっている。
2 フランスの中等教育の学年の数え方は、中等教育修了ならびに高等教育進学の資格であるバカロレアを基準に、リセ（高等学校）の最終学年が最終級、第2学年が第1級、以下学年を下がるごとに1つずつ数字が増えていくようになっている。以下、本章では原則として日本式の数え方の表記で学年を記す。
3 以下の整理は Calvès 2004 を参照している。また、小坂井 2004 は、こうした問題に関する、より広い文脈における議論として捉えることができる。宮島 2006、149頁以下なども参照。
4 ZEP をめぐる日本語での文献として、岩橋 1997、宮島 2006 などを参照。
5 フランスの教育における、移民の子どもをめぐる諸問題の概観については、Lorcerie 2004 = 2008 を参照。
6 Toulemonde 2004, pp. 88-89, Moisan, 2001, pp. 13-14 などを参照している。

7 学業の成功のための一要因として認識された社会的混成の観点から導入された「中心的機関」には、ZEPにおける教育の提供を高めること、真の社会的混成の回復あるいは維持を支援することという、2つの目的が帰されていた（Moisan 2001, p.21）。
8 当初示された基準として、非フランス語の生徒や外国籍の生徒の比率、社会職業カテゴリーや失業や子どもの人数の多い大家族の比率や1人当たりの居住面積や子どもの預け入れの頻度といった外的データ、学費補助受給者、小学校およびコレージュ第1学年での落第者、コレージュ第2学年での進路選択、学級ごとの生徒数の平均、補助教員の比率、2歳時での保育学校への就学率といったものがある。これらの基準は目安として示されており、ZEPの指定の方法や基準自体も、中央集権的な国レベルではなく、地方分権的に各大学区のレベルで定められている（Moisan 2001, p. 18）。
9 ブードン（Boudon 1969）を参照のこと。

引用・参考文献

岩橋恵子, 1997,「教育優先地域（ZEP）政策の展開とその意義」, 小林順子編『21世紀を展望するフランス教育改革――1989年教育基本法の論理と展開――』東信堂, 257-277頁.

小坂井敏晶, 2004,「開かれた国家理念が秘める閉鎖機構――フランス同化主義をめぐって」, 石井洋二郎・工藤庸子編『フランスとその〈外部〉』東京大学出版会, 105-126頁.

白鳥義彦, 2004,「フランスの教育」, 関谷一彦・細見和志・山上浩嗣編著『はじめて学ぶフランス』関西学院大学出版会, 31-48頁.

宮島喬, 2006,『移民社会フランスの危機』岩波書店.

Boudon, Raymond, 1969, "La crise universitaire française: Essai de diagnostic sociologique," *Annales: Economies, Societés, Civilisations*, 24e année, No.3, mai-juin 1969, pp. 738-764.

Calvès, Gwénaële, 2004, "Les politiques françaises de discrimination positive: trois spécificités," *Pouvoirs*, no. 111, pp. 29-40.

Chauveau, Gérard, 2001, "La réussite scolaire dans les ZEP," *Éducation et formations*, no. 61, pp. 147-151.

Éducation et formations, 2003, "Le collège unique est-il une réalité?" no. 66, pp. 39-48.

Haut Conseil à l'intégration (HCIと略記), 2004, "La promotion sociale des jeunes dans les quartiers en difficultés," *Le contrac et l'intégration*, (Rappore au Premier ministre), pp. 15-37, La Documentation française.

Lorcerie, Françoise, 2004, "Discovering the ethnicized school—The case of France," in

Luchtenberg, Sigrid, (ed.), *Migration, Education and Change,* Routledge, pp. 103-126 (= 2008, 白鳥義彦訳「エスニック化した学校の発見―フランスの事例」, 山内乾史編訳『移民・教育・社会変動』明石書店, 213-260頁).

Moisan, Catherine, 2001, "Les ZEP: bientôt vingt ans," *Éducation et formations*, no. 61, pp. 13-22.

Repères et références statistiques sur les enseignements, la formation et la recherche, 2007, Ministère de l'Éducation nationale, Ministère de l'Enseignement supérieur et de la Recherche, Direction de l'évaluation, de la prospective et de la performance (*RERS* 2007 と略記).

Toulemonde, Bernard, 2004, "La discrimination positive dans l'éducation: des ZEP à Sciences po," *Pouvoirs*, no. 111, pp. 87-99.

第Ⅲ部
社会的排除をめぐって

第8章　多文化社会における教育的受容と排除

第9章　障害者の就労と教育
　　　　──一般高校を卒業した知的障害者の事例を中心に

第8章　多文化社会における教育的受容と排除

杉本　均

1. 教育におけるメンバーシップと排除

　私たちの社会はさまざまな組織やグループからなっており、それらは誰でも加入できるものと、一定の費用負担で参加できるもの、特定の条件が要求されるものがあり、最後のケースの条件にあたるものがメンバーシップと呼ばれている。サービスの利用も同様で、無償・無条件のもの、対価（代金）を払えば誰でも購入できるものと、特定の条件が必要とされるものがある。社会生活を支える基本的な公共サービスは無償・無条件で受けられることが望ましく、その代表的なものが緊急時の医療であるが、アメリカなどでは、利用者の医療保険の種類によっては診療を拒否されたり、別の医療機関に回されたり、一定の条件が課されたりして問題となっている。

　教育もサービスの1つとして、無償・無条件のもの、対価を払って誰でも受けられるもの、特定の条件が必要とされるものがある。個人的なレッスンや趣味のコースなどは、多くの場合教育費用の負担のみが条件である。上級コースの受講に、前段階の一定の知識や技能が前提とされたり、定員に対して希望者が多い場合は選考や抽籤が行われたりすることが条件となっている。初等教育や前期中等教育段階の教育サービスは、普通教育と呼ばれるように、社会生活に必要な誰もが習得すべき共通の知識や技能を与えるものであるから、無償かつ誰もが受けられるべき性格のサービスである。しかし、この段階の教育は別名義務教育とも呼ばれるように、一定の強制力をもったサービスでもある。誰にも無償・無条件であることと、誰にも義務であることは同じことではないが、その異なる性格が同じサービスに定義されていることがさまざまな混乱を招いている。

日本国憲法の第26条には国民の教育を受ける権利と義務について、次のような文言がある。

1) すべて国民は、法律の定めるところにより、その能力に応じて、ひとしく教育を受ける権利を有する。
2) すべて国民は、法律の定めるところにより、その保護する子女に普通教育を受けさせる義務を負ふ。義務教育は、これを無償とする。

この条文からわかるように、憲法は同じ教育サービスを権利としての普通教育、義務としての義務教育として二重に表現している。この義務教育の性格は、もちろん普通教育を受ける権利を行使しない自由と矛盾する。日本において義務教育は、法律の定める学校以外の教育形態を認めない、いわゆる「就学義務」であるから、学校以外での普通教育、例えばホームスクーリングなどを受ける権利とも衝突することになる。

そしてさらに第1項では、「ひとしく」という文言で無条件のサービスをにおわせながら、「能力に応じて」という文言でなんらかの条件付きサービスの存在を想定している。ただし第1項では教育のレベルを言及していないので、教育サービスにも共通性を重視するレベルと能力や個性を考慮すべきレベルといった多様性を担保していると考えれば、この部分は自己矛盾を回避できる。しかし、また「ひとしく」という表現にも「排除」性が含まれるということについては、後に述べたいと思う。

この権利であり義務でもあるという不思議な日本の教育サービスにも、誰がその権利・義務の対象であるのかという点において、暗黙のメンバーシップが設定されている。この条文のメンバーシップにあたる表現は「すべて国民は」というものであるが、これは「国民のすべて」はメンバーシップをもつという意味にとる。この表現はたしかにかなりの多数の人が対象であるという印象は与えるが、それでも日本国内に在住するすべての住民ということを意味しない。「国民」とは日本国籍をもつものと解釈すれば、日本に在住する外国人はこのカテゴリーに含まれないことになる。そしてメンバーシップをもたないグループに対して、どのようなサービスがあるのか、どのような選択肢があるのかについては何も語っていないのである。

今日、日本に在住する外国籍の人々の人口は200万人を超え、日本の総人口に占める割合も約1.6％に達しようとしている（2005年）。日本国憲法第26条の「すべて国民」というメンバーシップは、制定当時このような多国籍からなる日本の状況は予測し得なかったとはいえ、条文上は「すべての住人」ではないことから、日本国籍をもつカテゴリーのみ、すなわち全人口の98.4％の集団に教育の権利義務というメンバーシップを与えていると解釈できる。98.4％は圧倒的に大きな比率ではあるが、100％ではない以上、日本の基礎教育は条件付きのサービスであるということになる。

日本国憲法だけではなく、下位の教育基本法や学校教育法を見ても、日本国民ではない1.6％の在住者への教育についての権利義務についての文言はないので、現実の場面において起こっている問題については、個々の行政的判断や解釈に委ねられることになる。実際、旧文部省による外国籍の子どもの教育についての判断の例は以下のようなものである。

① 外国籍の児童・生徒は日本の学校教育を受ける義務を負わない。
② 外国籍の親が子どもの公立学校への就学を申し出た場合は、地域の教育委員会は入学を許可する。
③ 入学後の待遇は日本人児童・生徒と異ならない。

①の外国人に日本の学校への就学を義務（就学義務）としないことは、日本の教育の画一性を考慮すれば大きな反対はないであろう。ただし学齢期の外国人に学校教育に限定しない何らかの形態の教育を与えることを義務とする選択肢（いわゆる教育義務）は、今日の外国籍児童の不就学の状況を改善する上で検討に値する提案であると言える。②の「希望する者があれば入学を許可する」という姿勢、すなわち「恩恵としての教育」に対して、宮島（2005, 43頁）は、外国籍の子どもへの「排除」の論理であると指摘している。この「希望する者があれば入学を許可する」という表現は、一見すべての外国籍児童・生徒に教育の権利が認められているようにも見える。しかし、実際にはそれぞれの地域で外国人の就学のためにさまざまな制約や条件が課される場合もあり、またそもそも許可されるもの（恩恵）が権利とは言いにくい。恩恵とは、与えられる側から見れば、いただくか、ありがたく辞退するかの選択しかな

い。権利ならば、教育を受ける側がどのような教育を受けるかを選択し、もし適当なものがなければ、それを準備するように要求することができるはずである。

　このことは③の、「入学後の待遇は日本人児童・生徒と異ならない」という方針にも関係してくる。すなわち、就学を許された外国籍児童・生徒は、義務教育レベルでは日本人と同じように授業料を免除され、教科書を無償支給され、経済的に困難があれば就学扶助の対象ともなる。一見、きわめて寛大で、気前のいい対応に見えるが、これは日本人と同じ待遇を受けることによるメリットのみを列挙しているに過ぎない。日本人と同じということは、言葉もカリキュラムも学校行事もすべて日本人なみにこなさなければならないということを意味している。日本語がわからない子どものために、母語の先生をボランティアではなく正規に加配したり、日本の歴史・地理ではなく母国の歴史・地理を教えたり、宗教的理由による食事の制約に対応した給食を用意したりしてくれるわけではないことを意味している。

　日本の学校への子どもの就学を希望する外国人の一部は、このデメリットを予測して、就学希望の意思表示をしない可能性は大いにあると推測される。「希望する者があれば許可する」ということは、「許可されていない者、すなわち日本の学校に入学していない者はすべて入学を希望していない」ということを意味しない。この２つの文言が意味するもののはざまにいる人々（入学を希望しているが意思表示を控えている人々）は、広い意味でのメンバーシップを正当な理由で与えられていないし、ある意味で「排除」されていると言えるだろう。

　このように日本の法律や行政の対応は、外国籍の児童・生徒に対して、明示的な排除の規定をもっているわけではなく、結果的に特定のグループにとって排除された状態が発生するという、いわゆる「間接的排除」の状況が見られる。先にも述べたように、日本の学校への外国籍児童・生徒の入学に関して、「入学後の待遇は日本人児童・生徒と異ならない」という規定は、一見無差別の政策にも見えるが、同時に無配慮の政策でもあると言える。つまり何も障壁を設けていないように見えるが、同じに扱うということは、特別の事情のある人やグループに対して、それを解決するための配慮を行わな

いということであって、事実上メンバーシップへの門戸を閉じているということになる。世界に誇る給食制度をもつ日本であるが、全員に同じメニューが出されるこのシステムは給食費用を安価に保つ上でやむ得ないことであるが、食事に特定の禁忌をもつイスラームやヒンドゥーなどの信徒には、就学への大きな不安や不便を予測させるものである。別メニューの配慮は難しいとしても、家庭からの弁当の持ち込みを許可するなどの措置を明確に就学案内などに記載すべきであろうし、そのことへの理解を同級生に徹底する必要もある。

　その意味では男女共学も西洋的な概念であり、男女隔離を一般とする文化から来た子どもたちには就学への障害となることもある。日本や欧米では、プールなどでの水泳の実技を、男女いっしょに行うことへの抵抗が問題になっている。途上国では学校を建設しても、トイレなどのインフラ設備には手が回らないことがしばしばある。特に女子にとって、満足なトイレがないということは、それだけで長時間いられる施設ではないということを意味し、登校する児童は男の子ばかりということになる。イスラーム圏では学校の教員が男性であるというだけで、女子の就学への阻害要因となるという。これも積極的・明示的に排除してはいないが、結果的にそれと同様の状態を引き起こすという点で間接的排除ということができる。

2. 公教育からの排除とオルタナティブ教育

　公教育を公共 (public) の、共通 (common) で、公的な (official) な教育と理解すれば、それは国内の価値観の異なる複数のグループに対して、公的な代表（政府）が、国民・市民が共通に備えるべき知識や資質を定義して、一定の強制力をもってそれを教授し、履修させる制度であると言える。もちろん、そのカリキュラムは個人やグループの特性や需要に応じて分化し、ある程度の選択肢（コースや選択科目）を準備することになるが、多くの国では限られた資源や人材の下で、そのカスタマイズの程度には限界があり、一部のマイノリティの意向や希望は無視されることがある。

こうした公教育を構成する3つの構成要件とされてきた、義務制、無償制、世俗性の原則について、先進国の多くにおいて、そのいずれもが自明・普遍なものであるとの認識は薄れ、さまざまな要因によって根本的な必要性の問い直しが起こり、一部において現実的な修正が施されてきている。また発展途上国においては、これらの原則の多くはそもそも成立していないか、あるいは実態とは別の建前やスローガンとしてのみ存在している場合が多いが、それらの必然性をめぐる議論はより根源的かつ社会の諸側面について包括的である。

　就学義務は、暗黙の環境として家庭のある程度の定住性を前提としている。1年を通してほぼ毎日の登校を要求するということは、年間を通じて何度も居住地を変更する子どもには不向きである。寮生活による就学はもちろん可能な選択であるが、それは親世代の生活形態と子ども世代の生活形態を切り離し、結果的に親世代にまで受け継がれてきた生活文化を破壊し、断絶させるという危険がある。この場合に問題となる移動とは、親の転勤の多い職業や地方巡業型職業というよりは、そもそも生業形態として定住地をもたない狩猟採集型・焼畑農耕型文化に属する子どもたちである。今日、その人口はかなり少なくなったとはいえ、広大な未開地を残すマレーシア、ボルネオ島にはこのような人々が移動生活を送っており、アフリカ諸国ではさらに一般的であろう。義務教育の施行はこうした人々の生活に破壊的な影響をもたらす可能性が大きい。近年まで一部の国が義務教育の導入に慎重であったのは、このような背景が理由の1つであったと考えられる。

　しかしこのような公教育の硬直性がもたらす「排除」は日本においても、欧米先進国においても無関係の問題ではない。今日、就学に特別の支障のある就学免除の児童・生徒は別にして、上記のような生活形態を理由とする不就学はほとんどないとしても、国家の規定する一定の教育理念、画一的な教育様式、あるいは教育要求になじまない、あるいは受け入れ難いという形の不登校・不就学は存在しており、例えば、わが国では2005年度中に不登校を理由に30日以上欠席した小中学生は12万2,255人に達している。総数はここ数年間微減しているが、在籍児童・生徒数も減少していることから、その

出現率は1.1％程度とほとんど変化していない。

　こうした既存の教育制度にはなじまない教育理念・教育内容や教育適性をもつ子どもたちのために、公教育の外側にさまざまな施設や機関、運動が展開しており、これらの活動を一般的にオルタナティブ教育、それらのうち学校としての活動を中心にしているものをオルタナティブ・スクールと呼んでいる。大きく分けて、オルタナティブ・スクールは、不登校児・問題児などの受け皿となる代替系学校と、欧米などの特色ある教育理念や思想に基づいて自由な教育を行おうという理念系学校、外国語による授業や国際的な教育内容・カリキュラムを教える国際系学校などに分けられる。これらの学校に対して、学校としての認知、卒業後の公教育への接続、学校補助金の支給または支給比率、各種サービスや免税措置などにおける格差が存在する場合があり、それらは結果的な公教育（メインストリーム）からの「排除」という性格をもっている。

　近年日本などでも公教育・義務教育の弾力化、弾力的運用についての検討が試みられている。わが国における義務教育制度および公立学校の弾力化を志向する動きは、中央教育審議会答申や本年の文部科学省による「義務教育に関する意識調査」などに象徴されているとおり、小中一貫校の導入検討や633制の見直し、構造改革特区や通学区域制度の弾力化など、のさまざまな取り組みが模索されている。その背後には国民に共通に必要とされる学力や資質は、必ずしも国民共通の制度によってのみ育成されうるものではない、という認識の転換があり、さらにその基礎に海外で先行するさまざまな実践や動向が影響を与えていると考えられる。

　海外においては、義務教育類型としての教育義務と就学義務の間の法制度的変動、義務教育を含む教育年限区分の弾力化や統合化、学校選択や通学の自由化や入学年齢・要件の改変を含む義務教育規制の緩和、義務教育学校の公的な性格を薄める民間とのパートナーシップの強化や民間運営委託、地方の実情に即した多様な教育運営・実践の承認など、さまざまな次元や側面における今までにない急進的な、あるいは大胆な変革や改革が進行しつつある。

　公教育を弾力化して、国家的な規制を緩和しようという傾向は基本的には

教育的「受容」を拡大させ、結果的に「排除」を減らす方向にある。しかし、すべての規制緩和・決定権限の地方委譲は、全権委任でもなければ学校や地方への無条件の信頼を意味するものではない。教育方法やプロセスにおいて大幅な自由を認めるかわりに、その教育水準、教育成果を何らかの方法によって間接的にコントロール (Quality Control)、保証支援 (Quality Assurance) しようという動きになる。こうしたコントロールは教育の入口では教員免許要件や学校施設・資産の条件の規制、教育の途中では、ナショナル・ガイドライン、ナショナル・スタンダード、教科書に対するコントロール、教育の出口ではナショナル (標準)・テスト、国際テスト、第三者による学校評価の手続きなどが挙げられる。

前述の各種オルタナティブ・スクールにとって、これらの教育の質のコントロールや保証支援は、そもそも教育達成の基準や目標が国家の設定とは異なる以上、受け入れ難い場合もあり、またこれまでその違いがある程度あいまいにされてきたものが、国家スタンダードや国際競争、外部評価などの考え方の世界標準化によって、衝突がより鮮明となる場合も出てきている、

例えばイギリスには独立学校と呼ばれる学校群に、モンテッソーリ、シュタイナーなどの理念系オルタナティブ・スクールが含まれ、基本的に公費助成を受けないかわりに教育内容や方法に関しては自由な方針が貫かれてきた。代表的な例が「もっとも自由な学校」とも呼ばれ、授業への出席義務もない A. S. ニイル (1883-1973) のサマーヒル・スクールの係争であろう。1999年サフォーク県のサマーヒル・スクールが、イギリス政府の監査により十分な教育を提供していないなどの理由で閉鎖勧告を受け、裁判にまで発展したケースもあった (梶間 2001)。

3. 宗教と市民性の葛藤と排除

メンバーシップや、その一形態である免許や資格は非常に重要な社会的装置であり、個人のもつ技能や経験を端的にラベリングする機能をもっている。われわれは自動車運転免許をもたない者が車を運転することを禁止すること

を「排除」とは呼ばない。問題はそのメンバーシップの条件が不合理な理由で設定されたり、その情報が十分に開示されない環境で設定されたりした場合である。本章ではこのようなメンバーシップによって特定の集団の権利が制約される状況を「排除」と定義する。

例えば、1996年に岡山市内に住むイスラーム教徒の日本人女性が、自動車免許証を更新する際に、宗教上の理由でヒジャーブと呼ばれるスカーフをかぶっていたために、道路交通法の運転免許用写真の条件「無帽」に違反するとして免許の更新を拒否された例がある。イスラーム戒律においては成人女性は戸外において手と顔（顔前面部や場合によっては目）以外を他人の目に晒してはならないという教えがあり、そのためにスカーフ等の遮蔽装束を着用して外出している。この戒律の合理性については、異教徒である筆者が判断する立場にはなく、ここでは論じないが、イスラーム教徒女性（ムスリマ）にとって信仰生活上欠くべからざる重要な実践であるという点を確認しておく。

ここでは、私たちの社会において誰もが尊重すべきもっとも基本的な２つの原理が対立していることに気づく。１つは、その社会の安全を維持するために設定された法律を遵守するという原理。この場合、運転免許証の写真は、ハンドルを握っている人物が安全な運転能力と経験があることを認められた人物であることを証明するもので、帽子やサングラスははずして、できる限り多くの本人確認情報を小さい写真に残す必要がある。すなわち最終的には社会の安全と人命を守るための法治の原理である。一方、人前で女性がスカーフをかぶるのは、ファッションではなく、自己の信ずる宗教の戒律に従うこと、すなわち宗教の実践であり、それは他の誰からも制約を受けないという信教の自由の原理に基づいている。この２つの原理は社会のさまざまな場所や機会において強調されており、それらに反対する人や、それらの重要性を否定する人はいないであろう。問題はこのケースにおいて、この２つの根本的原理が正面から衝突しているということである。信教の自由を貫けば道路交通法、すなわち人命の尊重の原理に違反し、道路交通法を遵守すれば信教の自由が侵害されることになる。どちらも大切であるというのはたやすいこ

とであるが、両者がわれわれに正反対の行為を要求する場合（裁判などに持ち込まれて司法の判断を求める以外は）、それらを統合するより上位の原理を自明に持ち合わせてはいないことに気づくのである。

このような基本原理の衝突が学校教育という場で起こったのが、フランスの公立学校である。1989年、フランスのパリ郊外のクレイユにある、ガブリエル・アブス中学（公立コレージュ）において、3人のイスラーム系女生徒がスカーフを着用して授業に出席してきた。それを見た当校校長が、この3人の女性徒の行為は、フランスの公立学校が遵守すべき、公立学校の世俗性の原理に違反するとして、スカーフを取らない限り出席を禁止したという事件である。この場合、日本の運転免許の話と異なり、スカーフをかぶって授業を受けることは、それだけで社会の安全や人命に危険を及ぼすというものではない。しかし、フランスは1905年の政教分離法の制定以来、フランス社会の基本原理とされてきた、公共の場における世俗性の原理、いわゆるライシテの原理が強調されてきた。フランス社会では宗教的信仰の意味が重要であるがゆえに、かえって公立学校を含む公共の場において、不要な対立を回避するために、宗教的な儀式や宗教的な紋章の掲示が禁止されてきた。学校教育（公立）を宗教的議論の泥沼から何とか解放しようという校長や各教員の長年の努力に対して、この3人の女生徒たちの行為はそれを踏みにじるものに見えたのである。

その結果、イスラーム団体がこの校長の行為を個人の信教の自由への侵害として批判し、フランスの保守的世論がそれに反応し、社会を二分する論争に発展し、文部大臣ジョスパンによる次のような通達にまで及んだのである。すなわちジョスパンは「宗教的な信仰は個人的事柄であり、その自由は認められなくてはならない。しかし学校はすべての生徒が差別なく受け入れられるところであるから、すべてのイデオロギー的あるいは宗教的圧力は排除されなくてはならない」として、校長の対応を支持したのであった（池田 2001, 148-149頁）。すなわちフランスの公立学校と行政当局は、公教育におけるフランス市民というメンバーシップを狭く定義し、その概念にはずれる（ライシテの原理に従わない）グループを排除するという決定を下したことになる。

市民の起源は古代ギリシアの都市国家にさかのぼり、祖国の防衛という義務を負う成人男子に限られた特権的な身分であった。その伝統を引き継ぐフランス共和国の市民とは、池田（2001, 166-182頁）によれば、フランス共和国の理念を共有できる者、すなわち国家的団結への自覚的賛同を要求する点で、「よそ者を排除する構造」をもっているという。またそのための政治的統合を維持するために、宗教を政治や公教育から切り離すという、公共の場での宗教的な中立性（世俗性）が要求されることになる。

　一方で自由・平等・博愛を標榜するフランス共和国憲法は、「出生、人種または宗教の差別なく、すべての市民に対して法のまえの平等を保障」しており、上記の理念を共有する前提において、個人の文化的特質や多様性（信教の自由）を認めている。この受容と排除の両立を可能にするために、フランス市民は私的領域においては自由に自他の信ずる宗教的信仰の追求を認めながら、公的領域においては市民としての共有価値の実践と宗教的中立性を求める、いわゆる「公私の峻別」が暗黙のうちに求められている。近年に至るまで、フランスはこの「公私の峻別」に基づく、公的領域での宗教的中立を維持することによって、宗教戦争にまで発展しかねない公的価値観の選択の問題を回避することに成功してきたのであったが、北アフリカからを中心とするイスラーム系移民の流入とその社会的顕在化に伴い、多くの場合その最低の共通合意さえも成立し難いグループに直面することになったのである。

　イスラームは宗教であるとともに、信者の生活のすべての面にわたって影響を与える世界観であるとも言われる。1日5回の礼拝を義務とする戒律からも察するとおり、人が目覚めてから眠るまでのすべての時間をアッラーとの関係において意識化することを要求しており、そもそも公私（世俗）を峻別するどころか、区別することさえも否定する性格をもっている。このような宗教を信奉する女生徒にとって、授業におけるスカーフ着用は当然の信仰上の実践であるが、その信仰をもつという理由からではなく、その信仰を公的場において形式的にでも保留できないという性格において、フランス社会の要求する市民（受講者）としてのメンバーシップから排除されるに至ったという事件であった。

その後の現状においてフランスは、このグループに対して両面的な結論を提示しつつある。すなわち、2003年、リール県にフランス本土で初の公費補助イスラーム系高校（アヴェロエス校）を設立し、「アラビア語」と「宗教」の科目を設ける大きな例外を認めることによって、安価なイスラーム公教育がないという、イスラーム側の反論を封じた上で、2004年10月、「宗教シンボル禁止法」を通過させ、ユダヤ教の帽子や巨大な十字架とともにイスラーム系スカーフやベールの公立学校での着用を禁止し、これによって実際に、フランスの公立学校でスカーフ着用の女子生徒が退学処分になったという。

少し状況は異なるが、イギリスにおいては1978年に、シク教徒の生徒がキリスト教系私立中学校にターバンをかぶったまま登校し、入学が拒否された、いわゆるグリンダー事件が起こっている。（松井 1994, 3-21頁）また日本の学校においても、剣道授業を拒否したエホバの証人信徒生徒の問題などが挙げられる（下村 1996, 150-164頁）。いずれも、信教の自由と公教育の義務性や公共性との衝突の事例である。

4. 排除の是正と是正による排除

本章冒頭で述べたように、社会的組織への参加、サービスの受給には特定の資格や条件に基づくメンバーシップが設定されている場合があり、その条件の設定の根拠が合理的である限り、それは「排除」とはみなされないとした。しかし、その組織が許容できる定員やサービスの供給能力には限りがある場合があり、その参加・受給の資格や条件を満たし、かつその参加・受給を希望する人々の数が定員を上回った場合、抽籤、競争、選抜といったスクリーニングが行われることになる。一般にこうしたスクリーニングが機会均等の環境の下で合理的な手順によって行われる場合、それによって一部の人々が落選・敗退・不合格などの処遇を受けることがあるが、これも「排除」とは呼ばれない。

問題は、抽籤は別として、こうした競争・選抜によるスクリーニングには、公正な手続きを装って、実際には公表されている基準以外の志願者の属性や

環境が直接・間接に影響を与える場合があり、その社会を構成するサブグループごとの通過率（合格率・採用率）に差が生まれることがある。この差がかなり可視的で不自然である場合、何らかの「排除」が起こっているとされる場合があり、またその不公正を矯正するために、特定のグループに対して、選抜上の優遇措置がとられる場合がある。

　こうした不自然な格差の認識とそれを矯正しようとする措置が高等教育の入学選抜において行われてきた国の例として、アメリカ合衆国のアファーマティブ・アクション、マレーシアのブミプトラ政策、インドの指定カーストなどに対するリザベーション政策などが挙げられる。この場合、不自然な格差を生んでいるとされる背景は、主として特定グループの経済的劣勢、社会的被差別、家庭の教育的環境の欠如、主流派によって支配された学校エートスと選抜におけるバイアスなどが挙げられるが、その影響のメカニズムはきわめて複雑かつ不可視的であるため、多くの場合、その原因を軽減・解除しようという努力よりは、結果的な数値上の通過率の格差を強制的に改善するための特別入学枠、すなわちクオータ・システム（割り当て制）がとられる場合が多い。こうした政策によって、根本的な原因を解決することなく、最終的な数値のみが矯正されるために、多くの場合それによって新たに恩恵を受けない別のグループの不合理な「排除」、すなわち逆差別の問題が生ずることになる。

　ここでは東南アジア、マレーシアの例を見てみよう。マレーシアはその人口3,300万のうち先住系のマレー系人口が約6割を占め、残りの4割は19世紀末より移住してきた中国系移民の子孫（華人）とインド系移民の子孫からなっている。イギリス植民地期より、マレー系の人々の多くは地方において農業を営み、イスラームを信奉していた。一方、移民系の人々は都市部を中心に商業を営み、宗教的には多様であった。イギリス植民地政府はマラヤにおいては例外的に教育事業に積極的で、マレー語の初等学校を各地に設立するとともに、いくつかの英語ミッションスクールを政府に移管し、最高学府としてマラヤ大学をシンガポールに設立した。これらの英語学校とマラヤ大学が現地人から中間官吏を養成するエリート教育ルートとして成立した。

しかし、もとミッションスクールの英語学校にイスラームのマレー人が子どもを通わせるには抵抗があり、またその多くは都市部に設立されていたので、農村部に居住するマレー系の多くにはそのアクセスすら困難であった。20世紀初頭の英語学校の生徒に占めるマレー系の比率はわずかに6％、独立後のマラヤ大学の学生においてもマレー系は2割程度に過ぎなかった。マレーシア独立後に政権を握ったマレー系指導者は、国家の最高学府における先住民族の劣勢は、将来にわたって職業構造の民族的分離をもたらし、その結果として民族間の経済格差を永続化させる危険があると認識した。

　そこで1970年代より、先住民優遇政策であるブミプトラ政策に乗り出したマレーシア政府は、国内の私立大学の設立を事実上禁止して、マレー語による国立大学を設立するとともに、その入学試験における定員の約7割をマレー系学生に割り当てるという極端なクオータ・システムを導入した。その際の政府の導入の論理は、当時の国立大学におけるマレー系の劣勢は、イギリスの植民地政府における英語学校の設立が都市部に偏在していたこと、それらがもとミッションスクールからの移管であったこと、また政府のマレー語初等学校の設立が、かえってマレー系を農村におしとどめたこと、などの複合的要因によるマレー系のエリート教育機関からの排除であった、という主張であった。

　その後、国立大学を中心としたマレーシアの高等教育機関学生数におけるマレー系の比率は目覚しく改善し、1970年代に50％、1980年代には70％に達した。これはマレー系の主導する政府が多数派である自らのグループを社会的弱者と位置づけて、積極的な差別（優遇）政策を自らに対して行った結果であった。一方でいくつかの問題が生じた。

　まず、大学の入学水準に民族間の差が生まれた。これはクオータ・システムを採用する選抜制度のあるところでは必ず生ずる問題で、優遇されていないグループの志願者は優れた成績の者でも不合格になる場合があり、不公平感が蓄積していく。いわゆる逆差別と呼ばれる状況で、かつて「排除」されていたのとは別のグループの者が「排除」されるという弊害が生まれる。この政策に対する政府の根拠は、かつての英国植民地政府によってなされた教

育政策の不公正を、今日において補償するためであると説明される。しかし今日、この政策の犠牲となって「排除」される移民系の大学受験者には、かつての英国植民地政府の行為に対して何の責任も負い目もない人々である。「なぜ植民地政府の罪をわれわれ移民の子孫が償わなくてはならないのか」という訴えは、この問題の不理尽さを物語っている。

マレーシアの場合はさらに、同様の政策を行ったアメリカやインドとも異なる特質がある。それは優遇政策の対象とされるグループが人口の6割を占める多数派であり、政権を握っていることである。アメリカの黒人のように、人口的にもマイノリティ（約1割）であり、政治的にも経済的にも劣勢であるグループとは立場が違うことである。またクオータによる割り当て定員の比率が7割というのも特異である。アメリカのように大学入学に1割のクオータ（黒人枠）が設定されても、残りの9割の定員である程度不満が吸収できるが、マレーシアのように人口の6割のグループに7割の合格を割り当てると、残りの人口の4割のグループには3割の定員枠しか残されておらず、その「排除」率は単純に計算しても4人に1人という比率である(杉本 2005, 192, 193頁)。

マレー系の主張は、過去に不当に高等教育から排除されてきた補償を求めるには、優先入学枠は人口比と同じ6割では、将来的な専門職や中間層人口のマレー人比率を高めるには十分ではなく、人口比率を超えた優先枠が必要であるというものである。一方で、移民系は、自分たちに責任のない過去の清算のために設定された優遇枠のために、狭くなっている自分たちの定員枠は現状において新たな「排除」を生み出していると主張している。言い換えれば、マレーシアにおいては過去に行われた「排除」と、現在の「排除」がともに是正を求めて衝突しているということになる。

5. おわりに

このように教育における「排除」の概念はきわめて広く多様であり、またその境界線はかなりあいまいである。本章では、問題は教育サービスへのメンバーシップの条件が不合理な理由で設定されたり、その情報が十分に開示

されない環境で設定されたりしたことにより、特定の集団の権利が制約される状況を「排除」と定義した。しかし本章1で見たように、無償・無条件の教育サービスにも、隠れたメンバーシップが設定されている場合があり、少数の外国籍や移民に間接的な排除が行われている場合がある。また本章4で触れたとおり、教育サービスの受給希望者がサービスの許容力あるいは定員を上回る場合には、抽籤、競争、選抜が行われる。これそのものは「排除」ではないが、選抜が競争結果をもとに行われる場合、その競争の環境の公平性や機会の均等が保証されていない状況でのメンバーシップの付与には、「排除」が起こりうることを示した。

また「排除」は個人を対象に行われる場合もあるが、多くはその個人が属するグループ単位への「排除」として起こる場合が多い。本章2では、国家が各国の公教育を、国民すべてに共通で公的な性格の教育という形で規定する場合があり、それにそぐわない、あるいはなじまない教育理念や教育実践をもつ学校や教育機関は、組織単位でそれから「排除」されるケースがあることを示した。また本章3では、国家がその公教育のメンバーシップを市民性の理念から定義する場合があり、その市民性の理念に相入れない世界観をもつ宗教グループとの関係が、今日大きな問題となってきていることを示した。

この問題で議論が分かれる点としては、ある教育サービスがたとえ前記のような条件に一致して「排除 (exclusion)」であると判定されても、「排除」そのものがただちに「違法 (illegal)」あるいは「差別 (discrimination)」であるとは断じられない、という点である。「排除」はあくまでメンバーシップの設定による区別であり、社会におけるメンバーシップの加入条件は基本的にその設定（設立）者が行い、その条件はメンバーにおいて合意されていれば、必ずしも合理的である必要はないのである。そのメンバーシップを与えられなかった者がいくら反対しようが、抗議しようがどうにもならないことである。どんなにお金を出しても入会できない会員制団体というものがあっても、それ自身違法ではない。

この点に関して、前述のイギリスのグリンダー事件の裁判における控訴審

判決(1982年)のデニング判事の言葉を思い出す。判事は、イギリスにあるヌーディスト・ビーチの例を引き合いに出し、「あくまで海水着の着用を言い張る人間がヌーディストの村に入ることは拒否されてもいたしかたなく、また裸体主義を信奉する一団が一般の海辺に立ち入ることを認められなかったといって異議申し立てをすることはできない」(松井 1994, 11頁)し、「その理由は問われないか、またそれが理にかなっていようがいまいと」(同上)かまわない、と述べたのである。

それは、本章に取り上げた事例の多くが裁判や高度な政治解決にまでもつれ込んでいることを見ても、この問題が複雑で、微妙な性格をもっていることを示している。しかし、彼の言うように学校もヌーディスト・ビーチと同じだろうか。やはり基礎的な教育サービスにおいて「排除」が望ましくない根拠は、教育の公共性であり、無償性(あるいは他の種類の教育に比べて安価な性格)であり、アクセスの容易さ(数が多いため通学や参加が容易であること)という基本的性格において、他のメンバー制組織とは異なると考えるべきであろう。もし、イギリスの海岸のすべてがヌーディスト・ビーチに指定され、しかも高額の入浜料を請求されたら、デニング判事も意義を申し立てたことであろう。

引用・参考文献

池田賢市, 2001,『フランスの移民と学校教育』明石書店.
梶間みどり, 2001,「イギリスにおける学校設立の法的基準と多様化する教育の公共性—サマーヒルスクールの提訴が示唆するもの」『オルタナティヴな教育実践と行政の在り方に関する国際比較研究 (中間報告事例集)』(科学研究費補助金基盤研究(B)2 報告書)(研究代表者 永田佳之), 国際オルタナティブ教育研究会, 183-202頁.
柴沼晶子・新井浅浩編著, 2001,『現代英国の宗教教育と人格教育(PSE)』東信堂.
下村哲夫編, 1996,『学校の中の宗教：教育大国のタブーを解読する』時事通信社.
就学事務研究会編著, 1993,『就学事務ハンドブック』第一法規出版.
末藤美津子, 2002,『アメリカのバイリンガル教育：新しい社会の構築をめざして』東信堂.
杉本均, 2005,『マレーシアにおける国際教育関係—教育へのグローバル・インパ

クト』東信堂.
永田佳之,2005,『オルタナティブ教育：国際比較に見る21世紀の学校づくり』新評論.
法務省入国管理局,2007,「平成18年末現在における外国人登録者統計について」.（http://www.immi-moj.go.jp/toukei/index.html）
松井清,1994,『教育とマイノリティ：文化葛藤のなかのイギリスの学校』弘文社.
宮島喬・太田晴雄編,2005,『外国人の子どもと日本の教育：不就学問題と多文化共生の課題』東京大学出版会.
宮島喬・加納弘勝編,2002,『国際社会2：変容する日本社会と文化』東京大学出版会.
文部科学省,2005,『義務教育に関する意識調査』.（http://www.mext.go.jp/b_menu/houdou/17/06/05061901/gimukyouiku.htm）
―――,2006,『学校基本調査』.（http://www.mext.go.jp/b_menu/toukei/001/06121219/index.htm）

第9章　障害者の就労と教育
―― 一般高校を卒業した知的障害者の事例を中心に

堀家由妃代

1. はじめに

　東大は広くて清掃が大変です。安田講堂、三四郎池、赤門、正門、本郷通り、図書館前、バス停を掃除しています。

　これは、東京大学施設部保全課環境整備チームで働く知的障害者が、学内報に寄せたメッセージである。東京大学では、2006年4月よりバリアフリー支援室を設置し、学内の障害のある学生・教職員のサポートを行うことに加え、知的障害者の積極的雇用促進の取り組みとして、10人の知的障害者を環境整備のスタッフとして雇用している。

　障害者雇用促進法の改正や障害者自立支援法により、障害のある人の就労をめぐる法整備は急激に進んでいる。例えば、障害者雇用促進法の2005年の改正では、精神障害者に対する雇用対策の強化、在宅就業障害者支援制度の創設、障害者福祉施策との有機的な連携、ジョブコーチ等の助成金制度の拡充などが強調されている。また、障害者自立支援法では、「就労移行支援」と「就労継続支援」が新しいサービスとして導入されている。

　制度的な改革が進んでいるだけでなく、障害者の就労をめぐる一般の人々の認識もまた、前向きな方向に変化してきていると言えるだろう。先の東京大学の例を見ても、いわゆる障害者雇用率（民間企業1.8％、特殊法人等2.1％）の達成だけでなく、障害のある人の社会参加への関心が一般的に高まっていることを受けての大学の経営戦略の1つと見ることができる。

　しかしながら、そうした人々の関心も、「障害者も働くことができる」というレベルにとどまるものであり、決して「障害者が労働の即戦力になる」

という積極的な見方でないことは容易に推測できる。人々の関心は高まっても、実際に障害者雇用率の達成は全国レベルでいまだ困難な状態にあり、特例子会社を設立する企業の伸びも低い。それは、「障害者」という言葉が、その人固有の実態を離れて、労働とは無縁のイメージを有する、別の言い方をすれば、「生産性」や「効率性」あるいは「競争」といった世界に身を置かない人々としてみなされているからにほかならない。

けれども、この世の中を生きる人として、障害のある人も可能な限りの社会的自立を強いられていることは自明であり、そのゴールのほとんどは「就労」に置かれている。そのために学校教育でも就労支援をめぐるさまざまな取り組みがなされている。

本章では、障害のある人、とりわけ知的障害者の就労と教育の問題の実際を、具体的な事例をもとに検討していきたい

2. 障害者の就労の実態

ここでは、いくつかの統計データを示して障害者の就労の問題に迫りたい。その中で、一般の高卒者と知的障害者を含む養護学校高等部卒業者の就職状況等を比べる試みも行っている。データは比較に値しないと思われるものもあるが、それは、健常者と障害者のそもそもの人数的な割合の違いや、個別のデータはあるものの、「就労」をめぐって健常者と障害者を比較した調査が少ないといった制約のためである。したがって、本章では、そうした制約の下での比較検討にならざるを得ない状況にあるということを先に述べておく。また、本章における統計データの位置づけは、あくまで参照程度のものであり、具体的な事例の検討が本章の主要な課題であることも加えて述べておく。

さらに、こうしたデータを検討する際、考慮すべき点として、一般の高等学校に在籍する知的障害生徒の存在がある。大阪府のいくつかの高校をはじめとして、全国の公立・私立高校の一部では、知的障害のある生徒を何らかの形で受け入れるシステムが整備されている。システムとして機能していな

くとも、さまざまな事情により一般の高校に在籍している知的障害生徒が若干数存在していることも含め、彼らが一般高校のデータの中に含まれていることには一定程度の注意を払うべきである。

1）高卒者の就労状況と養護学校卒者の就労状況

まずはじめに、一般的な就労の状況について概観する。一般の高等学校卒業者の就職内定率は95.8％（平成18年3月卒）で、平成14年3月卒の90.2％から一定の伸び率で上昇、改善の傾向が見られる（文部科学省『学校基本調査報告書』）。しかしながら、若年失業者の数は現在139万人にものぼり、完全失業率は平成17年で4.4％と、15年前の2倍（平成2年は2.1％）、10年前の1.5倍近く（平成7年には3.2％）になっており、ここ数年の推移を見ても、高水準を維持していると言える（総務省『労働力調査』）。これは、景気の上昇と「職に就く」ということが必ずしも若者の中で結びついていると言えないことを示している。

他方、盲・聾・養護学校高等部卒業者の就職率を見てみると（表9-1）、平成17年度は盲・聾・養護学校全体で20.5％、その内訳は盲学校が17.0％、聾学校が34.4％、養護学校が20.1％となっている（日本発達障害福祉連盟編 2006より）。ここ数年の就職率の推移を見ても、全体として、平成15年までの下降傾向からの一定の回復は示しているものの、養護学校においては規則的な

表9-1　盲・聾・養護学校高等部（本科）卒業者の就職率の推移

(各年3月卒業者)

区分	昭和55年	昭和60年	平成2年	平成7年	平成12年	平成13年	平成14年	平成15年	平成16年	平成17年
盲学校	% 30.2	25.5	27.6	18.3	13.7	12.6	13.3	11.9	11.9	17.0
聾学校	49.7	48.5	47.6	37.0	33.9	31.4	29.3	25.5	31.5	34.4
養護学校全体	43.3	31.7	35.5	29.1	23.0	21.8	20.3	19.3	20.1	20.1
知的障害養護学校	57.9	37.8	40.7	33.4	27.0	25.5	23.7	22.4	23.2	23.2
肢体不自由養護学校	24.5	19.2	20.2	13.0	7.4	6.5	6.6	6.0	6.4	6.1
病弱養護学校	5.8	8.5	18.6	18.0	8.6	8.0	6.1	10.1	13.0	10.3
盲・聾・養護学校全体	42.7	33.0	35.7	29.2	23.2	22.0	20.5	19.4	20.4	20.5

出所）日本発達障害福祉連盟編 2006より筆者が作成。

伸びは見受けられず、一般の高卒者と同じような傾向を示しているとは言い難い。

また、一般の高卒者が職に就いていない理由は「自信がない」「行動力不足」（ともに16%）などであるというデータがある（ジョブカフェ・サポートセンター「ジョブカフェ・キャリアカウンセラー調査」より）。それに対して、障害者が職に就いていない理由は、「就職先が見つからなかった」が1位で47.6%、次が「その他（職業訓練校等に進学）」23.8%となっており、「自信がない」という理由はほんの数％にとどまっている（総務省 2003より）。

こうしたデータ（表9-2）からわかることは、健常者が「自信がない」という"個人的な事情"により、職に就くことをある意味積極的に回避している

表9-2 養護学校卒業時未就職理由（複数回答）

(単位：人、%)

区　分	総数	男女別		障害の程度別		
		男	女	重度	重度でない	その他
就職先が見つからなかった	20 (47.6)	13 (50.0)	7 (43.8)	3 (42.9)	17 (50.0)	0 (0.0)
職場実習先の雰囲気になじめなかった	3 (7.1)	1 (3.8)	2 (12.5)	1 (14.3)	2 (5.9)	0 (0.0)
体力的に自信がなかった	2 (4.8)	1 (3.8)	1 (6.3)	0 (0.0)	2 (5.9)	0 (0.0)
自分の好きな仕事がなかった	1 (2.4)	0 (0.0)	1 (6.3)	0 (0.0)	1 (2.9)	0 (0.0)
仕事が難しかった	1 (2.4)	0 (0.0)	1 (6.3)	0 (0.0)	1 (2.9)	0 (0.0)
職場が自宅から遠かった	1 (2.4)	1 (3.8)	0 (0.0)	1 (14.3)	0 (0.0)	0 (0.0)
給料など待遇が悪かった	0 (0.0)	0 (0.0)	0 (0.0)	0 (0.0)	0 (0.0)	0 (0.0)
その他（職業訓練校等に進学）	10 (23.8)	9 (34.6)	1 (6.3)	1 (14.3)	8 (23.5)	1 (100)
その他（職業訓練校等への進学以外）	3 (7.1)	2 (7.7)	1 (6.3)	1 (14.3)	2 (5.9)	0 (0.0)
無回答	8 (19.0)	4 (15.4)	4 (25.0)	2 (28.6)	6 (17.6)	0 (0.0)
実回答者数	42 (100)	26 (100)	16 (100)	7 (100)	34 (100)	1 (100)

出所）総務省 2003より筆者が作成。

のに対し、障害者は、本人が望んでも受け入れ先がないために職に就くことができていないという状況にあるということである。もちろん、受け入れ先がないということは「(本人に)労働力があるかどうか」という"個人的な事情"と関連している可能性は否定できないが、それは「(本人に)労働力があるとみなされているか」という雇用側の見立ての問題であるとも言える。

　次に、一般の高卒者と養護学校卒者の両者について、彼らが職に就いたあと、それを継続させることができているかについて見てみたい。高等学校卒業者の離職率(3年以内に離職)は、平成13年で48.9%、平成9年から50%弱を維持し続けている(厚生労働省『新規学校卒業就職者の就職離職状況調査』より)。そして、離職に関しては、自発的理由が圧倒的に多いのが特徴と言える(厚生労働省『平成12年版労働経済の分析』より)。

　他方、養護学校卒業時就職者の3年在職状況は64.0%であり(総務省『障害者の就業等に関する政策評価書』より)、そこから離職率を単純に見積もると36%になる。これは、一般の高卒者よりかなり低い離職率を示している。加えて、離職理由を見てみると、会社の倒産や解雇など職場の都合が50%ともっとも大きな理由となっており、自発的理由より非自発的な離職が多いことがわかる。

　以上のことから、一般の高卒者に比べ、障害のある人の就職は依然として困難な状況にあること、また、一般の高卒者が本人の意思や意欲などによって就職そのものや離職を選択している傾向があるのに対し、障害のある人は就労に関する一連の営みを健常者ほど自身ではコントロールできない状況にあることがうかがえる。

2) 知的障害者の進路と就労

　以下、障害者の中でも知的障害のある人に焦点を絞り、就労状況について見ていく。『発達障害白書2007年版』によると、平成17年3月に知的障害養護学校高等部を卒業した生徒は9,899名で、そのうちの23.2%が就職者、3%が職業能力訓練校などの教育訓練機関等入学者、58.6%が社会福祉施設・医療機関入所者、0.8%が大学等の入学者、14.5%がその他となっている。

第9章　障害者の就労と教育　183

　一般の高卒者の進路は、平成17年現在で（短大を含む）大学等進学者が47.3％、専修学校等・入学者が27.1％、就職者が19.1％、無業者が6.6％（文部科学省『学校基本調査報告書』）であり、両者の進路はまったく異なった様相を示していることがわかる。

　当然のことながら、知的障害者は大学等のアカデミックな領域へのアプローチが困難なため、高等部を卒業した時点でその多くが就職をゴールとした社会的自立を目指すのであるが、一般就労が困難な場合が多く、授産施設や作業所といった社会福祉施設や医療機関への入所が全体の半数以上を占めることになる。こうして多くの知的障害者は、授産施設や小規模作業所などで働く、いわゆる「福祉的就労」の従事者となる。福祉的就労と一般就労のもっとも異なる点は、前者が労働基準法や最低賃金法などで保障されないことであり、したがって、その実質的差異は、賃金格差として顕著に表れる（その格差はおおむね10倍と言われている）。先述した法整備をはじめとして、福祉就労から一般就労を目指す就労支援の動きが国や自治体で検討されているが、実態として劇的な変化が見られているということはない。また、15％近くある「その他」は、多くの無業者を含む在宅の障害者の存在を示している。

　知的障害者のうち就職した者の職種について見てみると（**表9-3**）、平成17

表9-3　知的障害養護学校高等部（本科）卒業者の進路

（平成17年3月卒業者）

性別	専門的・技術的職業従事者	事務従事者	販売従事者	サービス職業従事者	保安職業従事者	農林漁業作業者	運輸・通信従事者	生産工程・労務作業者				その他	計
								小計	製造製作作業者	定置機関運転・電機作業者／機械運転・建設機械運転	採掘・建設・労務作業者		
男	人 9	人 26	人 172	人 363	人 2	人 44	人 63	人 800	人 612	人 8	人 180	人 96	人 1,575
女	14	14	103	252	1	15	11	263	211	1	51	52	725
計	23	40	275	615	3	59	74	1,063	823	9	231	148	2,300

出所）日本発達障害福祉連盟編 2006 より筆者が作成。

年度はもっとも多いのが生産工程・労務作業者で全就職者の半数近くを占め、その次にサービス業、販売業などが続いている。

3. 学校教育における就労支援

　以下では、知的障害者の就労に対して学校教育の場——具体的には特別支援学校高等部と一般の高等学校——でいかなる支援がなされているかについて、インタビューデータ等を中心に検討する。

1) 知的障害養護学校における就労支援——X支援学校での取り組み——

　知的障害養護学校の教育課程は「各教科（生活、国語、算数、音楽、図画工作、体育）」「道徳」「特別活動」「自立活動」および「総合的な学習の時間」からなるが、指導形態としては、領域や教科を合わせ、「生活単元学習」「作業学習」「日常生活指導」「遊びの指導」などとなる。そのうちの作業学習がいわゆる就労に直結するようなプログラムを提供することになる。作業学習は、特定の職業に就くことを意図した職業教育ではなく、作業活動を学習の中心に据えながら、生徒の働く力や生活する力を高めること、職業人・社会人として必要な知識・技能・態度の「基礎」を身につけさせることをねらいとしている。

　作業種目を選ぶときの主な要件としては、生徒にとって教育的価値の高い作業活動等を含んでいること、地域性に立脚していること、生徒の実態に応じた段階的指導ができること、障害の実態が多様な生徒が取り組める作業活動を含んでいること、共同で取り組める作業活動を含んでいること、作業活動に参加する喜びや完成の成就感が味わえること、作業内容が安全で健康的であること、原材料が入手しやすく永続性があること、生産から消費への流れが理解されやすいことなどがある。こうした要件を満たした作業種目が全国で扱われており、代表的なものとしては、農耕、園芸、木工、織物、印刷、洗濯、調理などがある。昨今では専門的な職業教育を行う学科（職業学科）を設置する学校も増えてきている。

　ここで、筆者が聞き取りを行った特別支援学校「X支援学校」での就労保障の取り組みについて紹介する。X支援学校は、数年前に開校した新しいタ

イプの特別支援学校であり、職業教育を教育の柱とした、高等部のみの学校である。食品生産や園芸、ビジネスのノウハウなどを、1学年当たり50人ほどの知的障害生徒が学んでいる。教育課程としては、基礎的な学力をつける「普通教育」に加え、「職業に関する専門教科」が学習時間の半数を占める。以下、インタビューデータの一部（メモ）を記載する。

＜メモ＞

●職業実習、就労先の確保について

　就職100％を目指して、夏休みに教員が地元の企業を中心に300カ所以上実習の依頼に足を運んだが、実習許可が得られたのは30数社。そのうち、実際の就職につながりそうなのは、4、5社と非常に少ない。

　実習を断られる理由は、①安全面、②衛生面、③受け入れ経験がない、④現場が外にある、こと。①は、工場などでは事故が起こりやすいという理由で見学すら断られる場合が多い。②に関して、企業との話の中で、知的障害者には衛生管理能力や衛生観念そのものが低いと見られているような印象を受けた。それを逆手にとって、学内の食品加工では、徹底した衛生管理を学習させ、送り出してやろうと学校側は考えている。③は、そう言われてしまえば終わり。④は、清掃サービス会社などは、現場に出ていろいろな作業をするので車での移動を伴う。その際の事故、責任問題がつきまとうので断られやすい。作業内容そのものは生徒の適性に合致しているので実習をさせられないことは残念である。

●職業教育中心の教育課程について

　カリキュラムを遂行してきて感じることは、結局、職業科高校のような学習をやってしまっていて、職業訓練にはなっていない気がする。職業訓練としては、いわゆる礼儀など、職能の基本の習得を目指すことにしている。自分の職業専門の授業では、指示通りの作業をしなさい、指示に素直に従いなさいということを徹底しているつもり。ところが、職業専門の授業で座学が増えているので、職業科高校のように職業に関す

る知識の習得を目指しているようなところがある。一般教科の時間にすることをもう少し厳選し、専門科目ですることとのバランスをとることが大事だと思う。

●学校としての就労支援の課題

　ねらいは、「使いやすい」子。10できなくても、5でも休まない子だと、雇用側としては使いやすいのではないか。本校に15歳で入学してくる生徒たちは生活経験を増やし生活力をつけ、就労意欲をもつことが大事だと思う。就労意欲につながるようなものを、学校で培うのは難しい課題である。

　学校として、どのような力をつけたらいいのか、就労の目標が設定できない。通常学級にいる生徒は本人に目標が見えてくる。どんなふうになったら就職できるのか、例えば自転車に乗れたほうがいい、履歴書を書きたいというのが、周りの健常の生徒の姿から、目に見える形で「目標」として見えてくるようになる。

　X支援学校での聞き取りからは、まず第一に就職先の確保の困難さがわかる。300カ所以上を足を使って回っても、実習先として受け入れてもらえる企業は1割しかなく、ましてや実際の雇用となると、数社しかないのが現状であるということである。実習受け入れ拒否の理由を考察してみても、知的障害者に対する理解不足が顕著に表れている。事業者側として障害者雇用への関心がある程度高まっていても、実際に自社で受け入れをするという現実に直面すると、さまざまな制約が伴い、実現が困難になるということが推測される。

　もう1つの課題が、目標設定である。聞き取りに応じてくれた教員は、前任校が一般の高校であったため、そこでの経験と比較し、特別支援学校の限界について述べている。それは、就労意欲や目標は、実際の生活の中でより明確になってくるものであり、意図的な教育活動として意欲を喚起させたり目標を設定させたりすることは非常に困難であるということである。とりわ

け、自身で明確な目標設定をすることが困難であると思われる知的障害者の場合は、健常者との関係の中で具体的な就労のイメージをつかむことが可能になることを、前任校での経験からこの教員は痛感しているのである。

2) 通常学級に在籍する知的障害者の就労支援──Y高校の進路保障

　他方、一般の高校教育における知的障害のある生徒への就労支援は、基本的には一般の生徒に対する就労支援と同じものであると考えるのが妥当である。学校種別などにもよるが、前述した養護学校のような作業学習を積極的に行うことは高等学校のカリキュラムの制約上、困難であると考えられる。障害者職業総合センターによる研究報告書『知的障害者の学校から職業への移行課題に関する研究』は、通常学級に在籍する知的障害者の進路問題や、実際に就労を実現した事例の検討などを行っているが、その中でも「通常学級に在籍する知的障害者にとっては、職業的社会化が不十分なままで卒業していく」という指摘がある。しかしながら、報告書にある事例は、いずれも一般的な高校入試を経た生徒であり、就労の問題に直面するまで自身や保護者が障害者であるという認識のない生徒、つまりかなり軽度な知的障害者のケースであったと考えられる。もちろん、こうした生徒の問題はまさに昨今の特別支援教育のターゲットとされている事柄であるが、本章では、本人や保護者の認識も含め、その生徒に明らかな知的障害があることをふまえた就労支援を行った学校の事例を取り上げたい。

　先にも少し触れたが、大阪府の一部の高校では、知的障害のある生徒を別枠入試で受け入れており、筆者もそのうちの2校でフィールドワークを行っている。ここではそのうちの1つであるY高校の就労支援について述べる。

　Y高校は開校当初から、知的障害のある生徒を人権教育の文脈で受け入れてきた。それは、高校での知的障害生徒受け入れが、大阪府の取り組みとして制度化する数十年も前からのことである。生徒の障害の程度はさまざまであるが、原則的には原学級保障を基本に、健常の生徒と共に学ぶことを彼らへの教育の柱としてきている。就労支援としては、進路保障の一環としてほかの生徒たちと同じような支援を行ってきているが、そうした支援に加え、

地域などで個別のケース会議を開いたり、独自の就職先の確保に努めてきた。以下は、Y高校の特別支援コーディネーターが、ある研究報告会に寄せたものである（匿名性を高めるため、一部筆者が修正）。

　　Y高校は創立以来100名以上の障害のある生徒が入学・卒業しており、「共に学び、共に育つ」ために原学級保障に取り組んできた。2001年度から調査研究校として知的障害のある生徒2名の別枠募集が始まり、2006年度から自立支援コースが設置され3名の募集枠が設けられた。現在は一般入試合格者も含め、障害のある生徒は12名在籍しているが、軽度発達障害も含めると数はもっと多い。
　　障害のある生徒の進路状況を見ると、企業就職が少なく福祉就労が多い。また、近年は大学進学希望が増加する傾向にあり、大学にも自立支援コースが欲しいという声もある。進路支援策として、全学年で「Y施設」（授産施設）にて夏季休業中に早期就労実習を行っている。また、インターンシップも全学年で実施しており、3年生は長時間の実習も行っている。さらに、2005年度から3年生に選択科目として「自立活動」を設定し、校内で作業実習を行ったり、日常生活に必要な知識技能を習得させている。しかし障害のある生徒の状況は個々に違っており、基本的に対応はケースバイケースである。
　　これまで、企業就職できたのは、早期就労実習等により勤労観や知識技術が身についており、本人の適性・能力に見合った求人があったケースである。卒業後に職業訓練校に進学して就職できなかったケースや、いったん就職したが退社して「Y施設」に入所したケースも多い。
　　企業就職に関しては、企業と養護学校の連携があるため普通科高校の求人が少ないことや、就労条件の厳しさ、同一企業へ生徒を継続的に就職させることの困難さという課題がある。また、就労のためスキルを身につけさせるために実習を増やすことは、これまでの原学級保障の取り組みとの両立という面でジレンマを感じている。

Y高校のコーディネーターは、早期就労実習や就業スキルの重要さに触れつつ、それを普通高校で充実させることの困難さについて語っている。これは、先の研究報告書において指摘されていた、職業的社会化の問題とも関連している。しかしながら、Y高校では本人の能力やスキルは課題とされているが、意欲の点については触れられていない。X支援学校の教員の話にもあったように、就労意欲に関しては、一般の学校ではさほど意識しなくとも仲間関係の中で自然と身につけられるものであるため、教員の中で課題として認識されないのかもしれない。

　X支援学校、Y高校ともに共通して指摘されているのが、企業就職（一般就労）の困難さである。Y高校でも地元の企業を中心に進路担当者が実習先・雇用先を開拓しているが、障害者の就労をめぐる地域と学校の連携に関しては、いずれの学校においても不十分な状態にあることがうかがえる。しかしながら、昨年度このY高校を卒業し、企業への就職を果たした数名の知的障害者がいる。受け入れ先は特例子会社をもつような企業ではなく、これまで障害者受け入れの経験も皆無に近いようなところである。実習先の開拓すら困難な状況において、そのような企業での就労がいかなるプロセスを経て達成されたのであろうか。

4. 知的障害者を雇用する視点——Z運輸における事例から

　以下では、昨年度Y高校からの知的障害生徒を雇用した「Z運輸」におけるインタビューデータについて検討する。インタビューの対象者は、Z運輸の取締役員A氏、雇用された当事者であるBさん、Bさんの職場の先輩にあたるCさんである。Z運輸は、関西を拠点に、運送・物流などを広く扱う企業である。創業30年以上になる会社で、スタッフは主に物流の運転手、倉庫での作業員、事務に分かれる。Z運輸では、かつて聴覚障害者を採用した経験があったが、その人は半年ほどで離職し、それ以降、障害者を意識的に採用する機会はなかったということである。Z運輸は、これまで中途採用を

中心的な人的資源としてきたが、数年前に物流センターを新しく設置し、その際の人材確保に苦慮した結果として新卒の高卒採用を検討、そこにY高校からの情報が入ってきたということになる。Bさんは現在、倉庫での商品管理の仕事に従事している。

<メモ>
――A氏（雇用側）への聞き取りから――
　Y高校との交渉の際、先生が、うちの希望者の中に障害のある生徒がいることを遠慮がちに伝えてきたが、僕は「ええやん。とりあえず連れてきて」と言った。僕らは人で困ってきた。正直、言い方は悪いけど「誰でもよかった」。本当に誰でもよかったんです。こちらは言われたことをできる子であればそれでいい。障害があっても仕事をしてくれさえすればいい、と思った。面接をしたところ、あまり受け答えはできなかったが、これまでの高卒の子も同じような態度だったので特に気にしなかった。オーナーも福祉に関心があり、断る理由がなかった。

　うちは、中途採用が多くいろんな人が来る。例えば大学病院の歯医者さんをやっていた人など。みんないろんな事情があるねんなという感じがする。これまでもいろんなやつがおったため、（Bさんらのことを）特別に感じていない。いろんなやつがおるのは「しゃあない」。仕事が遅いのも「しゃあない」と思っている。（Bさんについて）作業の時間はかかるが、仕事はまじめにやる。さぼらない。さぼることを思いつかないのだと思う。うちに来るやつはマトモなん少ない。「普通ってどこまで普通なんか。おまえらのほうがよっぽどいい」と言ってやりたい。学校も採用の前後でサポートしてくれている。早くから実習に送り込んでくれるなど。

　仕事のノウハウ・技術はこちらで教える。学校での特別な訓練は必要ない。社会に出て学ぶことのほうが多いから。学校は今までどおり普通の教育をしといてくれたらいい。あえて学校でしてほしいことと言えば「礼儀」。家で習うようなこと、例えばあいさつなど。間違ったときに謝

ることも大事。本当は家庭教育でするべきところだが、最近それができない家庭もある。

　もちろん、会社としてもこれ（障害者の受け入れ）がプラスの実績になればいいと考えている。障害者雇用を謳っている会社があるが、内実がどうなのか。1年に100人雇ってますよというより、毎年1人ずつ10年雇うほうが値打ちがあると考えている。

　（労働者の姿勢として）学校は、先生にお金を払ってるから、多少のことはしてもらって当たり前。会社では金をもらうのだから、それなりの覚悟で仕事をしてもらわないと困る。この世界は、「いややったらやめたらええ、こっちは何も損せえへん」という世界。

——Bさん（当事者）への聞き取りから——

　1年半。仕事は慣れた。会社の人はいい人多い。「今日はサッカーあるから見ていけ」と言われて一緒にサッカー見る。（1つ下の高校の後輩の）面倒を見るようにCさんから言われている。給料は14万ぐらい。水・土休んでるからちょっと下がった。お金はまだ使ってない。お父さんが銀行に入れてくれている。少し食費に使うのと、後はいろいろ……（使い道は）言われん。友達はまだできないけど、彼女ができた。同じ会社。一ヶ月ぐらい前からメールしてる。会社までいっしょに行ってる。休みの日が合わない。休みの日はいろいろ、ぶらぶらしてる。（行き先は）公園とか、わからん。しんどいことは、今のとこはない。ハムがあるときはしんどかった。重たい。

——Cさん（会社の先輩）への聞き取りから——

　（Bさんについて）他のスタッフから、作業スピードが遅いなどの少しのクレームはあるが、自分はそういうもんだと思って対処している。確かに仕事を覚えるのは遅い。みんなが1ヶ月でできることが3ヶ月かかるかもしれないが、そういうつもりでやっている。それは仕方がないこと。間違いを間違いと言えなかったり、間違いが探せなかったりするこ

とが多い。Bさんとは1年半でやっとしゃべれるようになった。これからやなと思う。

　Z運輸でのインタビューデータは、障害者の就労と教育の問題に関して、いくつかの重要な示唆を含んでいると考えられる。
　はじめに、雇用されたBさんのこれまでの育ちと、Z運輸という職場の雰囲気のマッチングの問題がある。インタビューを行ったとき、筆者ははじめ、A氏のなめらかではあるがやや乱暴な語り口調に戸惑った。職場の雰囲気や人間関係は就労の維持にとって非常に重要な要素である。このような荒々しいやりとりが展開される職場で、Bさんはどのように過ごしているのだろうという不安を感じた。当然のことながら、話が進むうちにA氏の語りに透けて見える職場への思いや従業員への愛情などが伝わり、そうした不安は解消されたが、やはりこのような雰囲気の中で仕事を続けていくことが難しい人も多いのではないだろうかと考えられた。例えば、「いややったらやめたらええ」というような、率直で一見乱暴に聞こえる言葉がけに対しても、その言葉に隠されているメッセージ —— それは時に鼓舞や激励といったことを示すのであるが —— を理解した対応ができるだけの柔軟さを備えていなければ、職場での人間関係を維持することは難しい。
　そこで、Bさんが体験してきた高校生活に注目しなければならない。Bさんが学校生活を過ごしたY高校は、一般の高校であるが、そこにはさまざまなバックグラウンドを抱えた生徒たちがたくさん来ていた。必ずしも障害のある仲間に理解がある生徒ばかりではなかったため、Bさんは相手によって臨機応変な態度をすることや、粗暴な発話やふるまいにもその真の意図を推し量り、柔軟に対応するような術を知らず知らずのうちに身につけていたに違いない。したがって、Z運輸での人々のやりとりを耳にしても、さほど不適応を起こすことなく過ごすことができているのではないかと考えられる。
　次に、BさんがZ運輸に雇用された経緯について検討したい。Bさんの採用には、Z運輸がかねてから一企業としてなんらかの社会貢献をしたいという希望があったことと、人材不足に苦慮していた結果として新卒の高卒採用

を決定したことが関連していた。それだけではなく、Z運輸ではこれまで中途採用者を多く雇用してきたため、A氏の話にもあるように、さまざまな理由でZ運輸にたどり着いた「いろんなやつ」がいた。Z運輸はそうした人々を雇い入れ、労働従事者として育てていくノウハウもすでに有していたということになる。そのような条件が重なり、Bさんの受け入れがなされたということがある。

　さらに、もっとも重要な点は、Z運輸が人材確保に苦慮する過程で障害者の採用を検討したということである。A氏の話では、採用の対象は「誰でもよかった」とされている。しかしながら、「はじめに」でも少し述べたように、「障害者」という言葉は、労働からもっとも遠いところにある人というイメージを有しており、それは、Y高校との交渉の中で、Z運輸に対して教員が「遠慮がちに」障害生徒の存在を伝えているというエピソードからも明らかである。そのような人々を採用の対象にするには、別の企業戦略的な意図が働いていても不思議ではないのであるが、A氏はただ「誰でもよかった」を繰り返している。労働の文脈から排除されている「障害者」というカテゴリーを「誰でも」の中に含めていることこそ、A氏（Z運輸）の障害者に対する積極的な理解の姿勢がうかがえるのである。先にも述べた、Z運輸の「いろんなやつ」を受け入れてきた経験が、仕事のノウハウだけでなく、マイノリティに対する柔軟で積極的なものの見方を生み出してきたのではないかと考えられる。

　こうしたものの見方は、ほかにもA氏の「しゃあない」や、Cさんの「そういうもん」といった言葉からも読み取れる。「しゃあない」という言葉は、Cさんの「仕方がない」という言葉とほぼ同義であると考えられる。基本的な言葉の意味としては、物事や人に対するあきらめや妥協を含み込んだ理解ということになり、文脈から推測してCさんの「そういうもん」という言葉も同じようなニュアンスであると考えられる。一見すると、これらの言葉はBさんに対するネガティブな評価のように感じられるが、そこには大前提としての「受容」がある。企業の利益や仕事の効率、生産性などを考慮した上で、それでもほかの誰でもない、Bさんを職場のスタッフとして積極的に受け入れることを前向きに考えた場合の「しゃあない」であり、「そういうもん」な

のである。ほかの人に比べて仕事を覚えるのに時間がかかったり作業自体が遅かったりする、ありのままのBさんを「しゃあない」、つまり当たり前のこととして受け止め、共に働くことを選択した人々のものの見方が、現在のBさんの就労を支えているのである。

今回のBさんの雇用は、双方の利害が一致した「偶然」の産物かもしれない。しかしながら、先にも述べたように、障害者はそもそも「労働」という言葉から距離を置いた存在とみなされており、したがってそうした利害関係においてすら、はじめから排除されている場合が多いのではないだろうか。そのような状況において、Z運輸が彼らを雇用の対象として受け入れ、彼らの障害に関しても自明のこととみなしてくれたことは非常に重要なことである。

5. おわりに

以上、障害者の就労と教育の問題について、統計資料や具体的な事例をヒントに検討してきたが、そこからはいくつかの課題が見えてきた。それは、「社会の認識」と「学校教育の限界」とに大別できる。

社会の認識の問題については、X支援学校の実習先確保のエピソードや、Z運輸での障害者受け入れのエピソードに見られたものである。X支援学校のエピソードにおいて、企業が実習を断る理由の中には、知的障害者に対する明らかな偏見や、彼らを労働の文脈から排除しようという意図が働いていたように思われる。そこには、既述してきたように、労働という社会的営みとの関係において「障害者」というカテゴリーそのものが抱えさせられてきたイメージの問題が潜んでいる。反対に、Z運輸ではそこに居合わせる人々が、そうした一般的なイメージに揺さぶられない、実際の経験（具体的な人と人との関係性）に基づく認識を有していたことが、Bさんの就労を支える重要な要素となっていた。社会的なカテゴリーの問題は、共に居合わせることでかなりの程度解消されていく、別の言い方をすれば共に居合わせることでしか解消されない問題なのである。

次に、学校教育の限界について述べたい。「3. 学校教育における就労支援」

でも述べたように、障害者の就労をめぐっては、学校教育においてさまざまな取り組みがなされてきている。しかしながら、こうした取り組みの実践の際には、雇用側のニーズという観点からその内容を検討することが重要である。端的に言うならば、Z運輸のA氏が述べているように、学校教育で特別な職業教育はさほど必要ではないのである。これは、障害者職業総合センターの報告書『知的障害者の就労の実現と継続に関する指導の課題』においても一定程度明らかとなっている。各々の就業先に100％合致した技能、あるいはどの職場でも通用する職業スキルの習得を学校教育で目指すことは不可能であり、それよりはむしろA氏が「礼儀」という言葉で語ったようなソーシャルスキルの学習をすることのほうが重要なのである。

また、そのようなスキルの獲得について、学校教育、とりわけ特別支援教育においては「スモールステップ」で学習させようとする傾向が強いが、人間が意識的・無意識的に実践している社会的な行動が、常にそのようなスモールステップの学習を経て達成されるとは限らない。例えば、「買い物ができるようになる」という目標を達成するために、「お金の計算ができる」「道がわかる」「一人で店に入れる」「店員とやり取りができる」などの課題を設定して学習させることがある。しかしながら、そうした学習支援よりも、周りの多くの友達がすでに買い物ができるようになっていることに自身で気づいて焦りを感じたり、家族が危機的状況に陥ったときに自身が必要性を感じたりするなど、個々の子どもたちの中にその活動の意図と目標が明確なものとして認識されることのほうが重要なのである。これは、いみじくもX支援学校の教員が最後に述べていた、就労支援の目標設定の問題とも関連している。こうした問題は、「学習」という営みそのものの性質とも関わることであり、多くの生活課題を抱える障害のある子どもの教育を考える際、再度検討すべき重要な問題である。

さらに、本章で取り上げたBさんの就労意欲についても触れておかねばならない。前述したように、Bさんは一般の高校で育ってきた。Bさんが高校1年のとき、「高校生になったからX使った式とかしなあかんしな」と筆者に語ったことが思い出される。Bさんには知的障害があり、高校数学を習得す

ることは困難と思われたが,「Xを使った式＝高校生らしさ」という意識を強くもっていた。Y高校では、そのニーズを引き受けてBさんに方程式をチャレンジさせ、見事マスターさせた。スモールステップでは到底たどり着けない「飛躍」である。就労に関しても、高校3年生になって周りの生徒の「履歴書がうまく書けない」「内定もらった」「面接が難しい」といった声を耳にし、自身の目標を明確にしていくことができたのではないかと思われる。Bさんにとって当時、「履歴書」「内定」などの言葉の意味はわからなかったが、自分の仲間が就職に向けて動き出している、何となくソワソワしているといった雰囲気を敏感に感じ取ることはできた。X支援学校の教員も指摘していたように、そうした雰囲気を感じることができることこそ、一般の学校の良さであると言える。

　最後に、本章では検討できなかった、残された課題についても少し触れておく。それは、企業の具体的な「教育力」についてである。本章の事例では、Z運輸は「いろんなやつ」を受け入れるノウハウをもっていた。障害者の就労支援のためには、そうした雇用側が経験上積み上げてきたノウハウの内実の詳細な分析・検討が必要となるだろう。また、本章で取り上げた事例はいずれも一般就労に関するものであった。先にも述べたように、障害のある人の就労支援を考えるときには、福祉的就労の問題や、不就労の問題がつきまとう。いわゆる重度の障害者にとっての「労働」とは何か。働くことの意味から問わねばならない。さらに、「はじめに」で触れたような、障害者の就労支援を促進する目的でつくられた「障害者自立支援法」や「障害者雇用促進法」なども、施行される前から多くの批判が集中しており、課題は山積している。

　障害者の就労と教育の問題については、「障害のある人が職に就くこと」に関する人々の認識や前提を問うことから始めなければならない。

引用・参考文献
NIVR調査報告書 No.34, 1999,『知的障害者の就労の実現と継続に関する指導の課題』日本障害者雇用促進協会障害者職業総合センター.

NIVR 調査報告書 No.42, 2001,『知的障害者の学校から職業への移行課題に関する研究』日本障害者雇用促進協会障害者職業総合センター.
厚生労働省 HP.（http://www.mhlw.go.jp/bunya/koyou/shougaisha.html）
国立特殊教育総合研究所 一般研究報告書, 2005,『知的障害養護学校における職業教育と就労支援に関する研究』独立行政法人国立特殊教育総合研究所.
小畑耕作, 2006,「養護学校高等部の現状と進路実態から見た専攻科の意義」『障害者問題研究』第34巻第2号, 93-99頁.
総務省, 2003,『障害者の就業等に関する政策評価書』.
総務省統計局 HP.（http://www.stat.go.jp/data/roudou/）
東京大学広報委員会, 2006,「学内広報」No.1338.
中村義行・大石文博編, 2006,『増補版 障害臨床学』ナカニシヤ出版.
日本発達障害福祉連盟, 2005,『知的障害者就労支援マニュアル Q&A』社団法人日本発達障害福祉連盟.
――――編, 2006,『発達障害白書 2007年版』日本文化科学社.
文部科学省 HP.（http://www.mext.go.jp/b_menu/toukei/001/index01.htm）
山口洋史, 2004,『これからの障害児教育』佛教大学通信教育学部.
山下浩志, 2006,「共に学び, 共に働くための支援が問われている」『福祉労働』No.133, 54-64頁.

第Ⅳ部
若年就労の国際比較

第10章　OECD 諸国における教育・職業訓練と労働市場の比較

第11章　中東北アフリカ地域における女性労働の現状と課題

第12章　デリーにおける包括的な教育の取り組みによるストリート・チルドレンを含む働く子どもたちへの教育

第10章　OECD諸国における教育・職業訓練と労働市場の比較[1]

小川啓一・田中伸幸

1. はじめに

　教育と雇用の関係は、発展途上国のみならず先進国でも重要な課題である。OECD諸国においても例外ではない。なぜなら人的資源の継続的発展と労働力の技術の向上はOECD諸国における持続的革新と経済発展にとって必要不可欠なものとなっており、OECD諸国は低い技術をもった、あるいは技術力のない労働者の雇用可能性の改善に向けて、活発な労働市場政策に当然に焦点を当ててきた[2]。理論的に考えれば、高いレベルの教育を受ければ受けるほど雇用される機会も増え、高所得の職業を得ることができる、と考えられている。しかし、大学を卒業しても就職ができないという現状が多くの国で見られる[3]。また、大学を卒業した若者だけでなく、高校卒業者の就職問題も深刻な問題でもある。

　そこで本章では、OECD諸国における教育・職業訓練と労働市場の現状と課題を分析するために、OECD諸国における労働市場の環境を、産業構造、賃金、失業率の観点から考察した後、後期中等教育、高等教育、職業訓練教育、そして徒弟訓練制度それぞれと労働市場の関係に焦点を当て、比較分析を行う。

2. 労働市場

　ここでは、OECD諸国の労働市場を概観することを目的とする。生徒が通う学校が労働力の供給源であるとすると、労働市場は労働力の需要源ということができる。逆に、労働市場を労働機会の供給源と考えると、学校を卒業、

修了する生徒は、それらの機会を需要する側となる。両者は密接に関連しているがゆえ、労働市場の状況を議論することは非常に重要であると考える。労働市場に関しては、第1に、産業構造について概説し、次に、賃金動向について把握する。そして最後に、失業率に関する考察を行う。

1) 産業構造

労働市場で重要となるのが、その産業構造である。各国内の産業構造がどのようになっているかという現状分析、あるいは将来どのように変化していくのかという予測は、労働力の受け入れ側の動向として大切になってくる。つまり経済発展のための人材育成と産業構造はセットで考える必要がある。

例えば、日本労働研究機構（2003）がドイツの失業率を考察する際に、失業率の原因を経済成長の伸び悩みを第1に挙げるとともに、構造的な問題も指摘している。「トレンド予測」のデータを参照にして、産業構造の変化の影響により、製造業全体で100万人、農業で17万人、エネルギーおよび鉱業で10万人の雇用減少を想定しているとしている。さらに、製造業の中でも特に雇用の喪失が目立つ分野として、鉄鋼、機械および自動車工業における19万4,000人の減少などを挙げている。一方、サービス業に関しては逆に雇用増（180万人）としている。

このように、産業構造の変化により、雇用数の増減が生じることから、技術力のミスマッチの解消に注目することに加え、産業構造の変化を踏まえて、将来の雇用数の予測をすることも、適切な質および量の人材を育成するにあたり、非常に大切になってくるのである。

2) 賃　金

次に、賃金について説明する。ここでは、特に、労働者の学歴別、産業別、雇用種別の賃金に焦点を当て概観する。また賃金の比較の延長として、労働者の所得に関しても見ることにする。若者の雇用展望は、賃金レベルに潜在的に敏感である。OECD諸国は、政府あるいは集団合意（collective agreement）によって設定された何らかの最低賃金を決めているが、最低賃金のレベル

はOECD諸国によってまちまちである[4]。また、賃金は、若者が学校を離れ、労働市場に参入するときに、重要な要素となってくる。学校自体を選択する際には、将来予測される賃金に影響され、労働市場に入る際には、多かれ少なかれ職探しおよび職の選択を決定する[5]。

① 学歴別賃金

　労働者の賃金を学歴別に見た場合には、一般的には、高い学歴を保有する労働者ほどその賃金が高くなる傾向が見られる。例えば、ハンガリーにおける労働賃金の変化の分析においても、初等教育を修了した人よりも高等教育の学位を保有している人のほうが、より高い収入を稼いでいるのが自然である。この高学歴による利点は、1992年／93年においては、高等教育の学位保有者の収入が、初等教育修了者の収入に対して21％から30％多かったのに対して、1996年には42％多くなった。またシニアエグゼクティブの収入は、半技術あるいは技術労働者の収入に対して、1992年／93年においては、64％多かったが、1996年には80％から100％増までにもなっている[6]。

　ベルギーにおいては、収入ギャップが見られる。労働市場参入当初においては、中等教育修了者は大学卒業者の収入の75％を稼ぎ、3年の労働市場経験を経た後では、この値は70％になり、10年後は59％、20年後は55％となっている。つまり、キャリアが進めば進むほど、学歴による収入格差が拡大しているということになる[7]。また、トルコにおいては、都市部の労働者の収入を比較すると、初等教育修了資格を保有している労働者の収入は、労働者全体の平均収入の72％しかなく、中学校修了資格を保有している労働者の収入は、平均収入の87％となっている。一方、高等学校修了資格保有者の収入は平均収入の106％、大学修了資格保有者の収入は平均収入の186％となっており、学歴が高くなればなるほど、収入のレベルが高くなっていることがわかる[8]。

　その他のOECD諸国においても、高学歴のほうが収入が高くなることが明らかとなっている。OECD (2001)では、1999年／2000年において、フルタイム労働者の収入を、前期中等教育修了者の平均収入と、高等教育修了者

の平均収入が、後期中等教育修了者の平均収入と比較するとどのような状態であるかを男女別に分けて分析している。それによれば、分析対象となったアメリカ、フランス、イギリス、オランダ、デンマーク、スウェーデン、イタリア、カナダ、ドイツ、日本において、程度の差はあれ、高等教育修了者、後期中等教育修了者、前期中等教育修了者の順で平均収入が高くなっていることがわかる。また、男女別に考察すると、男女間での所得格差の程度が国により異なっているものの、男女ともに学歴が高いほど収入が高いという同じ傾向が見られた。

さらに、小塩・妹尾 (2003) によれば、出身大学や学歴が賃金や会社における昇進にどの程度影響するのかという問題を扱う場合に、学歴には2つの意味が含まれるとのことである。1つは、前記の例のような、高校卒業、大学卒業、大学院卒業という「タテの学歴」であり、もう1つは、高校であればどこの高校を卒業したか、大学であればどこの大学を卒業したかという「ヨコの学歴」である。

② 産業別賃金

前述のハンガリーの例を再度挙げるとすると、賃金は現在の能力よりも将来の妥当性に基づくということが判明し、技術、農業、経済、教授法を専門とした卒業生の中では、経済を専門とした生徒が断然高い収入を得ていることが明らかになっている。例えば、経済学位を保有したものは、有資格のエンジニアより20％所得が高く、エコノミストは教員の62％、修士号を保有した農業エンジニアより94％も高く稼いでいる。また、専攻の間の賃金格差に加えて、卒業した教育機関における賃金格差が存在している。ブダペスト経済科学大学を卒業したエコノミストは他の国内の経済系大学を卒業したエコノミストより40％多くの所得を稼いでいるのである。これらは、労働市場において地域間、職業間差異があることを示している[9]。この大学間の格差は、上述の「ヨコの学歴」とも言うことができよう。

③ 雇用種別賃金

表10-1　韓国と日本における雇用種別賃金格差(日本：1999年9月、韓国：2000年8月)

		月平均賃金		時間当賃金		週当労働時間 (時間)
		金額	比率 (正規労働者 =100)	金額	比率 (正規労働者 =100)	(時間)
日本 (千円)	賃金労働者	261.9	83.8	1,760	90.8	37.2
	正規労働者	312.5	100.0	1,939	100.0	40.3
	非正規労働者	140.8	45.1	1,177	60.7	29.9
韓国 (万ウォン)	賃金労働者	115	73.0	6,057	72.1	47.3
	正規労働者	157	100.0	8,401	100.0	47.1
	非正規労働者	84	53.7	4,427	52.7	47.5

出所）横田 2003、47頁、表4より筆者作成。

次に、雇用種別の賃金を見てみる。同じ産業、ひいては同じ会社に属していてもその雇用種類により賃金が異なってくる。表10-1は、韓国と日本の雇用種別の賃金を表している。具体的には、正規労働者および非正規労働者別に月平均賃金、時間当たり賃金を示し、非正規労働者に関しては、正規労働者との賃金比率も表している。横田 (2003) は時間当たりの賃金に注目しており、月平均賃金における正規労働者と非正規労働者の賃金格差を比較したときには、日本のほうが格差が大きくなっているが、時間当たり賃金における両者の賃金格差を比較したときには、韓国のほうが、格差が大きくなっているということがわかる。

このように、労働市場に入る際に影響する賃金はさまざまな角度で見ることができ、それぞれにおいて差異が見られるのである。

3) 失業率

次に、OECD諸国の失業率について概説する。失業率もまた、労働市場参入の際に参照される要素である。失業は開発途上国だけに見られる現状ではなく、経済が発展した先進国にも見られる現象である。多くのOECD諸国にとって、高く継続的な失業が主要な経済的、社会的問題のまま残っている[10]。失業は、仕事に就きたいと希望する人が仕事を探しているが仕事に就けない状態のことを言うが、多くの場合には、絶対的に仕事がないことにより仕事に就けない状態とは限らず、失業と欠員が同時に発生しているのである[11]。それでは

なぜ、失業と欠員が同時に発生してしまうのであろうか。労働力が欠如している企業は、労働を求めている失業者を受け入れないのであろうか。1つには、企業が求めている人材の内容、つまり経験や能力などに対するニーズと、失業者がもっている技術が一致しない状態が生じていることにある[12]。また、失業者が望む職種や条件と、企業が提示する条件が合わないことも考えられる。企業が求めるニーズに合致する技術を保有した労働力をつくり上げるためには、企業内訓練、OJTなどにより企業自体が労働者の技術力を高める時間と労力に費用をかける場合と、労働市場参入前の人材、つまり学生の間に企業が求めるニーズに十分見合う、あるいは最低限見合うだけの技術を身につける人材をつくり上げる場合が考えられる。後者の場合、特に学校教育における労働人材育成の仕組みが重要となってくるのである。

① **全体失業率**

図10-1は、1990年から2005年までのOECD諸国の失業率の平均を示したものである。全体的な傾向としては、1993年に8%近くあった失業率が、その後、2000年以降若干増加傾向に転じた時期もあったが、おおむね減少傾

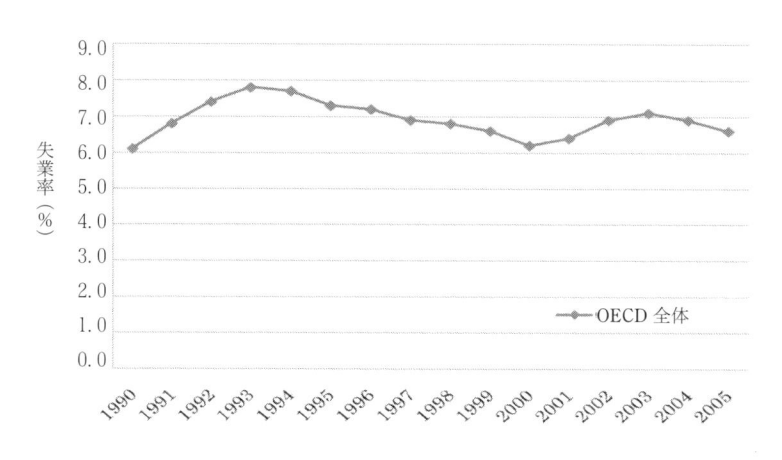

図10-1 失業率（OECD諸国平均、1990年－2005年）

出所）OECD 2007, p. 137 より筆者作成。

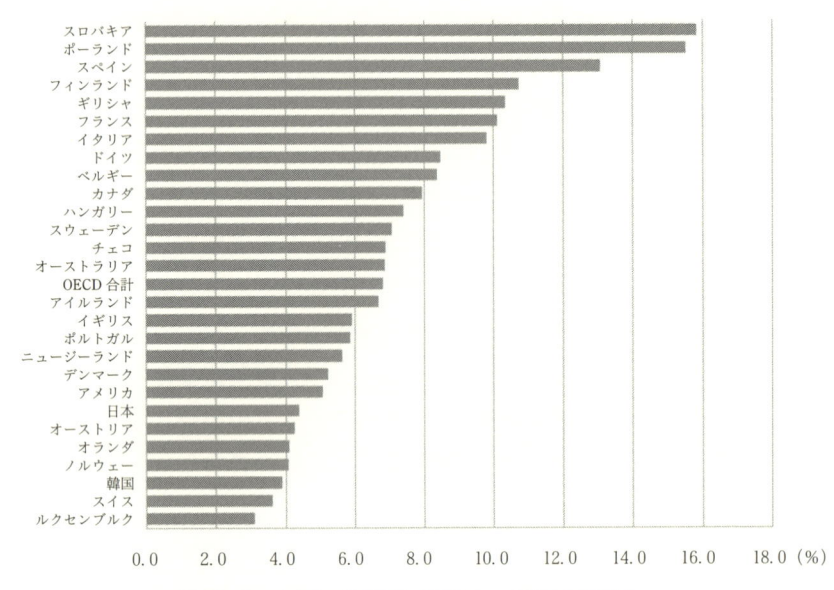

図10-2 各国の失業率（1995年–2005年平均）

注）スウェーデンのみ2004年までの平均。
出所）OECD 2007, p. 137 より筆者作成。

向が見られることが明らかである。しかし、OECD諸国各々が示す失業状態は異なるものがあり、相当の差が見られる。例えば、失業率の急激な減少を見せている国々は、アイルランド、スペイン、フィンランドなどであり、逆に、失業率が高くなってしまっている国々としては、ポーランド、スロバキア、チェコが挙げられる[13]。また、1995年から2005年までの失業率の平均を見ると、スロバキア、ポーランド、スペインは非常に高い値を示しており、逆に、韓国、スイス、ルクセンブルクは、4％以下の低い値を示している（図10-2を参照）。

② **男女別失業率**

男女別失業率も各国によりさまざまな特徴が見られる。表10-2は、OECD諸国における男女別失業率の1995年から2005年までの平均を示し、さらに男女間での失業率の差を表したものである。それによれば、フィンランド、

表10-2 OECD諸国の男女別失業率（1995年-2005年平均）

(％)

国名	男	女	男女差
オーストラリア	7.1	6.8	0.3
オーストリア	3.7	4.9	-1.2
ベルギー	7.1	10.1	-3.0
カナダ	8.2	7.6	0.6
チェコ	5.7	8.4	-2.7
デンマーク	4.6	6.0	-1.4
フィンランド	10.5	11.0	-0.5
フランス	8.8	11.6	-2.8
ドイツ	7.1	10.2	-3.1
ギリシャ	6.7	15.9	-9.2
ハンガリー	7.9	6.8	1.1
アイルランド	6.8	6.5	0.3
イタリア	7.6	13.2	-5.6
日本	4.5	4.2	0.3
韓国	4.3	3.3	1.0
ルクセンブルク	2.3	4.3	-2.0
オランダ	3.5	5.0	-1.5
ニュージーランド	5.5	5.7	-0.2
ノルウェー	4.2	3.9	0.3
ポーランド	14.2	17.0	-2.8
ポルトガル	5.0	6.8	-1.8
スロバキア	15.5	16.3	-0.8
スペイン	9.9	18.0	-8.1
スウェーデン	7.4	6.7	0.7
スイス	3.2	4.0	-0.8
イギリス	6.6	5.1	1.5
アメリカ	5.1	5.0	0.1
OECD全体	6.4	7.4	-1.0

注）スウェーデンは2004年までの平均。
出所）OECD 2007, pp. 138-139 より筆者作成。

ポーランド、スロバキアのように男女ともに高い値を示している国々もあれば、ルクセンブルク、スイスのように男女ともに低い値を示している国々もある。また、OECD平均では、男性の失業率の平均が6.4％、女性の失業率の平均が7.4％で、女性のほうが1.0％高くなっている。オーストリア、フィ

ンランド、スイスなどのように、OECD平均と同様に女性の失業率の平均のほうが男性の失業率の平均より高い国がある一方で、逆に、カナダ、ハンガリー、日本、イギリスなどのように、男性のほうが女性より失業率の平均が高くなっている国々も存在する。男性のほうが女性の失業率の平均より高くなっている理由の一部として考えられるのは、失業率が増加した際に、女性のほうが男性よりも容易に落胆し、労働市場から引き揚げてしまうということが挙げられるかもしれない[14]。しかしそれ以上に特徴的なのが、男女の失業率で大きな差がある国が存在することである。例えば、ギリシャなどは、男性の失業率が6.7%に対して、女性の失業率が15.9%と9.2%の差がある。また、スペインも差が大きく、男性9.9%に対し、女性18.0%と8.1%も大きくかけ離れているのがわかる。

3. 教育と労働市場

　上述した失業が生じる要因の1つが、企業側が求める人材と求職者側の技術のミスマッチであった。そして、このミスマッチを解消する1つの方法としては、若者が労働市場に参入する前の教育制度、あるいはその他の機会の中で、ニーズに見合うだけの技術力を高めるということが挙げられる。実際、若年失業者対策としてOECDやEUが奨励し、ヨーロッパ諸国で広く行われ成功を収めてきた積極的労働市場政策(Active Labor Market Programmes)の1つが、教育・訓練に関するものであり、若年労働者を教育・訓練し、未熟練部門から熟練部門へと労働移動を促進するときに、積極的労働市場政策は労働市場において、企業側の求人と労働者側の求職のミスマッチが減少することになり、結果として失業者数を減少させることにつながるのである[15]。
　そこで、ここでは、その教育に注目し、教育と労働市場の関係について述べる。上述してきた教育・訓練に加え、各国でいかなる教育が行われているかが労働市場との関係で重要となってくる。例えば、表10-3はオーストリアの失業率を教育修了段階別に見たものである。表からわかるように、義務教育修了者、徒弟訓練制度(apprenticeship)修了者や職業訓練教育(TVET)修了

表10-3　オーストリアの教育達成段階別失業率（1995年）　　　　（%）

性別	年齢	義務教育	徒弟訓練制度	職業訓練学校	後期高等教育	職業訓練大学	大学・その他高等教育機関
男性	15–19	2.8	6.3	6.3	1.5	—	—
男性	20–24	17.9	7.3	4.7	2.4	4.2	2.0
男性	25–29	15.6	6.1	3.0	2.9	2.7	2.9
女性	15–19	5.1	8.3	7.8	2.9	—	—
女性	20–24	12.5	6.4	3.8	2.3	3.2	3.1
女性	25–29	15.8	7.0	3.5	3.0	2.7	3.6

出所）OECD 1999c, p.17 より筆者作成。

者の失業率が高くなっていることがわかる。また、年齢別で見ると職業訓練学校を修了した生徒で15歳から19歳までの間の失業率が、男女ともに高くなっている（男子：6.3%、女子：7.8%）。この数値から推測できることは、オーストリアにおいては、職業訓練学校修了後すぐには仕事が見つからない若者が多いということであろう。高学歴化が進む先進国であっても、労働市場と教育との関係を見るにあたっては、労働市場へのつながりとして高等教育のみを見るのではなく、後期中等教育、職業訓練教育、徒弟訓練制度のいずれの段階も包括的に考察する必要があることがわかる。

また、**表10-4**は、トルコの失業率を教育達成段階別に見たものである。小川（2007）は、世界銀行のデータをもとに、トルコの現状を分析している。それによれば、トルコの失業率は、高いレベルの教育を受けた若い年齢層が高くなっており、20歳から24歳の高等教育修了者の失業率が他と比較して

表10-4　トルコの教育達成段階別失業率（2003年）　　　　（%）

年齢	無識字者	初等教育中退者	初等教育修了者	中等教育修了者	高等教育修了者
15–19	18.0	27.7	13.7	29.5	0.0
20–24	17.0	37.5	16.1	23.4	38.5
25–29	16.3	14.8	12.2	12.2	14.8
30–34	13.3	16.7	10.3	7.1	5.3
35–39	11.4	16.7	8.1	5.4	4.1
40–49	7.5	9.5	7.8	4.6	2.5
50–59	5.0	4.9	5.9	5.7	2.2
60+	1.6	1.5	1.4	4.0	0.0

出所）小川 2007、156頁。

高くなっている理由は、卒業後すぐに仕事が見つからないためであるとしている。そしてこの理由を、労働市場で必要とされている若者の技術と学校において身につけた技術との間にミスマッチがあるためだとしている。また、同時に、若年層の労働者より高齢層の労働者のほうがより多く仕事に従事していることも指摘している。

1) 後期中等教育と労働市場

中等教育は初等教育と高等教育、そして直接労働市場とをつなぐ重要な役割を担っており、その政策により国の進む方向が大きく変わる可能性をもっている[16]。中等教育は大きく、前期中等教育と後期中等教育に分類されるが、ここではより労働市場との関係が深い、後期中等教育に注目することにする。前期中等教育からの進学課程として高等教育へと進学しない生徒は、後期中等教育修了後に労働市場に進出することになる。しかし、後期中等教育修了後に労働市場に参入する生徒に対する障壁として、第1に前述の失業率の高さが挙げられる。また職を手にすることができたとしても、労働市場に求められる技術力と生徒が保有する技術力のミスマッチを見ることができる。

① フィンランド

後期中等教育の例として、OECD (1998) を参考に、フィンランドの事例を見てみる。フィンランドの一般後期中等教育においては、仕事やビジネスライフと関連するイシューは大抵コースワークの形で実施されており、実践に基づく訓練の機会が与えられていない。一般後期中等教育までにおいても、コンプリヘンシブ教育段階が修了する直前に2週間の実践訓練の機会がすべての生徒に与えられるだけである。一般後期中等教育における生徒カウンセリングの中に具体的な職業生活とのコンタクトが含まれ、異なった科目における特別なプロジェクトの中でケースバイケースとなっている[17]。

2) 職業訓練教育と労働市場

生計能力強化や知識・スキル獲得を目的とする職業訓練教育は、普通教育

同様に経済発展に重要な役割を果たしており、産業人材の育成は経済発展の重要な基盤となり、人材育成政策が注目されている[18]。職業訓練教育は、労働市場への参入に対する準備段階の教育として実施されるものである。しかし、実際には、労働市場が求める労働力の内容との不一致が見られる。その原因の1つとして職業訓練教育のカリキュラム内容による技術の習得が労働市場のニーズと合致していないことが挙げられる。以下に、フィンランド、ハンガリー、カナダの例を見てみる。

① フィンランド

職業訓練機関は、地方の職業生活においてコンタクトを発展させるために1つあるいはそれ以上の支援委員会を設けている。支援委員会の委員は、職業訓練機関、教育スタッフ、中心的労働市場組織、そして制度の発展に関連する専門家の代表で構成されている。職業訓練において重要となってくるのが、職業生活に関する教員の知識であることから、教育の知識をたしかなものにするために、職業訓練教育の教員は、1年から3年の実地経験が必要とされている。また、教員の経験を増やすために、時に教員は関連分野の会社において仕事をすることがある。また、加えて、職業生活組織の代表が講師として招聘されることもある。フィンランドでは、教育内容と職業生活の一致を増やすために、OJTおよび制度的教育と徒弟制度による訓練の融合を試みている[19]。

② ハンガリー

ハンガリーの職業訓練教育は後述の徒弟訓練制度と密接に関連している。ハンガリーにおいては、1949年まで徒弟訓練制度が主に、中小企業によって運営されていた。しかし、その後は、企業との徒弟訓練契約から学校登録に置き換えられることになった。学校が訓練の計画に対して責任をもち、実践的な訓練はトレーニングワークショップによって企業で行われたり、学校との同意をもとに職場において実施されたりしていた。1989年以降は前期職業訓練・商業学校によって訓練が実施されていたが、その後1993年の職業

訓練法（Vocational Training Act of 1993）および1994年の議会法（Chamber Act of 1994）により、徒弟訓練制度の再導入が実施されることとなった。前期職業訓練・商業学校においては、訓練実施において深刻な問題に直面していた。それらは、訓練があまりにも専門特化されたものであったり、訓練カリキュラムが時代遅れのものであったり、というようなものであった。徒弟訓練制度の再導入後は学校ベースの職業訓練がなくなってしまったのではなく、ハンガリーにおいては、徒弟訓練制度と学校ベースの職業教育訓練を組み合わせている。職業訓練学校では、労働市場が求める新しいニーズに合致するために教授範囲を適用させようとするが、これが問題となっている。適応に対する障害のもとが教員側にあるのである。というのは、教員は公務員であり、その多くが専門特化されていること、そして教員をまったく異なった分野において再教育することは容易ではないことがあるからである。また、他の産業と比較して教員の給与が低いことから、技術科目において専門家をリクルートすることが難しくなっているのである。

③　カナダ

　カナダでは、弱点の1つとして、社会的なパートナーシップの欠如が認識されてきた。そこで、カナダでは、「協同組合教育（Co-operative Education）」が導入されており、実際の学習コースの中の一要素として実際の仕事に生徒を就かせている。この教育制度による目的は教育段階によって異なっている。中等教育レベルの生徒にとっては、ある特定の選択された分野の仕事に生徒を肌身で体験させるというものとなっている。カナダは、このプログラムを成功させるにあたっていくつかの障害に直面している。1つには、企業や経営者が生徒に訓練の機会を与えることに対して積極的でないことが挙げられる。生徒を監督するにあたって、付加的なマネジメントの時間と費用がかかるからである[20]。

3）高等教育と労働市場

　高等教育は科学者、技術者、教師といった質の高い労働者の社会への提供

という重要な役割を担っている[21]。つまり、高等教育を修了した人材に求められるものとしては、後期中等教育以上の高い技術力が挙げられる。また高い専門性も同様に求められる。しかし、高等教育に進んだからといえども、必ずしもそれが自動的に労働市場の需要と一致するわけではないのである。例えば韓国では、過去数十年の間に国民の平均的教育達成度はすばらしく高くなった。実際、OECD諸国においてはアメリカおよびオランダに次ぐ順位で、韓国人の5人に1人が大学の学位を保有するまでに至った。しかしながら、マルチファクターの生産性を向上させ、21世紀において韓国企業が効果的に競争を勝ち抜いていくためには、教育と訓練の質の改善と、妥当性が必要であると指摘されている[22]。以下に、ベルギー、フィンランドを例として取り上げる。

① ベルギー

　ベルギーの高等教育と労働市場の関係について、Ministry of Education and Training（2006）を参考に見てみる。ベルギーにおいては、労働市場需要と高等教育における学問分野の選択の間には、はっきりとした一元的な関係が存在しないと一般的に言われる。労働市場需要の不足が体系的に高等学校への入学者の増加につながるわけではないし、反対に、ある専門領域の労働市場への需要超過、つまり高い失業率の状態が、自動的にその領域への入学者の減少につながるわけでもない。その証拠として、1999年と2003年の間に政治・社会科学系の学位を保有している学生が比較的多く失業している状態にあるが、政治・社会科学系プログラムを登録する生徒の数は増加し、科学系の生徒の多くが卒業後に職を見つけているのにかかわらず、このプログラムへの入学者が減少していることが見られた。経験則から、労働市場により敏感なのは、生徒自身より親である。ちなみに、Ministry of Education and Trainingの報告書では、大学（University）教育において、卒業生の失業率が高くなっている専門分野は、政治・社会科学系（political and social science）が20％、歴史（history）が23％、考古学・人文科学（archaeology and art sciences）が26％、哲学・道徳科学（philosophy and moral sciences）が26％という値を示している。一方、

歯学（dentistry）、医学（medicine）、薬学（pharmaceutical sciences）、社会健康科学（social health sciences）、そして応用科学（applied sciences）は、5％以下という非常に低い失業率を示している。しかし、高い失業率を示す学問分野においては、それらのプログラムをすぐに廃止するというわけではない。その際に大切となる手段が、カリキュラム改革である。しかし、一方で、前記の高い失業率の卒業生が専門職に必ずしも就くとは限らず、ジェネラリストとしての職業とのマッチングという側面も考えなければならない。

② フィンランド

フィンランドの高等教育と労働市場の関係を見るにあたって注目されるのが、ポリテクニクス（polytechnics）の存在である。フィンランドの高等教育では2種類の組織が存在し、1つが大学（university）であり、もう1つがポリテクニクスである。ポリテクニクスは、高度な理論および調査に基礎を置く大学の質に加えて職業に基礎を置く高等教育レベルの質を提供するために1992年以降設立されてきている。ポリテクニクスにおける研究の本質はより実践的であり、企業におけるトレーニーシップ（研修）の単位が20から40単位で設けられている。これらの改革の狙いとしては、教育達成レベルを上昇させること、必要とされる技術の変化に対応すること、そして職業訓練の魅力を増加させることであった[23]。

4）徒弟訓練制度と労働市場

前述のように、職業訓練教育を受けたとしても、依然として労働市場が求める技術力と、職業訓練教育後の生徒がもつ労働技術との間に差が生じている。そこで、この差を埋めるものとして徒弟制度が存在する国がある。さて、表10-5は、前出の日本労働研究機構（2003）をもとに、筆者が作成したものである。これにより、若年者を対象とした就業前職業訓練制度は画一的なものではなく、国によってその特色があることがわかる。具体的には、訓練の期間や学生の身分が国ごとに異なっている。

以下においては、ドイツ、スイスおよびトルコにおける徒弟訓練制度と労

表10-5 就業前職業訓練制度の比較

	日本	イギリス	フランス	ドイツ	アメリカ
訓練制度	若年者対象の養成訓練	モダンアプレンティス	見習訓練制度	デュアル・システム	アプレンティス訓練
学生の身分	訓練施設の学生	有給/雇用者身分	実習企業と有期雇用契約/雇用者/報酬あり	職業学校の生徒＋企業と訓練契約を結ぶ訓練生	有給の雇用された労働者
訓練期間	1-4年	3-4年	通常2年	通常3年	1-6年程度

出所）日本労働研究機構 2003、11頁、図表1-3より筆者作成。

働市場の関係を考察する。

① ドイツ

ドイツにおける徒弟訓練制度としては、「デュアル・システム」と呼ばれるものが有名である。つまり、学生は、職業訓練学校の生徒であるとともに、企業と訓練契約を結ぶ訓練生であるという、2つの身分をもつ制度である。ドイツのデュアル・システムは後期中等教育段階にあり、多くの生徒が前期中等教育を修了したあとにデュアル・システムに参加する。週3日程度、会議所等が所管して、企業内で訓練を行い、週2回程度、各州の文部省所管の職業学校において普通教育と専門理論教育の授業が組み合わせて行われている。企業における職業訓練は、連邦レベルにおいて、大綱的な内容が定められている[24]。

② スイス

スイスにおいても、ドイツと同様に「デュアル・システム」と呼ばれる徒弟訓練制度が存在する。しかし、スイスでは、ドイツやオーストリアほど、商業組合がデュアル・システムにおいて重要な役割を果たしていない。スイスにおいては、1990年当初は、若者が徒弟訓練制度のポジションを見つけることがより難しくなり始めたときであり、それ以降1990年代において、デュアル・システムの強化を目的として多くのステップが踏まれた。実際、徒弟訓練制度のポジションの供給が急激に減少していた模様で、若者にトレーニングの実施をしている企業の割合が、1985年には25％であったが、1995年

表10-6 スイスにおける需要が高い職業グループのトップ10（1997年–1998年）

男性			女性		
職種	訓練生の数	割合（％）	職種	訓練生の数	割合（％）
冶金・機械エンジニア	44,323	39.0	事務	28,609	35.9
事務	17,019	15.0	医療	14,132	17.7
設計・技術職	8,806	7.7	販売	11,427	14.3
木・コルク製品	8,216	7.2	ホテル、仕出し、家事	4,880	6.1
建設	4,888	4.3	ボディ・ケア	4,335	5.4
ホテル、仕出し、家事	3,788	3.3	設計・技術職	2,645	3.3
販売	3,769	3.3	芸術関連職	2,566	3.2
農業	3,049	2.7	園芸	2,402	3.0
塗装	2,998	2.6	食品・飲料	1,760	2.2
食品・飲料	2,971	2.6	ファッション・洋裁・室内装飾	1,335	1.7
上位10種合計	99,827	87.7	上位10種合計	74,091	92.9
全30種合計	113,789	100.0	全30種合計	79,729	100.0

出所）OECD 1999d, Table.11 より筆者作成。

には15％になったのである。1997年には、議会は、徒弟訓練制度のポジションの増加を目的とし「徒弟訓練制度のポジションに関する連邦規則（Federal Order on Apprenticeship Position）」を制定し、3年間で約6,000万スイスフランを投じた。

また、スイスの徒弟訓練制度における訓練分野の偏りの実態を紹介する。**表10-6**は、1997年／98年における、スイスにおける需要が高い上位10位職業グループ、つまりスイスの職業訓練教育で訓練生の数が多い職種を、男女別に上位から並べ、訓練生の数と割合を示したものである。男性では、冶金・機械エンジニア職が全体の約40％を占めており、女性は、事務職が全体の約36％を占めていることがわかる。徒弟訓練制度をカバーする全30業種のうち、訓練生の数トップ10の職種で、全訓練生の約90％を占めており、特定業種への高い集中が見られている[25]。

③ トルコ

トルコの徒弟訓練制度は、オガワとタンセル（Ogawa and Tansel 2005）、小川（2007）に詳しく説明されており、それを参考に記述する。トルコでは1977年

に初めて徒弟訓練制度が導入された。その後、1986年に「徒弟訓練職業教育法」として制定され、現在までに、1997年と2001年の2回にわたって同法律は改正されている。トルコでは、徒弟訓練制度はキャンディデート・アプレンティスシップ(candidate apprenticeship)、アプレンティスシップ(apprenticeship)、ジャーニーマンシップ(journeymanship)、マスターシップ(mastership)の4つに区分されている。徒弟訓練制度は職種により2年から4年の期間実施され、最初の3カ月間は、給料が支払われる仮採用期間となっている。賃金としては、16歳以下の最低賃金の約85％を受け取ることになっている。また、雇用者は最低でも30％の最低賃金を支払うことになっている[26]。

4. まとめ

本章では、OECD諸国における教育－職業訓練と労働市場に関して考察した。教育と雇用の関係は、発展途上国のみならず本章で取り上げたOECD諸国でも重要な課題であった。また、大学を卒業した若者だけにとどまらず、高校卒業者の就職問題も深刻な問題でもあった。本章の前半では、労働力の受け入れ側となる労働市場に関しての考察を行った。教育を修了した若者たちが参入していく労働市場に関しては、産業構造が労働需要に影響し、収入は学歴により影響を受け、そして失業率も労働市場の状況の一側面を表すものとして重要となっていることがわかった。これらは労働市場に参入しようとする生徒にとって、注目されるべきであり、実際に、注目されているものであろう。

本章の後半では、労働力を送り出す側の教育制度について考察を行った。教育制度に関しては、後期中等教育、高等教育、職業訓練教育、そして徒弟訓練制度というように、それぞれの教育段階を見てきたが、そのいずれにおいても、労働市場において求められる技術レベルに見合うように人材育成改革が行われ、いずれの段階にも労働市場と関連することが見てとれる。労働市場自体の多様性にいかに対応していくかが、教育制度の重要な課題であり、

学校段階別、専攻別など、細かい柔軟な対応が求められる。

注
1 OECDの加盟国は、オーストラリア、オーストリア、ベルギー、カナダ、チェコ、デンマーク、フィンランド、フランス、ドイツ、ギリシャ、ハンガリー、アイスランド、アイルランド、イタリア、日本、韓国、ルクセンブルク、メキシコ、オランダ、ニュージーランド、ノルウェー、ポーランド、ポルトガル、スロバキア、スペイン、スウェーデン、スイス、トルコ、イギリス、アメリカの30カ国（2007年8月8日現在）。
2 Cervantes 1999, p. 12.
3 小川 2007, 151頁.
4 OECD 1999e, p. 149.
5 OECD 1998b, p. 35.
6 OECD 1998b, p. 35
7 Ministry of Education and Training (Flemish Community - Belgium) Unit of Higher Education 2006, p. 25.
8 小川 2007, 157頁.
9 OECD 1998b, p. 35-36.
10 OECD 1999e, p. 141.
11 三谷 2006, 123頁.
12 三谷 2006によれば、求人と求職者の間にミスマッチがある状態で生じる失業を「構造的失業」と呼ばれ、求人と求職者の条件が一致していたとしても、求職者に関する情報が企業に伝わらない場合、あるいは求人に関する情報が求職者に知らされない場合に生じてしまう失業を「摩擦的失業」と呼び、さらに、求職者の数に対して絶対的に求人の数が不足しているために生じてしまう失業を「需要不足失業」と言う。また、日本労働研究機構（2003）によれば、「構造的失業」の中で、地域的ミスマッチの例としてドイツを挙げている。
13 OECD 2006, p. 30.
14 OECD 2007, p. 136.
15 福島 2005, 105-106頁。積極的労働市場政策の役割としては、教育・訓練のほかに、失業者に求人情報を提供する職業紹介、補助金による雇用創出があるとされている。
16 小川・野村 2006, 59頁。
17 OECD 1998a, p. 29-30.
18 小川・荘所（近刊）。
19 OECD 1998a, p. 29.

20 Marquardt 1999, p. 9.
21 小川・荘所（近刊）。
22 OECD 2000, p. 7.
23 OECD 1999a, p. 5, 26-27.
24 坂野慎二 2004, 19, 26頁。
25 OECD 1999d, p. 35.
26 小川 2007, 159-161頁.

参考文献

小川啓一, 2007,「労働市場参入への教育の役割－トルコのケース・スタディから」, 山内乾史編『開発と教育協力の社会学』ミネルヴァ書房.

小川啓一・野村真作, 2006,「レソト王国における中等教育のアクセス問題に関する分析」『国際教育協力論集』第9巻第2号, 広島大学教育開発国際協力研究センター, 59-70頁.

小塩隆士・妹尾渉, 2003,『日本の教育経済学：実証分析の展望と課題』ESRI Discussion Paper Series No. 69, 内閣府経済社会総合研究所.

坂野慎二, 2004,「第Ⅱ部 ドイツにおける青少年失業対策の概要と課題」『諸外国の若者就業支援政策の展開－ドイツとアメリカを中心に－』労働政策研究報告書 No. 1, 労働政策研究・研修機構.

日本労働研究機構, 2003,『教育訓練制度の国際比較調査, 研究―ドイツ, フランス, アメリカ, イギリス, 日本―』資料シリーズ No. 136, 日本労働研究機構.

福島淑彦, 2005,「教育・訓練と若年失業」『名古屋商科大学総合経営・経営情報論集』第50巻1号, 名古屋商科大学, 105-120頁.

三谷直紀, 2006,「労働政策」山口三十四・足立正樹・丸谷泠史・三谷直紀編『経済政策基礎論』有斐閣.

横田伸子, 2003,「韓国における労働市場の柔軟化と非正規労働者の規模の拡大」『大原社会問題研究所雑誌』法政大学大原社会研究所, No. 535.

Cervantes, Mario, 1999, *Background Report: An Analysis of S&T Labour Markets in OECD Countries*, OECD.

Marquardt, Richard, 1999, *Labour Market Policies and Programmes Affecting Youth in Canada*, revised,

Ministry of Education and Training (Flemish Community–Belgium) Unit of Higher Education, 2006, *OECD Thematic Review of Tertiary Education Country Background Report –Flemish Community of Belgium*, OECD.

OECD, 2007, *OECD Factbook 2007*, OECD.

―――, 2006, *OECD Employment Outlook 2006*, OECD.

―――, 2001, "Investment in Human Capital through Post Compulsory Education and Training," *OECD Economic Outlook No. 70,* OECD.

―――, 2000, *Policy Brief Labour Market Reform and Social Safety Net Policies in Korea Introduction and Main Policy Recommendations,* OECD.

―――, 1999a, *Thematic Review of the Transition from Initial Education to Working Life Finland Country Note,* OECD.

―――, 1999b, *Thematic Review of the Transition from Initial Education to Working Life Hungary Background Report,* OECD.

―――, 1999c, *Thematic Review of the Transition from Initial Education to Working Life Austria Background Report,* OECD.

―――, 1999d, *Thematic Review of the Transition from Initial Education to Working Life Switzerland Country Note,* OECD.

―――, 1999e, *Economic Outlook No.65,* OECD.

―――, 1998a, *Thematic Review of the Transition from Initial Education to Working Life Finland Background Report,* OECD.

―――, 1998b, *Thematic Review of the Transition from Initial Education to Working Life Hungary Background Report,* OECD.

Ogawa, Keiichi and Tansel, Aysit, 2005, "Transition from Education to Labor Market in Turkey," *Journal of International Cooperation Studies,* Vol. 12 No. 3, Graduate School of International Cooperation Studies, Kobe University.

第11章　中東北アフリカ地域における女性労働の現状と課題

野村真作

1. 女性の労働力参加の現状と MDGs

今日、世界の女性のおよそ半数が労働力に参加しており、全労働者の3分の1は女性が占めているが、歴史的に世界中で女性の就業機会は男性のそれよりいく分限定されており、女性の労働力参加拡大といった現象は比較的最近のものである。イギリスを例に挙げると、19世紀半ばに女性の労働力参加はおよそ30％程度であったが、1世紀後の1951年の国勢調査においても女性の労働力参加は30％と示されている。しかし、その次の30年間で参加率は2倍以上になったことからわかるように、労働環境が変わり女性が積極的に労働力に参加するようになったのは、歴史的に見るとごく最近のことである（Tzannatos 1999）。以下の**表11-1**は1950年代から60年代にかけてのデータ

表11-1　世界の地域ごとの労働力参加率

	国数	LFP 1950-60年代		LFP 1980-90年代	
		男性	女性	男性	女性
東、南アフリカ	8	92.3	35.3	89.7	44.8
西アフリカ	6	91.3	60.7	89.7	57.1
東アジア、オセアニア	20	92.6	35.4	88.9	50.9
南アジア	4	94.4	39.0	91.3	29.2
中央、東ヨーロッパ	9	93.5	61.9	90.4	76.0
ヨーロッパ	26	95.0	36.6	90.4	53.5
中東	8	93.3	11.7	91.5	22.8
北アフリカ	5	92.5	—	91.1	14.1
南北アメリカ	38	94.1	32.7	89.9	46.8
全体	124	93.7	35.9	90.1	47.9

注）LFP-Labor Force Participation rate（労働力参加率）.
出所）Tzannatos 1999.

と1980年代から90年代にかけての世界の労働力参加率を示している。西アフリカと南アジアにおいては女性の労働力参加率の低下が見られるが、その他の地域は大きくその率を上げている。しかし，中東北アフリカ地域（以降MENA）に限ってみると、北アフリカで14%、中東で23%と、他の地域に比べて、女性の労働力参加率は著しく低い。

今日、女性の労働力参加は重要な開発課題として位置づけられている。クラッセン（Klasen 1999）は、この問題を「本質的な課題」と「手段としての課題」に分類した。「本質的な課題」としては、女性の労働力参加の向上は権利であり、女性の労働力参加自体が女性のエンパワーメントの目的となっている。1995年に北京で開かれた第3次国際会議において、ジェンダー・メイン・ストリーミングの枠組みがつくられ、2000年の国連ミレニアム開発目標（Millinium Development Goals: MDGs）においてもジェンダーの平等と女性のエンパワーメントが目標として採択された。特に労働に関する項目としては、女性の非農業セクターにおける賃金労働に従事する割合が指標として用いられている（UN 2001）。

現段階においての女性の非農業部門での雇用の世界的なトレンドは図11-1に示されているように、2003年時点では旧ソ連に所属していたCIS諸国を

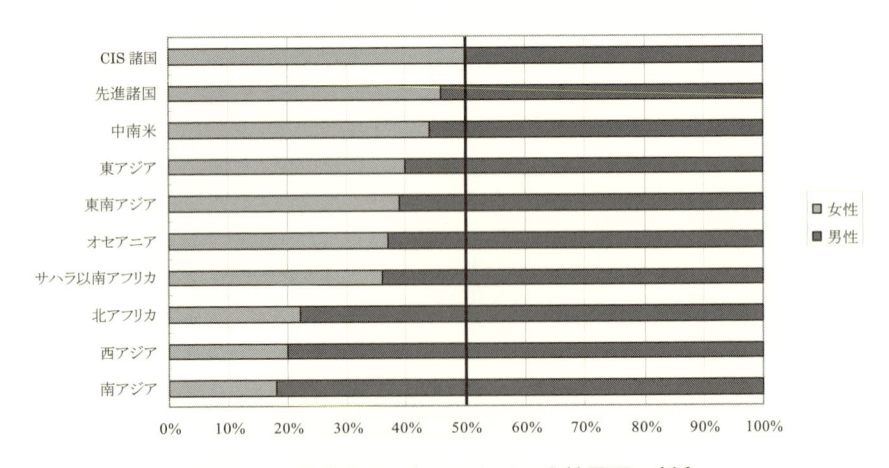

図11-1　非農業セクターにおける女性雇用の割合

出所）United Nations 2005.

除き、世界の全地域での達成までには程遠い。MENAの所属する北アフリカ、西アジア地域の、それぞれの女性の非農業部門での雇用シェアは20％程度と、均衡男女比である目標の50％までには程遠いことがわかる。

「手段としての課題」としては、誤解を恐れずに述べると、人々の生活水準の向上と経済発展のための手段として、女性の労働力参加が必要であるという考え方である。女性が労働力に参加しないことにより、女性の能力が生かされないために、国が得るべき生産力を十分に享受していないことが指摘されており（Klasen 1999; Bergmann 2005)、また、女性が労働市場に参加しないことは雇用に競争原理が働かず、高い賃金で低い生産力の労働者を雇い入れなければならないことも指摘されている（Klasen 1999)。

本章の趣旨はMENAにおける女性の労働進出の発展のトレンド、そして現状の課題を考察することにある。女性の労働進出に関してはさまざまなアプローチから議論がなされており、すでに述べたように、女性の人権や社会的立場の向上の点から語られることも多い。しかし、本章では、主に経済的な視点から女性の労働進出に関して考察することにする。本章2ではまず、これまでなされてきた先行研究からどのような問題が女性の労働力参加の妨げになっているのかを紹介する。本章3ではMENAにおける女性の労働力参加の発展を経済構造と社会的な側面から議論する。本章4では、現在のMENAの労働市場における女性労働の課題を考察し、本章5で結論としてまとめることにする。

2. なぜ女性の労働力参加率は低いのか？

なぜ女性の労働市場参加率は低いのか？ これは、MENAのみに限らず、世界的に見ても女性の労働市場参加は男性のそれに比べて低いため、労働経済の分野では古くから研究されてきた問いである。これにはさまざまな要因があるが、その主要なものを以下に紹介する。

1）職業分担における社会通念

まず重要な点は、男女の職業分担における社会通念がある。たいていの国

においては、憲法や法律において、職業機会の男女平等が明記されている。日本においても、1986年の男女雇用機会均等法の導入により、法律上は雇用に関する男女差別が撤廃された。しかし、当初は努力目標としかされていなかった、募集・採用、配置・昇進、教育訓練、福利厚生、定年・退職・解雇などにおいて男女格差があり続けたため、1999年の改定法によりようやく禁止された[1]。このように、法律で規制されていても現実には男女の職業分担が社会通念によって行われていることが少なくなく、その度合いは異なっていても、世界的に見てもこれは珍しい現象ではない。MENAの例をイエメンのケースから見ると、イエメンにおいて女性に適した仕事は、女子校の先生、NGOなどのチャリティー機関や女性を対象にした教育施設のスタッフなどといった職業であり、これは非常に強い拘束力をもつ社会的価値観である（CEDAW 2002）。また同じイエメンでは、男性は賃金収入を目的とした労働、女性は家庭に関連した労働をするのが社会的役割という社会通念があり、女性が社会的に発言力のあるような仕事に就くことを男性はあまり歓迎しない風潮が強い（CEDAW 2002）。

2) 高い出生率と早婚

　途上国でよく見られる高い出生率と早婚の慣習も、女性の労働市場参加の重要な妨げ要因である。バーグマン（Bergmann 2005）はアメリカのケースから、子どもの数が女性を家庭内に引き止めていた主要な要因であるという結論を導いた。アル・クドシ（Al-Qudsi 1998）はヨルダン、クウェート、オマーン、パレスチナ自治区[2]のデータを用いて計量分析を行い、結婚、乳幼児の有無、高い出生率が、それぞれ女性の労働力参加を妨げる要因になっていると実証した。MENAは世界的にも高い出生率を誇っており、例えばイエメンの場合、1997年の人口健康調査（Demographic Health Survey）で女性の平均初婚年齢が都市部で16.3歳、農村部で15.9歳と報告されている。そして、15歳から49歳までの妊娠出産率が都市、農村でそれぞれ5.0、7.0であることから、農村の場合、16歳で結婚してから49歳までの33年間の間で平均7人の子どもを生むということになる（CSO and MI 1998）。このような状況では、保育園など

の託児環境が整っていないことから子育ての難しさを考えても、家庭の外で働くことはなかなか困難である (CEDAW 2002)。

3) 教育水準

教育水準は女性の労働力参加にさまざまな形で影響を及ぼしていると考えられる。ブラティ (Bratti 2003) は教育と女性の労働力参加の複雑な関係を以下の**図11-2**の概念図で表した。すでに紹介したように出生率は女性の労働力参加に影響を及ぼすとされているが、その出生率に直接的、また、間接的に影響を及ぼすのが教育水準である。直接的とは、教育によって家族計画についての知識を得たり、価値観の変化により出生率が下がることであり、間接的とは、より長く学校に在籍することにより、家庭形成の要素である、初婚年齢、初産年齢の上昇などが考えられる。この家庭形成の変化は労働力参加の決定に変化を与える。また、反対に教育が内政的な要因であり、女性が労働力参加を望むために、より高い教育水準を求め、そして低い出生率を望むとも考えられる (Bratti 2003)。また、賃金労働を考えると、基礎教育を終えているかどうか、適切な識字、計算の能力があるかによって、どのような職業に就

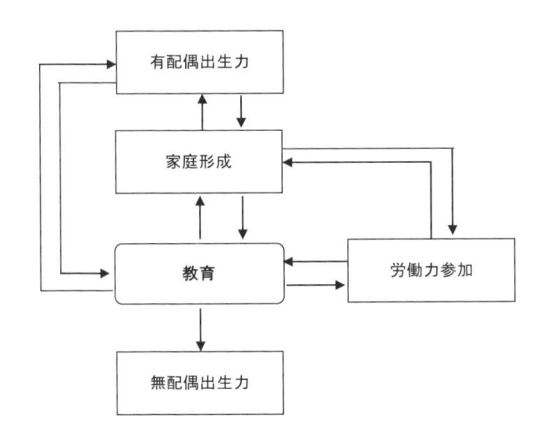

図11-2 女性の教育、出生率、労働力参加の関係における概念図

出所) Bratti 2003.

けるかに制限が出てくるため、当然、その国の産業構造にもよるが、教育水準が高いほうが労働市場でより高い競争力をもち、職業選択の幅が広がるのが普通である。よって、世界的に見て男子のそれよりも低い女子の教育水準は、女性の労働力参加の妨げ要因となっていると考えられる (Hill and King 1995)。

4) 家計収入

家計の収入が女性の労働力参加に関連していると実証したのはゴールディン (Goldin 1994) であった。彼女は女性の労働力参加のトレンドを世界的に見ると、国の1人当たり GDP に対して U 字型を描くと発見した。この説によると、家庭の収入が少ないうちは、女性も生活のために働く必要があり、農家や自営業などでは、特に女性も多く働いている傾向がある。家庭の収入が高くなると、たいていの場合、開発の初期段階でよく見られるように男性のほうが教育水準が高いため、より収入が高い男性だけが労働市場に残り、女性の働く必要がなくなる「収入効果」が起きる。そして、女性の教育水準が高くなり、経済的な機会が増えた社会では、女性の労働力参加が再度増加する。しかし、この増加は低い経済力の場合と異なり、女性のホワイトカラーへの進出という現象を伴い増加するのである (Goldin 1994)。ゴールディンの説で重要な点は、女性労働に対する社会的な偏見が女性の労働市場への進出を妨げているという点である。これは多くの国に関して他の多くの研究者も述べているように、女性が家庭の外で労働することに対するスティグマ (Stigma) が社会的にあり、唯一の例外がホワイトカラーであるというのである。ホワイトカラーになるには教育が必要なため、教育水準の上昇が女性の労働力参加の必須条件となっているのである。

5) クレジットへのアクセス

女性は男性と比べてクレジットへのアクセス機会が少なかったという点も、特に自営業の機会などに際して大きな制限であった。これは父権社会において土地の相続や財産の所有が男系にあり、担保を所有しない女性は資金の借り入れなどが男性に比べて困難であったことが要因である (Chen, *et al.*

2005)。多くの場合、フォーマル金融でもインフォーマル金融でも女性への融資は男性のケースよりも機会が少なく、また融資が可能であったとしても利子率が高い(Mayoux 2001)。これには多くの例が挙げられるが、世界銀行のレポートには、ヨルダンの女性が、女性であることを理由に銀行から融資を断られるケースなどを紹介し、民間での女性のクレジットへのアクセスが男性のそれよりも不利であることを説明している(World Bank 2005)。

6) 技術的な問題

また、少し視点は異なるが、女性の労働力参加において、技術的な要因があることも忘れてはならない。技術的な要因とは、具体的には統計処理の問題である。ザナトス(Tzannatos 1999)によると、無報酬の家庭労働者は、以前は労働力外であると考えられてきたため、動物の飼育や、園芸農業などに従事する女性が労働力の対象外とされていた。このように発展途上国でまだインフォーマルセクターに従事している人口が多い国では、このような定義づけによって大きく労働力参加率が変化する。例えば、ドミニカ共和国の例では1980年代前半の3年間で女性の労働力参加率が21％から84％まで急に上昇したが、これは労働力参加の定義の変更によるものであった(Tzannatos 1999)。

3. MENAの女性の労働力進出のトレンドと社会セクターの発展

1) MENAの概要

MENAと言うと、湾岸産油諸国に代表されるような石油資源による経済のみを想像しがちであるが、実は多種多様な経済活動が行われている。MENAとは東はイランから、西はモロッコまでを含む広域を指し、約20カ国から構成されている地域である[3]。アラビア語を主要言語とする、アラブ諸国が大半であるが、イランや北アフリカ諸国など民族的にも言語的にも多様である。MENA経済は2003年のイラク戦争開始以降、高騰する石油価格の恩恵を多大に受けて、全体として非常に高い成長を達成している。しかし、それ

は必ずしも石油のみに頼ったものではなく、産油国の石油による経常収支の改善が産油国の輸出企業の間でも大きな余剰資産をもたらし、それが同地域内の非産油国への海外直接投資として資金が回るなど、非石油部門においてもMENA全体として経済の好循環を生み出している。近年の高い経済成長率は新しい雇用機会の創出と失業率の減少を伴っており、MENAの労働市場に大きな影響をもたらしているのである（World Bank 2007a）。

しかし、冒頭で紹介したように、MENA諸国は総じて女性の労働力参加率が低い。図11-3は世界銀行で入手可能であった150カ国の15歳から64歳までの人口を対象にした男性労働参加率と女性労働参加率をプロットしたものである。横軸に男性の、縦軸に女性の労働参加率をとってあるが、ほぼすべての国で男性の労働参加率のほうが女性の労働参加率のそれよりも高く、男性の労働参加率は低い国で60％、高い国で95％ほどである。しかし、女性の参加率は90％を超える国もあれば10％程度の国もある。MENA諸国の場合はどうであるかと言うと、データが存在したMENA15カ国の平均は30％ほどであり、世界平均の58％よりも大きくかけ離れて低く、散布図の中で

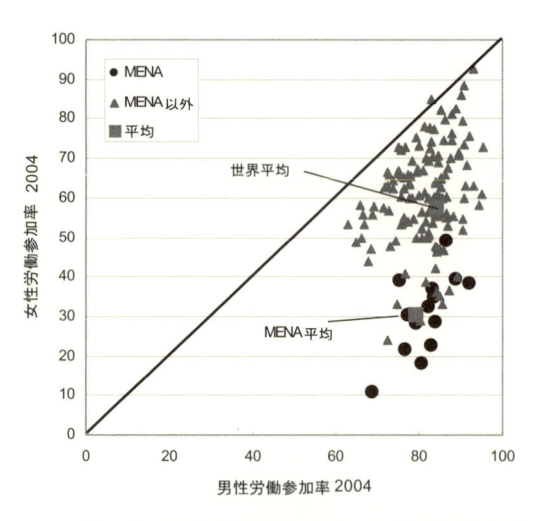

図11-3 世界各国の男性労働参加率と女性労働参加率の関係

出所) World Bank 2007b から筆者作成。

も低い部分に固まっていることがわかる。

このように、MENAにおける女性の労働力参加は世界的に見て非常に低い水準にあるということを前提にした上で、以下ではMENAの労働市場がどのように発展し、現状に至っているのかを考察する。

2）経済構造グループ別による、女性労働参加の傾向

MENAの女性労働力参加率は、世界的には依然として低い水準にあるが、すべての国が一様なわけではなく、実は個々の国においては、それぞれ過去40年間に異なる変遷をとげ、現在の異なる女性労働の状況を生み出している。すでに述べたように、MENAと聞くと石油資源のみを想像しがちであるが、実際には多種多様な経済活動が行われている。そこで、世界銀行はMENAの国々を3つのグループに分類した。1つめは、「資源豊富―労働力豊富国」というグループ、2つめは、「資源不足―労働力豊富国」というグループ、そして、3つめは「資源豊富―労働力輸入国」というグループである。最初のカテゴリーである、資源・労働力ともに豊富という国々はアルジェリア、イラン、イラク、シリア、イエメンが含まれ、産油国であり他産業も盛んな国々である。2番めのグループである、資源不足、労働力豊富国にはエジプト、ヨルダン、ジブチ、レバノン、モロッコ、チュニジア、パレスチナ自治区などの非産油国だが、産業が盛んな国が含まれる。最後のカテゴリーである資源豊富、労働力輸入国は湾岸産油国であるバーレーン、クウェート、オマーン、カタール、サウジアラビア、アラブ首長国連邦、そしてリビアが含まれる（World Bank 2007a）[4]。

ここで、MENA諸国を経済の型に分類したのは、女性の社会進出における異なる国々のトレンドを紹介するためである。以下の**図11-4**はそれぞれのグループごとの女性の労働力参加率の1960年から2000年までの推移を各国ごとに表したものである。ここから見て取れるのは、まず、「資源豊富―労働力豊富国」に所属する国々は過去40年間において、あまり女性の労働市場参加率において違いがないが、2番めの「資源不足―労働力豊富国」のグルー

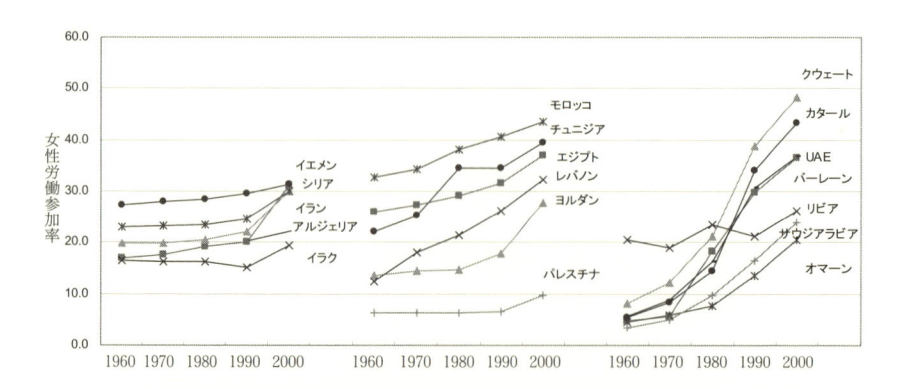

図11-4 MENA各国の女性の労働力参加率の推移、1960-2000年

出所）World Bank 2004b から筆者作成。

プ各国は、それぞれが比較的滑らかな上昇トレンドを描いており、3番めの「資源豊富―労働力輸入国」は、非常に顕著な上昇トレンドを描いており、平均すると1960年の時点で3つのグループ中もっとも低かった女性の労働市場参加率は、2000年にはMENAの中でもっとも高い水準へと成長している。このように、MENA全体で見てもわからない傾向が、経済の型に分類することにより、トレンドの違いがはっきりとわかるのである。よって、続く各分析ではこれらの経済型の側面を考慮に入れることにする。

また、各グループに所属する国々は主産業が大きく異なるため、労働力の構造も大きく異なっている。農業、工業、サービスセクターの別で女性の就業パターンを見ると、以下の**図11-5**のように、経済グループによって、その女性労働者の構造が異なっている点である。興味深いのは、「資源豊富―労働力豊富国」「資源不足―労働力豊富国」では女性の農業従事者の割合が高いのに対し、3つめの「資源豊富―労働力輸入国」においては反対に女性の農業従事者の割合が非常に低く、サービスセクター従事者の割合が高い。

これらの情報を合わせると、まず「資源豊富―労働力豊富国」は産業構造を見ればわかるが、農業が労働力の大きな割合を占めている（イエメン、シリア）。GDPの傾向を見ると、このグループの国々は過去40年間における農業セクターのGDPへの寄与率がそれほど変化していないことから、もともと

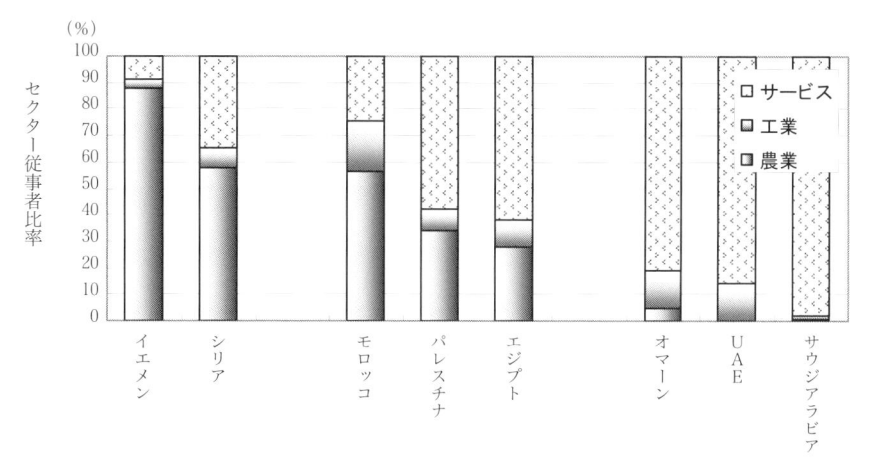

図11-5　MENA 諸国の女性労働者の経済セクターごとの従事者比率

注）女性のみのセクター別従事者のデータは詳細が入手困難なため、表には8カ国のみが掲載されている。
出所）World Bank 2007b から筆者作成。イエメンのみ MOLVT & CSO 2000 より。

多くの女性が農業セクターに従事し、今日においてもあまりその就業形態に変化のないことがうかがえる。次いで、「資源不足―労働力豊富国」であるが、パレスチナ自治区を除いて、女性の労働力参加率はほとんどの国で滑らかな上昇トレンドを描いている。もともと、農業に大きな比重があったが、工業化が徐々に進み、それとともに、女性の工業セクターへの進出が労働力参加を押し上げたケースが考えられる。例えばヨルダンにおいては、1965年にGDPの15％を占めていた農業セクターは2005年には3％弱まで減少し、逆に工業セクターが19％から30％へと増加している。最後のグループにおいては、1960年代には非常に低かった女性の労働力参加は、女性の教育水準の向上を機に1980年代から急上昇している。しかし、それは女性の就業セクターの傾向からサービスセクター、特にあとで述べるように公共セクターにおいて、雇用機会が拡大したためと考えられる。

3）社会セクターの発展

本章2で見たように、女性の労働参加の妨げ要因は社会セクターと切り離しては考えられないものが多く、MENAの場合も例外ではない。近年の女性

の労働力参加の拡大は、教育と保健医療の分野における社会セクターの発展によって支えられていると考えられる。中でももっとも重要なものは女性の教育水準の向上、そして、出生率の低下である。世界銀行のレポートによると、1980年から2000年までの女性の労働力参加率が向上した一番大きな理由は、回帰分析から出生率の低下であると実証され、その寄与率は37％であった。次いで大きな要因は、教育水準の向上で21％も寄与率があったと報告されている（World Bank 2004a）。

まずは出生率の低下に関してであるが、出生率は40年前の1965年には、MENAは世界地域の中で最高であり、その値は7.1であった。これは、女性一人当たりの生涯に出産する子どもの数が平均7.1人であるということである。それが、1980年以降はどんどん低下し、2005年時点で3.0と、サハラ以南アフリカ、南アジアの各地域よりも低くなっている（図11-6参照）。

出生率の低下の理由は本章2で述べたようにさまざまな要因が関連しているが、アル・クドシ（Al-Qudsi 1998）はオマーン、ヨルダン、クウェート、パ

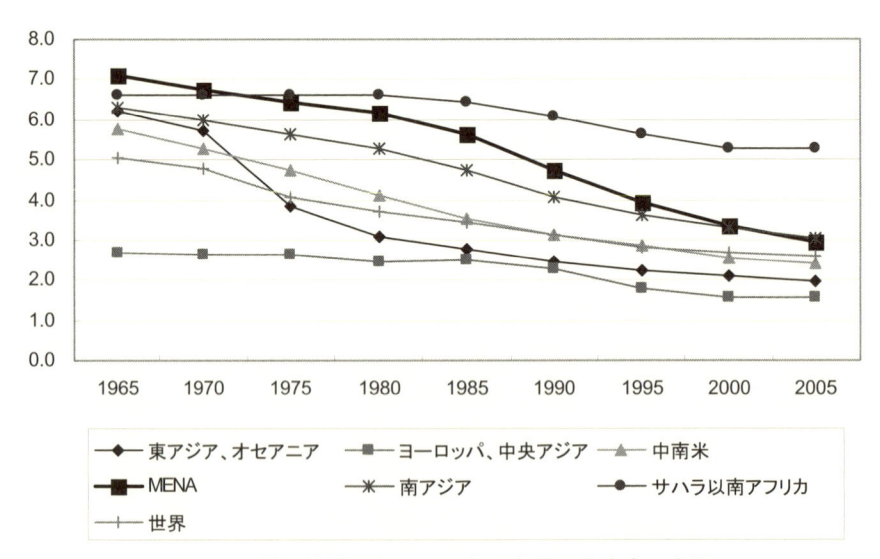

図11-6　世界地域における過去40年間の出生率の変遷

出所）World Bank 2004b（2005年はWorld Bank 2007b）より筆者作成。

レスチナのミクロデータを用いた実証研究において、晩婚化、教育水準の向上、乳幼児死亡率の低下が出生率の低下の重要な要因であったとしている(Al-Qudsi 1998)。また、国によっては、その政策により出生率を下げることに成功した例もある。チュニジアは家族計画政策を国家政策として導入することにより、1960年代の7.2から2003年の2.1まで低下させ、イランにおいては1966年に発展途上国としては初めて家族計画の政策を導入し、1970年代半ばまでには37％の結婚女性が避妊をするようになったと報告されている(World Bank 2004a)。しかし、ジブチ、イエメン、サウジアラビアなどでは出生率が低下したとはいえども、5.0以上の出生率を示しており、必ずしもすべての国で出生率が急低下しているわけではない。

　次いで女性の教育水準に焦点を当てると、MENA地域全体では女性の教育水準は1970年には初等教育の粗就学率が52％であったものが、2000年には92％まで上昇し、男女平衡指数は0.60から0.92まで上昇した。また、1970年に非常に低かった中等教育の粗就学率は15％から67％まで50％以上も大きく上昇し、男女平衡指数は0.46から0.91へと上昇した。そして、大学教育に関してはMENA全体のデータは新しいものが入手不可能であったが、1970年代にはデータが入手可能であったMENA15カ国のうち13カ国で、男子の大学就学率が女子のそれを大きく上回っていたものが、2004年までにデータが入手可能であったMENA17カ国中（エジプト、シリアはデータなし）13カ国で、女子の就学率のほうが高くなっていた (World Bank 2004b)。図11-7は左軸に女性の大学就学率をとり棒グラフによってそれを表し、右軸に男女の就学率の平衡指数をとり、点で示してある。図から女性の大学就学率は1％から59％とばらつきがあるが、OECD平均が65.7％であることから、「資源不足―労働力豊富国」および「資源豊富―労働力輸入国」の国々では比較的就学率の高い国が多いことがわかる。前述のアル・クドシ(1998)の実証研究結果によると、オマーン、ヨルダン、クウェート、パレスチナにおいては、もっとも就業率が高い女性のグループは2年制もしくは4年制大学の高等教育課程を終えた女性であることが実証され、高等教育により、女性の就学率は大きく上昇することがわかった。このような大学を卒業した若い世代の女性た

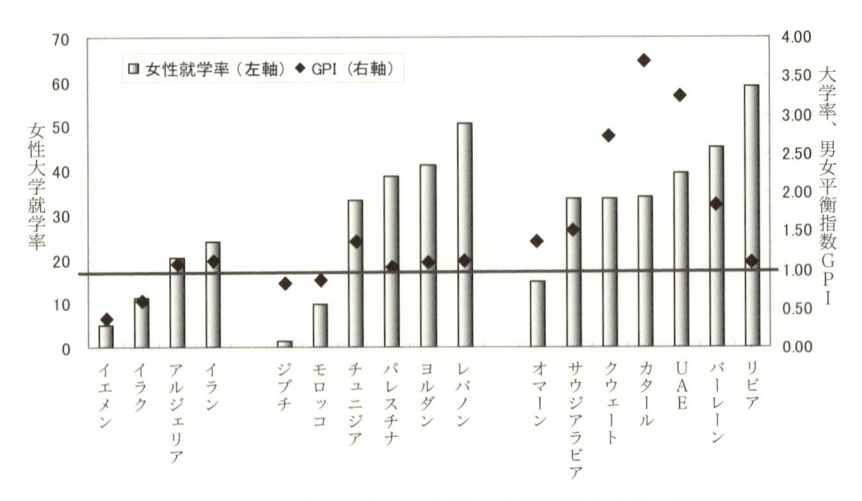

図11-7　MENA諸国における女性の大学就学率と男女平衡指数

出所）World Bank EdStats から筆者作成。

ちがMENAにおいて、近年の女性労働力増加の原動力となったのは間違いない。2000年から2005年までの間にMENAの25歳から29歳の女性の労働力参加は年率7％で増加し、女性全体の労働力参加の増加率である5.2％を大きく上回っていた（World Bank 2007a）。大学教育を終えた25歳から29歳の年齢層の労働力参加率は1990年の30％から2005年には41％に上昇し、他の年齢層に比べて非常に高い上昇を示している（15-64歳の年齢層では24％から31％への上昇であった）（World Bank 2007a）。

4. MENAの労働市場における女性労働に関する課題

　本章3で見てきたように、MENAにおける女性の労働力参加は過去40年間に、社会セクターの発展により大きく向上した。しかし、世界的に見れば、その水準はいまだに低い水準であり、数多くの課題が残されていると言える。また、女性の労働問題は労働力参加という女性側の問題だけでなく、女性を労働力として受け入れる側である市場にも問題がある。ここでは、MENAにおける女性労働に関する労働市場の課題を取り上げる。

1) 賃金格差

　女性の労働力参加が低いことの要因の1つとして、賃金格差が考えられる。世界的に見て、女性の賃金は男性の賃金よりも低い場合が多いが、これは男女労働者それぞれの資格、教育水準や経験といった個人の生産性に関する要因と、差別による要因が考えられる。教育水準が低いと生産性が低いと一般的に考えられるため、世界的に見て教育水準が低い女性は、職場において必然的に平均的に教育水準の高い男性よりも低い賃金で働くことになる。これは正当化されるべき理由であろうが、もう1つの理由は差別である。差別とはさまざまな状況が考えられるが、同じ教育水準、同じ経験をもっていても女性のほうが賃金が低いという現象を指す。これは同じ教育水準でも異なる業種で働いていること、異なる職種に就いていること、異なる社会保障の基準があることなどが考えられる。世界銀行の報告によると、MENAの女性賃金は男性のそれに比べて73％程度でしかなく、もし、差別をなくせば93％程度まで均衡するという。MENAの中でも、ヨルダンやパレスチナ自治区などはこの傾向が強く、実際男性の賃金の83％、56％という低い女性の賃金も差別をなくすことにより、112％、104％まで上昇するという試算がなされている（World Bank 2004a）。また一般的に民間セクターのほうが公共セクターよりも女性の賃金差別が多い。反対にイランなどでは、公共セクターの女性賃金は男性の195％と2倍近くあるのに対し、民間セクターでは男性の56％と、半分程度でしかない。このようなケースは差別を解消することにより公共セクターでの女性の賃金は引き下げられるが、同じようなケースはチュニジアやイエメン、ジブチなどでも見られ、政府の女性労働者を公共セクターへ取り込む政策の1つであると考えられる。また、社会保障の面でよく問題になっているのは、手当ての男性優遇措置がある。例えば、UAEでは男性労働者のみが子どもの教育手当てや住居手当を受け取ることができるが、このような手当ての差別はMENA18カ国中、イラン、ヨルダン、クウェート、モロッコ、オマーンなど、10カ国で見られる（Hijab, Elsolh and Ebadi 2003; World Bank 2004）。

2) 業種、職種における男女間格差

　賃金格差に大きく関わっている要因として、業種、職種の男女間格差がある。これは男女の職業分担における社会通念も大きく関わっており、この職業分担の考え方が男女の賃金格差を生み、それが女性の労働進出の妨げになっているとも考えられる。男女における業種の格差を測るためによく用いられるのは、ダンカン＆ダンカンが1955年に発表したダンカン指数[5]であり、2つのグループ、つまりこの場合は男性と女性の間で、それぞれ全労働者中、どの程度の割合の労働者がどの業種に就いているかというトレンド分析から、2つのグループ間にどの程度共通点があるかを測るものである。ダンカン指数の詳しい計算法等はこの場では省略するが、ダンカン指数は0から1の値をとり、0に近いほど、2つのグループ間の就職パターンが似ていることを表し、1に近づくほど、異なることを示す[6]。ザナトス（Tzannatos 1999）の報告によると（表11-2）、世界の地域における業種と職種のダンカン指数は、それぞれ以下のとおりになっている。世界的に見ると1950年代から1980年代までの30年間に、業種別ではダンカン指数が0.346から0.306と低下し、職種別でも0.386から0.380へと低下したため、全体的に男女の業種区別は少なくなってきていると考えることができる。しかし、これをMENAに限ってみた場合、業種別でも職種別でも、男女就業傾向の違いは大きくなった。

表11-2　世界の地域ごとのダンカン指数（業種、職種）

	国数	ダンカン指数（業種）		国数	ダンカン指数（職種）	
		1950-60年代	1980-90年代		1950-60年代	1980-90年代
サハラ以南アフリカ	4	0.277	0.251	2	0.226	0.230
東アジア、オセアニア	9	0.272	0.218	9	0.317	0.319
南アジア	3	0.149	0.204	2	0.201	0.196
東欧、中央ヨーロッパ	5	0.211	0.260	1	0.266	0.262
ヨーロッパ	15	0.345	0.303	13	0.407	0.402
MENA	6	0.376	0.400	5	0.357	0.462
アメリカ	19	0.452	0.366	11	0.519	0.447
世界	61	0.346	0.306	45	0.386	0.380

7つの業種とは農業、鉱業、製造業、建設、電気・水道などの公共事業、運送・輸送業、サービス業である。
7つの職種とは専門職、管理職、事務職、販売、サービス、農業、製造である。
出所）Tzannatos 1999.

業種によっては、0.376から0.400へと、また職種によっても、0.357から0.462へと大きくなった。その他の地域においても、業種別では東アジアや、南アジアでもその差が広がっているが、職種別においての上昇率ではMENAのみが非常に大きな差別化傾向を示していることがわかる。

ザナトス(1999)と同じ職業分類を使用し、イエメンの例を挙げると、1994年から1999年の間に業種の分類における指数は0.413から0.447へ、職種の分類においては0.432から0.443へ男女の就業傾向の差異は拡大した[7]。特筆すべきは、都市部と、農村部においてその傾向が大きく異なっていたことである。都市部においては業種別の指数が0.152、職種別の指数が0.225と、全体の数値よりもかなり低く、男女の就業パターンの差異が少ないことがわかる。また、これらの数値は1999年のものであるが、1994年のものよりもともに小さくなっていた。反対に農村部の数値は1994年よりも1999年のほうが上昇していたが、特に顕著であったのは、女性の農業従事者比率が男性のそれよりも格段に高く、しかもその差が拡大していたことが、男女の就業傾向の差異を大きくしていたもっとも大きな要因であると考えられる。

3) 民間部門の障壁

また、MENAの女性の労働の傾向として非常に顕著なのは、女性の多くが公共部門で働いているということである。女性の多くが公共部門で働くことには、3つの説明がつけられるが、1つめは公共部門が教育、医療などといった部門での雇用が多く、これらの仕事が社会的に女性の仕事として受け入れられやすいことである。2つめの理由は公共部門のほうがより公平性が高く、もしくはアファーマティブ・アクションの観点からより女性雇用を増やす傾向にある点である。そして最後の点は、労働時間や産休の有無などにおいても労働環境が民間部門と比べより整っていることである (World Bank 2004a)。

図11-8は世界的な女性の公共部門における雇用割合とMENA諸国のそれを示している。MENA諸国に関しては3つの経済型グループに分けて示してあるが、90%を超える公共部門雇用を誇るクウェートを筆頭に、サウジアラビア、リビアと公共セクターにおける女性の雇用は、特に「資源豊富―労

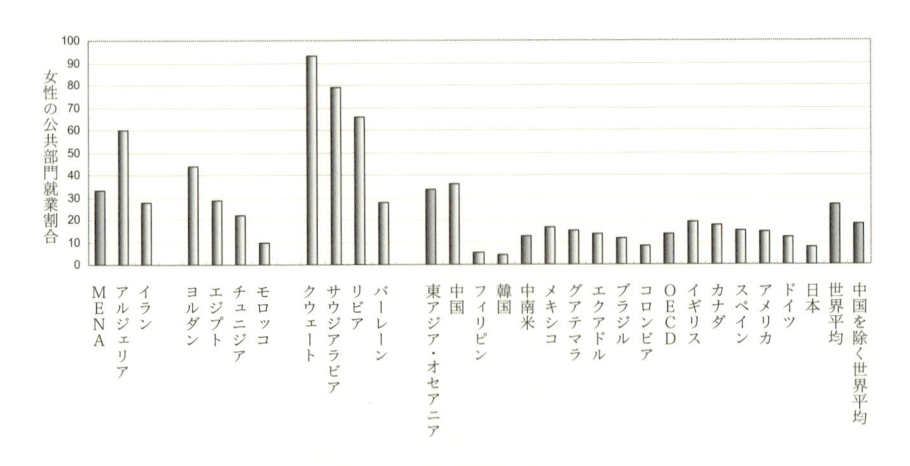

図11-8　MENA 諸国及び世界の国々の女性の公共部門就業割合

出所) World Bank 2007b より筆者作成。

働力輸入国」で多いように見える。この傾向を先に述べた女性の労働力参加率の変化のトレンドと重ねると、「資源豊富、労働力輸入国」の多くが、急激な女性労働参加率の上昇の背景には、公共部門による女性雇用の急拡大があったことがわかる。しかし、公共部門の雇用できる人数にも限りがあり、今後これ以上女性の労働力進出が進めば、民間部門での雇用創出が必要である。危惧されるのは、民間での雇用が創出されないまま女性の労働力参加が増え、女性の失業率のみが上昇することである。

4) 失　業

前項で述べたように、女性の労働力参加の増加において注意しなければならないのは、場合によっては、女性たち自身の失業率が増加することである。事実、女性の失業率は男性よりも高いケースが多い。女性の間での失業率が男性のそれよりも高くなるのは、政府が女性の労働機会を奨励しているが、民間がまだ女性の雇用に対して積極的でない場合に多い。ヨルダンの例を見ると、民間企業の雇用者は女性の雇用をあまり積極的に行っていないが、それは政府が女性労働を奨励しているために、70日間の出産休暇や育児手当

など、女性を雇用するためにかかる費用が男性の場合よりも高くなるからであるという。このように、民間企業は、政府の積極的な女性雇用機会増加政策のために女性の雇用を見送るケースが増えているが、この積極的な女性の雇用政策により、女性たち自身はより労働力に参加するようになったため、この差が女性の失業率の増加という現象として現れるのである (World Bank 2005)。このように、民間セクターの傾向は失業率にも影響を及ぼしていると言える。

また、少し視点の異なる議論について触れておくと、政策決定者がよく議論を行うことが、女性の労働機会を増やし逆に男性の労働機会を奪うことになるのではないかという懸念である。これは、短期間においては多少なりとも事実であろう。もし突然、その国の労働市場に吸収できるキャパシティ以上の労働者が流入すれば、雇用側としては、急に雇用を増やすわけにもいかず、短期的に失業者が増えるかもしれない。しかし、それが必ずしも男性の雇用機会を奪うかどうかと言うと、一概にそれを肯定できないのは、すでに示したように、男性と女性が必ずしも同じ職業において競争するわけではないからである (World Bank 2004a)。また、長期的な視点において、実際に世界の国々の女性労働参加率と失業率の関係を見ると、女性の労働参加率が高い国ほど男女の失業率が低くなる傾向を示している。この傾向が示すのは、長期的に見て、女性の労働力参加と失業率は比例して上昇することはないということである (World Bank 2004a)。

5. 結 論

女性の労働力参加および雇用の増加は国連のミレニアム開発目標でも設定されているように、女性のエンパワーメントの目的においても、経済発展の手段としても大変重要であると考えられている。このように MENA において女性の労働力参加率は過去40年間において大きく上昇してきた。これは主に女性の教育水準の上昇と出生率の低下が大きく影響していたと言える。しかし、世界的に見て MENA の女性労働力参加率は依然として低く、今後

も継続して重要な開発課題であり続けるであろう。MENA諸国の女性の労働参加の問題は労働力を提供する側の問題と労働市場側の双方にあり、提供側の問題には、女性の教育水準、出生率の高さ、女性労働に関する社会通念などがあり、改善されてきたとはいえ、依然として国によっては根強い問題と考えられる。反対に労働市場側にも賃金格差や職業間格差など、男女間にさまざまな格差があり、それが今後の女性労働機会の拡大において妨げになっていることも事実である。

　女性が労働市場に参加しないことは女性自身、家族、そしてコミュニティにとっても損失がある。MENAにおいて特に重要なのは、多くの国で女子の大学就学率が男子の就学率を超えているのにもかかわらず、MENA経済がその高度に育成された人的資源を活用しきれていない点である。すでに述べたように、女性の労働力参加率は大学を卒業した直後の25歳から29歳の年齢層で一番高く、一番伸び率が高いが、それでも、まだ多くの大学卒業生は非労働力となっているのである。これは、国として行った教育投資が経済活動を通して十分に回収されていないことを意味し、経済的観点から見れば、MENA経済全体から見ると大きな機会損失となる。

　現在、MENA諸国は高い経済成長を維持しており、今後もしばらくはこの好景気が続くと予測されている (World Bank 2007a, p. 33)。MENAの多くの国には高い教育水準を備えた有能な女性が経済活動を行わずにいるが、この機会に女性の雇用機会の拡大がなされることが期待されている。

　　注
　1　男女雇用機会均等法は通称であり、もともとは1972年に「勤労婦人福祉法」として制定されたものが、1986年に「雇用の分野における男女の均等な機会及び待遇の確保等女子労働者の福祉の増進に関する法律」として施行され、その後「雇用の分野における男女の均等な機会及び待遇の確保等に関する法律」となった。2007年4月1日には厚生労働省により再度、改定法が施行された (厚生労働省ホームページ)。
　2　パレスチナ自治区とはヨルダン川西岸およびガザ地区を含む。
　3　MENAの定義としては、スーダンを含む場合や、ジブチを含めない場合、ア

フガニスタンを含む場合など、報告を行う機関や研究者によって異なる。
4 これらの国々はそろって2000年以降、高い経済成長を記録している。この地域の実質GDP成長率は1996年から1999年にかけての3.6％から2000年から2003年にかけて4.6％へと上昇率を上げ、2004年、2005年は5.9％の成長率を誇っている。この高度な経済成長率を支えているのは世界的に高騰している原油価格である。MENA諸国をグループ別で見ると、湾岸諸国の所属する資源豊富、労働力輸入国のGDP上昇率が2004年に6.9％、2005年7.5％と著しい（World Bank 2007a）。しかし、MENA全体で見ると2.0％の人口成長率のため、2000年から2003年の1人当たり平均GDP成長率は2.6％程度である（World Bank 2007a）。このような高い成長率と高い人口増加率を維持し続けているのが、近年のMENA地域のマクロ経済の特徴であろう。
5 ダンカン指数は相違指数（Dissimilarity Index）と呼ばれることもある。
6 サカロポロスとザナトス（Psacharopoulos and Tzannatos 1992）はダンカン指数が単に労働者の職業、役職別の分類の差異を示すだけで、その規模や重要性を示すわけではなく、また、2つのグループの労働力外の人口のことも考慮に入れていないと、その弱点を指摘した。
7 Census 1994（MOPD & CSO 1996）およびLabor Force Survey 1999（MOLVT & CSO 2000）から筆者計算による。

引用・参考文献

Al-Qudsi, S., 1998, "Labour Participation of Arab Women: Estimates of the Fertility to Labour Supply Link," *Applied Economics,* Vol. 30, pp. 931–941.

Bergmann, B.R., 2005, *The Economic Emergence of Women*, Second Edition, Palgrave MacMillan.

Bratti, M., 2003, "Labour Force Participation and Marital Fertility of Italian Women: The Role of Education," *Journal of Population Economics*, Vol. 16, pp. 525–554.

CEDAW (Convention on the Elimination of All Forms of Discrimination against Women), 2002, "National report on progress to date in the implementation of the convention on the elimination of all forms of discrimination against women," Fifth periodic report.

Central Statistical Organization and Macro International Inc., 1998, *Final Report: Yemen Demographic and Health and Maternal and Child Health Survey 1997,* (DHS-1997) U.S.A.

Chen, M. *et al.*, 2005, *Progress of the World's Women 2005: Women, Work & Property,* UNIFEM.

Goldin, C., 1994, "The U-Shaped Female Labor Force Function in Economic Development and Economic History," *NBER Working Paper Series*, Working Paper #

4707, National Bureau of Economic Research, Massachusetts, U.S.A.

Hijab, N., El-Solh C., and Ebadi S., 2003, "Social Inclusion of Women in the Middle East and North Africa," Paper prepared for the World Bank, Washington, D.C.

Hill, M.A. and King, E.M., 1995, "Women's Education and Economic Well-Being," *Feminist Economics*, Vol. 1, No. 2, pp. 21-46.

Klasen, S., 1999, "Does Gender Inequality Reduce Growth and Development? Evidence from Cross-Country Regressions," *Policy Research Report on Gender and Development*, Working Paper Series, No.7, The World Bank, Development Research Group/ Poverty Reduction and Economic Management Network.

Ministry of Planning and Development and the Central Statistical Organization, 1996, *Final Results of the Population, Housing and Establishments Census, December 1994, General Report*, Republic of Yemen.

Mayoux, L., 2001, "Jobs, Gender and Small Enterprises: Getting the Policy Environment Right," SEED Working Paper No. 15, Geneva: International Labour Office.

Ministry of Labor and Vocational Training and Central Statistical Organization (MOLVT & CSO): Labor Market Information System Program, 2000, *Final Report 1999 Labor Force Survey Results,* Republic of Yemen.

Psacharopoulos, G. and Tzannatos, Z., 1992, *Women's Employment and Pay in Latin America–Overview and Methodology–*, World Bank Regional and Sectoral Studies, Washington D.C.

Tzannatos, Z., 1999, "Women and Labor Market Changes in Global Economy: Growth Helps, Inequalities Hurt and Public Policy Matters," *World Development*, Vol. 27, No. 3, pp. 551-569.

United Nations., 2001, "Road Map towards the Implementation of the United Nations Millennium Declaration," General Assembly, 56th Session, A/56/326. September 2001.

―――, 2005, "The Millennium Development Goals Report 2005," New York.

World Bank, 2007a, 2007 *Economic Developments and Prospects: Job Creation in an Era of High Growth.* Advanced Copy, Middle East and North Africa Region, Washington, D.C.

―――, 2007b, *World Development Indicators*. (website:http://web.worldbank.org/WBS ITE/EXTERNAL/DATASTATISTICS/0,,menuPK: 232599~pagePK: 64133170 ~piPK: 64133498~theSitePK: 239419,00.html) Access on May 30, 2007.

―――, 2005, *The Economic Advancement of Women in Jordan: A Country Gender Assessment,* Social and Economic Development Group, Middle East and North Africa Region, Washington, D.C.

―――, 2004a, *Gender and Development in the Middle East and North Africa—Women in the Public Spher—*, MENA Development Report, Washington, D.C.
―――, 2004b, *World Development Indicator CD rom*, Washington, D.C.
World Bank EdStats website: http://www1.worldbank.org/education/edstats/ Access on May 30, 2007.
厚生労働省ホームページ．(http://www.mhlw.go.jp/general/seido/koyou/kaiseidanjo/index.html) 2007年5月30日アクセス．

第12章 デリーにおける包括的な教育の取り組みによるストリート・チルドレンを含む働く子どもたちへの教育

河野佐智

1. はじめに

　インドの首都ニューデリーを含むデリーには、近隣州などからたくさんの人々が仕事を求めてやってくる。移動してくるものには、性別を問わず、大人だけでなく子どもも多く含まれている。デリーにやってくる大人の多くは仕事を求めてやってくる者がほとんどである。一家総出で移住してくる者もいれば、単身、出稼ぎでやってくる者もいる。同じように、子どもたちの中にも収入を得るために何らかの職を求めてやってくるものもいる。しかし、中には漠然とした都会への憧れを胸に、親元を離れてデリーに夢を求めてやってくる者たちもいる。そのような背景の中で、何の当てもなく、他州や他の地域からやってくる子どもたちは、定住する場所や働き口を決めてデリーにやってくるのではない。結果として、何らかの手段で住む場所を見つけることができない限り、ストリート・チルドレンとして路上や駅付近で生活せざるを得なくなるのである。

　インド全体を見ても、経済の発展の格差は北と南では異なっている。それは、デリーに当てはめても言うことができる。デリーの中では、貧しい地域は北部に多く見られ、南部はある程度の所得を得ている人々の住む地域となっており、真新しい商業施設や外国人居住者が多く見られる。特に、ニューデリーより少し北に位置するオールドデリー周辺は、住む場所がなく路上で生活する人々や水道や電気もなく不衛生なスラムに住む人々が目立ち、ストリート・チルドレンと思われる子どもたちが多く生活している。デリーの周辺地域、中心部から離れた場所でもスラムを見かけることはあるが、特にオー

ルドデリー一帯から、北部や北西部地域ではスラムを多く目にする。

　本章は、デリーにおいて、貧困地域で生活しているストリート・チルドレンを含む働く子どもの教育状況について、その現状を子どもたちが置かれている状況をふまえた上で、子どもたちがどういった教育に、どのような取り組みによってアクセスしているか、また、それはどのようなものかを明らかにする。そして、働く子どもたちの教育にはどのような課題が挙げられるのかについても検討していきたいと考えている。

2. インド国家の教育政策

　近年のインドにおける教育でもっとも注目すべきことは、2002年の、憲法第86回改正法案によって国家全体の初等教育の義務化を定めたことである。この法律により、6歳から14歳までの年齢層のすべての子どもたちに8年間の義務教育を提供することが各州の責任によって義務づけられた。また、1996年度から2001年度までの第9回5カ年計画の間に、Sarva Shiksha Abhiyan（以下、SSA）という政策を打ち出した。

　SSAはインド全体の就学率の向上を目指し、教育へのコミットメントをこれまで以上に高く掲げ、6歳から14歳までのすべての子どもたちが教育にアクセスすることができ、質の高い教育を提供することを目標に取り組まれた。

1) Sarva Shiksha Abhiyan

　インド政府は、2000年より、就学率の向上と女子教育の改善、社会的に不利な状況に置かれている子どもたちの教育への到達を目指して包括的教育政策の取り組みを始めた。学校の機能をコミュニティ主体にすることによって、Universalisation of Elementary Education[1]（以下、UEE）を達成すべく、SSAという教育政策を打ち出した。SSAは、それまで初等教育レベルで行われていた、地区初等教育計画[2]（District Primary Education Programme）を基礎として発展したものである。SSAは、1）2003年までにすべての子どもが何らかの教育を受けることができる場にアクセスすること、2）2007年までに5年間の初等教育をすべての子どもに提供し、3）2010年までにすべての子どもに8

年間の質の高い基礎教育を提供すること、4) 初等教育に焦点を当て、生活のための教育を強調していくこと、5)性差、社会的格差を就学前の段階では、2007年までに、初等教育段階では2010年までになくす、6) 2010年までにすべての子どもたちが学校に通い在学する、ことを目標としている。これらの目標からもわかるように、インド政府は、SSA を通じて初等教育にこれまで以上に力を入れて取り組んでいることがわかる。また、SSA は、中央政府が政策の中心となっているが、SSA を通して、中央・州・地方政府がお互いにパートナーとなり、各州レベルによる州自身の初等教育における目標を掲げ、その目標を各州が定めた期間までに達成するよう州自身が中心となって取り組む機会をつくっている。SSA は、フォーマル教育にとらわれないさまざまな形態の教育を包括的教育計画である学校外教育制度をその一部とし、構成している。しかし、フォーマル教育だけではなく、包括的な教育を取り込み、フォーマル教育にアクセスすることができない子どもたちが教育を受けることができるようにするとはいえ、国家レベルにおける SSA の構造は、この政策を通してすべての子どもがフォーマル教育へのメイン・ストリーミングを行うという最終的な到達目標がその根底にある。

　SSA におけるフォーマル教育以外の包括的教育計画の取り組みとして、教育保証計画および代替・革新教育計画 (Education Guarantee Scheme and Alternative & Innovation Education, 以下、EGS & AIE) がある。この計画は、州レベルで行われ、SSA の目標に則り、UEE を達成するために、6歳から8歳までの年齢層をフォーマル教育に就学させること、9歳から11歳までの年齢層はメイン・ストリーミングのための架け橋となる教育コースに参加し、復学キャンプなどを通してフォーマル教育に就学させること、12歳から14歳の年齢層の子どもたちや、すぐに教育にアクセスすることが困難な子どもたちについては、代替的な介入をしていくなどの取り組みを行っている。これらの活動は NGO が中心となり、NGO の強みでもある柔軟な対応による取り組みで選択肢の広い学校をつくり出している。EGS & AIE は、過去にインドで行われていたノンフォーマル教育政策をもとに、DPEP などの教育プログラムの経験からコミュニティの参加を考慮し、適切な質の教育を学校に行っていない子どもた

ちに提供することができるとされている。

　EGS & AIE は SSA の下に、SSA を達成するための教育計画としてつくられた。SSA の下では、すべての区において、学校に行っていない子どもたちを就学させることを確実にするため、学校改善、子どもが学校へ通うための動機づけ、フォーマル教育における教員の質向上などを含めた初等教育計画を作成しなければならない。ここで示す学校に行っていない子どもとは、EGS & AIE 計画によって設立された学校に通う子どもたちであると位置づけられており、フォーマル教育へのメイン・ストリーミングが最優先課題となっているということが考えられる。これらの政策の枠組み内容から、インド政府は包括的な教育政策として、フォーマル教育だけを推進するのではなく、EGS & AIE 計画などを取り入れ、型にはまらない学校での教育にも取り組んでいるが、それはあくまで、フォーマル教育へとメイン・ストリーム化するための架け橋としての教育と捉えていることが強く現れている。しかし一方で、EGS & AIE は SSA と一部を合併した政策と言えるが、同時に、それぞれ別の計画としても位置づけられている。EGS & AIE は、人が住んでおらず使われていない建物などで教育を提供することを支援しており、スラムや住む場所のない子どもたちが集うことができるシェルターの提供などをしている。

　また、EGS & AIE はそれぞれの学校、センター、シェルターをもっており、EGS & AIE の取り組みの下に、それぞれの計画と構成がある。EGS は、EGS センターを学校のない地域に約1キロごとに設け、6歳から14歳までの年齢層の子ども15人が最大の定員とされている。AIE は、フォーマル教育への架け橋となる教育を行う。また、対象となる子どもたちは、特に社会的に弱い立場にある子どもたちであり、フォーマル教育に通うことができない子どもたちである。例えば、都会のスラムに住む子どもたち、働く子どもやストリート・チルドレン、9歳以上の子どもたち、中でも、女子を中心とし、それらの子どもたちのために取り組まれている。

3. デリー政府の教育への取り組み

デリーには9つの教育区域がある。North West、North、North East、East、New Delhi、Central、West、South West、South である。中でも、一番人口が多く、また、6歳から14歳までの年齢層の子どもたちが多いのは North West である（表12-1、表12-2参照）。特に、11歳から14歳までの年齢層が他の地域と大きな違いがないのに比べて、6歳から10歳の年齢層では群を抜いている。North West は、デリーの中でも、特に貧しい地域の1つであり、スラムが数多くある。また、広大なごみ収集所が存在する場所である。小さな子どもから大人まで、金銭と交換できるものをごみ山の中に入って集めているのを目の当たりにするのがこの地域である。

デリーも UEE の下、SSA の取り組みに力を入れている。2004年度のデリー政府による SSA の報告書では、デリーの6歳から10歳までと11歳から14歳までの年齢層の純就学率は、それぞれ80.71％、66.04％であり、粗就学率においては、102.31％、85.56％となっている[3]。また、人材資源開発省が発表している学校に行っていない子どもは、8万4,424人と見積もられている。

インドの学校は、多様な組織によって運営されている。その種類はとても多く、単純に公立、私立というように分類することは難しい。デリーにある学校もまた、さまざまな組織によって運営されており、中央政府、デリー政府による運営や地方自治体によって運営されている学校がある。その中で、地方自治体である、MCD（Municipal Corporation of Delhi）、NDMC（New Delhi Municipal Committee）、DCB（Delhi Cantonment Board）がデリーにおける学校運営組織の軸となっている。MVD、NDMC、DCB は政府の学校、いわゆる公立学校の種類である。これにデリー教育課の DoE（Directorate of Education）学校が加わって、デリー政府の下に4つの種類の公立学校が存在する。さらに、この中には、インド政府以外からの支援を受けて運営する、それぞれの学校と、援助を受けずにインド政府の資金でのみ運営する学校に分かれている。

そのほかにもいくつかの団体や NGO が運営するラーニング・センター（Learning Centre）などに通う子どもがいる。この4つの地方自治体によって

表12-1　6歳から10歳までの年齢層人口

教育区域	ST/SC/OBC 以外		ST(指定カースト)/SC(指定部族)/OBC(後進諸階級)		全体	
	女子	男子	女子	男子	女子	男子
East	46,389	54,618	17,014	19,321	63,403	73,939
North East	64,509	75,550	45,529	53,115	110,038	128,665
North	31,752	37,073	16,466	18,312	48,218	55,385
North West	105,213	12,876	68,100	80,499	173,313	209,225
West	64,952	78,327	29,621	33,918	94,573	112,245
South West	43,925	52,844	34,268	40,490	78,193	93,334
South	88,258	102,886	51,664	58,803	139,922	1,616,189
New Delhi	9,812	11,566	4,564	5,308	14,376	16,874
Central	13,179	15,474	9990	10,531	23,169	26,005
Total	467,889	557,064	120,417	320,297	745,205	877,361

出所）Sarva Shiksha Abhiyan "Annual Report 2004-2005" より筆者作成。

表12-2　11歳から14歳までの年齢層人口

教育区域	ST/SC/OBC 以外		ST(指定カースト)/SC(指定部族)/OBC(後進諸階級)		全体	
	女子	男子	女子	男子	女子	男子
East	35,947	40,652	12,695	14,595	48,642	55,247
North East	46,223	53,810	33,244	38,271	79,467	92,081
North	23,940	27,354	11,915	13,617	35,855	40,971
North West	78,906	91,869	48,748	56,830	127,654	148,699
West	49,712	57,844	20,949	24,215	70,661	82,059
South West	31,960	37,594	24,902	28,946	56,862	66,540
South	62,639	72,206	34,732	39,807	97,371	112,013
New Delhi	9,179	10,635	3,813	4,330	12,992	14,965
Central	10,055	11,290	7,343	7,907	17,398	19,197
Total	348,561	403,254	198,341	228,518	546,902	1,178,674

出所）Sarva Shiksha Abhiyan "Annual Report 2004-2005" より筆者作成。

運営される学校の数は、MCDが飛びぬけて多く、2004年の報告書によるとNDMCが65校、DCBが6校であるのに対して、その数は1,820校である[4]。

4. デリーにおける働く子どもたちの背景

インドの中では、都会であるデリーにおいて、働く子どもたちを定義づけ

て判断することは難しい。なぜなら、さまざまな形態を含む仕事に従事する子どもたちの多くは、定住する場所をもたず、地方から出てきて、路上で生活していたり、スラムに身を寄せたりしている貧困層で社会的に不利な状況にある子どもたちだからである。彼らの仕事内容は、ごみ収集所のごみの中から金銭に換えることが可能なものを収集することや、道路に止まっている車やリキシャーの客に本や文具を売る日雇い的な労働に就いているものが中心となっているようで、親の仕事の手伝い以外で定期的に雇われている子どもはほとんどいないからである。また、一方で、そのような子どもたちは、地方から出てきて路上やスラムで生活するストリート・チルドレンとなっているため、それを一定のタイプとして表示することはもちろん、その実態を数字で把握することは容易ではないからである。他の途上国でも見られるように、インドでも同様に、ストリート・チルドレンとなっている子どもが何らかの仕事に従事していることは十分に考えられ、また、仕事に従事している子どもがストリート・チルドレンであることも十分に考えられる。この関係は相対的である。

そのことから、デリーの政府やNGOは、ストリート・チルドレンに対する政策を通して、働く子どもたちへの取り組みを行っている。すなわち、ストリート・チルドレンのための対策プロジェクトの中にある教育における対策を働く子どもたちへの一環として行われている場合が多い。先にも述べたように、デリーでは路上で生活する子どもたちやストリート・チルドレンの子どもたちが働く子どもたちとしても考えられるということであり、デリーにおいて、その点に関する境界線は容易に引けるものではないことから、路上で生活する子どもも、仕事に従事する子どもも、路上で生活し、かつ仕事に従事する子どもも同様の対策プログラムの下で支援される。

デリーにおける貧困層の子どもたちやストリート・チルドレンへの取り組みは、NGOが主体となって政府と協力し、多くの子どもたちが教育やシェルターなどの場にアクセスできるようになってきている。NGOによる子どもたちへの取り組みは、独自のネットワークを構築し、また政府と協力することでその取り組みの広がりを見せている。NGOの活動はコミュニティ参

加を促進し、フォーマル教育以外での型にはまらない学校での教育を実施するインドの教育現場においては、不可欠である。

5. デリー政府の働く子どもへの取り組み

　インドの人材資源開発省の教育局が発表している、デリーにおける学校に行っていない子どもの数は、全体が8万4,424人であり、男子が4万689人、女子が4万3,735人である。圧倒的に女子が学校にアクセスできていないのがわかる。時間的にこれを見ていくと、2003年の3月時点では、40万人以上いた学校に行っていない子どもは、2006年の3月では8万5,000人に減っている。数字だけ見ると、その数は5分の1程度になったとはいえ、まだ8万人の子どもたちが学校に通うことができていないのは問題である。

　デリー政府は、路上で生活する子どもたちや働く子どもたちへの政策として、"Early Childhood Care and Education"（以下、ECCE）という教育におけるプロジェクトと"アンガンワディ（Anganwadi）"という福祉面での取り組みを行っている。前者と後者では管轄する部署が違い、前者は人材資源開発省の教育局によるものであり、後者は社会公正エンパワーメント省の社会福祉局によって実施されている。このどちらのプロジェクトもUEE達成に向けた取り組みの下に行われている。

　また、デリー政府は、SSAとバーギダリ（Bhagidari）[5]・イニシアティブの下、2006年に"Every Child: A campaign for the Education of the Children and Adolescent Youth Who Live and Work on the Street"というキャンペーンを打ち出した。このキャンペーンは、デリーの路上で生活する子どもたちや青年で、何らかの教育に1度もアクセスしていないものが少なくとも約5万人[6]はいると見積もり、路上で生活し働く子どもたちに教育を提供しようというキャンペーンである。

　やはり、このキャンペーンでも鍵となるのは、路上で生活する子どもや教育を受けていない子どもや若者のフォーマル教育へのメイン・ストリーミングであるとして、フォーマル教育の架け橋となる教育活動を中心としている。

そのほか、1日3回の栄養のある温かい食事やシェルターの居住場所の提供、スポーツや映画鑑賞などの余暇活動など、教育以外にも子どもたちに必要な活動を支援している。また、14歳以上の若者には需要のある職業訓練や教育を施し、市場に直結し生計につながる技術の習得の場を設けている。キャンペーンにおけるこれらの活動は、地域のコミュニティ、学校、若者やボランティア・ワーカー、児童福祉施設や青少年福祉委員会、警察などが協力して路上で生活する子どもたちや青年を支援し、キャンペーン達成を目指すことが目的の中に含まれている。さらに、キャンペーンの実施にあたっては、政府の教育局、NGO団体、医療などの専門家、地域の人々、NGOに属していない教育活動におけるコーディネーターがそれぞれの役割をもって取り組んでいる。このキャンペーンでは、デリー政府によって子ども一人当たり年間6,800ルピーが出資される。この予算はSSAの下に提供されている。

　キャンペーンは、SSAという教育政策を通して、すべての子どもたちが教育に到達することも重要な目的の1つであるが、バーギダリの取り組みによって市民社会と政府のパートナーシップの下に問題に取り組んでいくことでお互いの役割を理解し、助け合うことがもう1つの目的として挙げられると考えられる。そのため、NGOが代表として活動の主体となってはいるが、キャンペーンでは多くの異なった立場の人々がそれぞれの役割をもって、取り組むことが望まれている。

1) ECCE

　ECCEというと、就学前の子どもへの教育を指すと考えられるが、インドでは初等教育就学後の子どもたちもプロジェクトに適用されるとみなしている。ECCEは、女性と子ども開発省で行われていたEarly Childhood Developmentから発展した、ICDS (the Integrated Child Development Services) とは違った取り組みとして人材資源開発省より実施された。そして、ECCEでは、これまでは、福祉的視点で取り組まれてきたプロジェクトを子どもの開発に焦点を当てた取り組みになるように構成された。また、ECCEは子どもの健康や、栄養、衛生面だけでの支援ではなく、教育への取り組みに重点を置いている。

ECCEは0歳から6歳までの年齢グループを対象としており、これらの子どもたちにとって、最初の教育段階である就学前教育へのアクセスを可能にし、初等教育におけるフォーマル教育への到達を目的としている。なお、先にも述べたように、中心となる年齢層は0歳から6歳であるが、このプロジェクトはこれより年上の子どもたちについても支援している。特に、女子の初等教育へのアクセスに重点を置き、ドロップ・アウトを減らしフォーマル教育への就学を増やすことを計画している。このプロジェクトにおけるこれらの取り組みを通して、SSAのすべての子どもたちが教育を受けることができ、フォーマル教育へ就学するという目標を促進している。

ECCEの取り組みとしては、ECCEセンターを経済的に弱い地域、スラムなどの地方より移住してきた人々が多く住む地域に設け、センターで3歳から5歳までの年齢層の子どもたちの世話を行い、働く母親の需要に応えるようにしている。また、もしセンターで預かる子どもに兄姉がいれば、彼らもセンターに一緒に通い就学前教育を行う。ECCEセンターを貧困地域に設立することで、子どもをたくさんもつ貧困家庭では、年上の子どもは下の子の面倒を見なければならず、学校などに通うことが難しくなってくる。ECCEセンターのように幼い子どもを預かってもらうことができ、年上の子どもについては、いっしょにセンター内で教育を受けることができるという利点が挙げられる。また、ECCEセンターはMCD、NDMC、DCBの小学校の建物の中に併設されるところもあり、ECCEセンターに通う子どもが、併設される学校にそのまま通うことをより可能にする構造をつくり出している。また、早くから教育に触れておくことで、教育を受けたことがない親の子どもやストリート・チルドレンなどの子どもたちが自主的に教育を受けようとする体制をつくり出すことにつながると考えられる。

2）アンガンワディ（Anganwadi）

アンガンワディは、福祉の視点から路上で生活する子どもたちや働く子どもたちを保護し、支援しようとする政策である。また、子どもだけでなく、ともに社会的に弱い集団である、貧困層の女性や母親の福祉問題にも取り組

んでいる。アンガンワディと呼ばれる児童養護施設のような存在のセンターが町やスラムにいくつも点在し、子どもたちの成長に関わり、栄養や健康管理などについてアドバイスを母親たちに行ったり、親のいない子どもたちの発達を支援したりしている。センターでは、医者や看護師と一緒にアンガンワディ・ワーカーと呼ばれる人々とヘルパーが子どもたちのケアに務めている。身体を壊しても薬が買うことができなかったり、医療施設に通うことができなかったりするストリート・チルドレンや貧困層の子どもたちは、センターで保護を受けることができる。また、センターでは子どもたちへの健康管理や母親への栄養や衛生面での指導だけではなく、ノンフォーマルで行われる基礎的な教育を行っているセンターもある。また、ECCE の活動と対になって、ECCE の取り組みの下に、アンガンワディ・センターで就学前教育を行っている。そこで行われる教育の内容とは、カードなどのゲームや絵を描いたりスポーツをしたりなどのレクリエーションを主に行っている。

　アンガンワディは ECCE と重なる取り組みであると言える。明らかな相違点は、管轄の省が違うことと ECCE は教育に、アンガンワディは福祉に重点を置いている点であると言える。また、どちらの取り組みもスラムや貧困家庭の子ども、ストリート・チルドレンなどの社会経済的に弱い立場にある子どもたちへの支援を行っており、このような教育だけでなく、総合的なプロジェクトや取り組みを通じて社会の主流に入ることが難しい子どもたちに教育を受ける機会をつくり出している。

6．デリーの NGO による働く子どもたちへの教育活動

　NGO の活動は、所得の格差が大きく、貧困やカーストなどの文化的慣習によって社会的に恵まれず、社会の軸から外れてしまっている人々が多く存在しているインドでは、政府以外で市民社会の活動を支援する NGO の存在意義が大きい。人口が多く、人の流動が激しいインドでは、政府だけでは人々の生活で起きている問題を十分に把握することは難しい。インドにおいて、地域に密着して地域住民の生活の身近にある NGO の活動なくしては、人々

の生活を支援していくことができないといっても過言ではない。特に、スラムで暮らす人々やストリート・チルドレンとなって路上で暮らす子ども、学校に行かずに働く子どもなどは、社会活動の主流から外れてしまっているため、政府からの対策が遅れがちになる。NGOはそういった人々のために真っ先に行動できる組織であり、貧困家庭の子どもや路上で生活する子どもたちの居住場所や食事、教育を提供しており、大きな役割を担っている。

インドでは、NGOが子どもたちに教育を提供する場や住む場所となるシェルターを含めてラーニング・センターと呼ぶ。ラーニング・センター(LC)とは、ストリート・チルドレンや働く子どもたちなどを中心に、さまざまな理由で、それまで教育を受けることができなかった子どもたちが教育を受けることができる重要な場として、多くの子どもたちが通っている。ラーニング・センターはフォーマルで行われる学校教育とは別であり、ノンフォーマル教育と言える。ラーニング・センターは教育保証計画(AIE)の下に、学校に行くことができなかった子どもたちが初等レベルの教育を受ける機会を提供することを目的に設立された。また、ラーニング・センターで子どもたちが学ぶことを通してUEEの達成を目指すことが最大の目的である。

ラーニング・センターが設立される場所のことをシェートラ(Kshetra)と言い、神聖な場を意味しているシェートラは地理的に計算され、子どもたちがセンターに通うことができる距離につくられている。1つのシェートラには1つのNGOが担当することになっており、シェートラの中にいくつのラーニング・センターを設立するかは、学校に通っていない子どもの人数で決まることになっている。

2004年の時点で、デリーには3,345のラーニング・センターがあり、NGOが独自の活動プログラムで子どもたちの支援を行う団体と政府の政策やキャンペーンに則ってプログラムを行う団体とがある。どちらの場合も、社会経済的な理由で学校に行っていない子どもたちの支援に積極的に取り組んでいる。ラーニング・センターは、デリー政府の教育課の担当者とそれぞれの教育区の担当コーディネーターによってモニタリングされる。また、教員訓練も行われており、教員の教材もフォーマル教育の学校で使われるものとほぼ

表12-3 ラーニング・センターと子どもの数

教育区域	学校に行っていない子ども数（予想）	NGO数	Kshetra数	LC数	LCに通った子ども数	メイン・ストリームした子ども数
East	12,692	38	99	394	15,760	395
North East	28,266	31	110	518	20,720	2,684
North	10,070	12	111	203	8,120	107
North West	46,639	33	273	785	31,400	1,996
West	24,606	38	190	354	14,160	290
South West	16,673	23	159	398	15,920	752
South	39,944	30	193	550	22,000	2,182
Central	6,504	12	36	110	4,400	63
New Delhi	2,220	5	26	33	1,320	
全体	187,614	222	1,197	3,345	133,800	8,469

出所) Sarva Shiksha Abhiyan "Annual Report 2004-2005".

同じようなものが備えられている。

　表12-3を見ると、学校に行っていない子どもたちの多くがラーニング・センターに通っていることがわかるが、全体を見れば5万人近くが教育にアクセスできていないことも現状である。ラーニング・センターが設立され、政府が代替的な教育案を取り入れNGOと協力して活動したことで、それまで教育を受けずに働いていた子どもたちが教育を受ける機会を得たことは進歩だと考えられる。しかし、ラーニング・センターで学んだ後にどう社会に繋げるかが問題である。政府はフォーマル教育へつながることを意識して政策を展開しているが、表12-3からもわかるように、それはあまりうまくいっていないのが現状である。しかし、ラーニング・センターの活動はまだ始まったばかりであり、政府の政策や支援の下、NGOがより積極的に活動を行っていくことで、これからの成果に十分に影響してくることが期待でき、より多くの子どもたちが学ぶ機会を得ることができると予想される。

7. 結　語

　インドでは、近年の目覚しい経済発展の流れを受けて、政府の教育へのコ

ミットメントも次第に増している。もともと、ITや理科系の教育において優れた成果を世界に見せつけてきたインドの教育熱心さからもうかがえるように、人々の教育を重要視する国民性が近年の就学率の向上につながってきていると考えられる。

しかし、その一方で、社会の軸となっている集団からまったく外れてしまっている集団も生まれている。その集団が、どこまで近年の経済発展で成功し、台頭した中産所得層の集団に近づけるかが問題である。しかし、この問題はずっと先の課題であり、教育における現実的な問題はもっと人々の生活の根底の部分にある。中産所得層の増大と同様に多くの貧困層の人々が、いまだ多く存在している。首都でありインドの中でも大都市のデリーでは、貧困層と中産所得層やそれ以上の所得層の人々との境目がはっきりしている。

デリーでは政府とNGOの協力により、学校に行くことができない子どもたちのためにさまざまな形で教育を受ける機会を取り入れ実施している。しかし、これらの子どもたちがNGOによって提供されるラーニング・センターなどのノンフォーマルで行われる教育プログラムを受けた後に、引き続きフォーマルな学校で教育を続けるものは少なく、教育を続けたくても続けられない現実的な問題がある。それまで、ただで受けていた教育を、たとえわずかな額であったとしても、授業料を払って教育を続けさせることができる家庭は少ない。また、スラムや路上で暮らす子どもたちの環境は、1日中学校に行って勉強するという行為に慣れてはいない。そしてさらに、子どもたちの親や周りの子どもたちの影響も大きく、教育を受けることへの周囲の環境が十分に整っていないこともノンフォーマルでの教育を受けた後、さらに教育を続けていくか、続けていかないかの選択の1つの要因となっていると考えられる。ノンフォーマルで行われる教育を受けることで、ある程度の読み書きや計算能力の習得といった学習面での達成や、集団社会で行動することで規律や他人とのコミュニケーション能力などを学んだとしても、すぐに習得した能力を発揮し、生活が向上するわけではないので教育の価値を見出すのには時間がかかってくる。日々の生活を送るのに精一杯である路上やスラムで生活する子どもたちが多く存在するデリーの現状では、すべての子ど

もたちがノンフォーマルな教育を終えた後、フォーマルな教育機関で勉強することは難しいと考えられる。それが、メイン・ストリームした子どもが、ノンフォーマル教育に通った子どもの数に対してとても少ないことからもうかがえる。しかし、多くの子どもが何らかの教育にはアクセスできている。それはこれからの子どもたちが、今以上に教育を受ける機会をもち、最終的にすべての子どもが何らかの教育を受けることができる可能性につながっていると考えられる。

　多くの人がそれぞれの目的をもって、都会のデリーへ次々と流入してくることは、デリー政府にとってもきちんとした子どもたちの数の把握をし、全員に教育を提供することができるよう取り組むことは困難である。それは、地域をベースにして活動し、日々、フィールド・ワーカーによって担当した地域を自分の足で歩き、子どもたちの様子や変化を気にかけるなどして、子どもたちのことをよく理解、または理解しようと努めるよう行動し、支援しているようなNGOによる働きとの連携なしでは難しい。また、人口の多さも政府の働きかけだけでは対応することができない要因の1つと考えられる。

　政府はこれらの問題を捉えた上で、フォーマル教育にアクセスすることができない子どもたちへの教育を広く、柔軟に包括的な取り組みで対応している。しかし、これらの取り組みを超えて、フォーマル教育への移行を目指す政府の動向に、果たして貧困層の子どもたちはどこまでついていくことができるのだろうか。インドが目標とする、2010年までに6歳から14歳までのすべての子どもたちが教育にアクセスし、8年間の初等教育を達成させることはできるだろうか。達成目標まであと3年余りである。この目標を達成できるかどうかは、子どもたちの生活環境が変わらない限り難しいと考えられる。子どもたちが住む路上やスラムでは、学校に行っていないことを咎められたり、行くように勧めてくれたりする大人が少ない。それらの状況が変わって、大人にも子どもにも教育の価値が伝わらない限り、子どもたちが教育を受け続けるようになるのは難しいと考える。それを人々に伝え、わからせる役割を担っているのが、NGOやコミュニティで活動する人々であると考え

られる。政府の政策の下に、彼らの活動によって、これからもより多くの子どもたちが何らかの教育を受ける機会を増すことが期待される。

注
1 14歳までのすべての子どもに無償教育を提供すること。
2 1994年より始まり、Madhya Pradesh、Assam、Haryana、Maharashtra、Karnataka、Tamil Nadu、Kerala の7つの州で42の区がプログラムに参加していた。すべての子どもが教育へアクセスし就学する。また、すべての14歳までの子どもが在学することを目的としていた。デリーはこのプログラムに参加していない。
3 Sarva Shiksha Abhiyan "Annual Report 2004-2005" UEE MISSION Directorate of Education.
4 Sarva Shiksha Abhiyan "Annual Report 2004-2005" UEE MISSION Directorate of Education.
5 政府が市民に責任をもち、パートナーとして共に活動し、市民にも政府の存在意義をそれまで以上に理解してもらうことで政府と市民が共同して、より良い町をつくっていこうという取り組み。
6 Government of MCT of Delhi.

引用・参考文献
黒崎卓，2006，財団法人国際金融情報センター『インド経済の諸課題と対印経済協力のあり方』「第3章 MDGs達成に照らした教育・保健・食料・貧困の状況と課題」．(http://www.mof.go.jp/jouhou/kokkin/tyousa/1803india_8.pdf)

Directorate of Education, Sarva Shiksha Abhiyan "Annual Report 2004-2005", UEE MISSION Directorate of Education.

―――，Sarva Shiksha Abhiyan "Annual Report 2003-2004", UEE MISSION Directorate of Education.

Pritchett, Lant and Pande, Varad, 2006, "Making Primary Education Working for India's Rural Poor: A Proposal for Effective Decentrization", Social Development Papers, South Asia Series, Paper No.95, Social Development Department, World Bank.

Rogers. Alan, 2004, "Non-Formal Education, Flexible Schooling or Participatory Education?," CERC Studies in *Comparative Education,* 15, Comparative Education Research Centre, The University Hong Kong, Kluwer Academic Publisher.

UNESCO, 2006, "Select Issues Concerning ECCE India", National Institute of Public

Cooperation and Child Development.
UNICEF, 2006, "Education Sector-Wide Programme-Based Approaches".
United Nations Children's Fund Regional Office for South Asia, "Social and Gender Disparity in".
United Nations Education, Scientific and Cultural Organization, Indian National Commission for Co-operation with UNESCO, 2001, "Education for Street and Working Children in India".
World Bank, 2004.3, "Project Appraisal Document on A Proposed Credit in The Amount of SDR 334.9 Million to The Republic of India for An Elementary Education Project", Human Development Sector Unit, South Asia Region.

Department of Social Welfare ホームページ．
Directorate of Education ホームページ．
Education for All India ホームページ． http://educationforallinindia.com/
Government of Delhi ホームページ．
Ministry of Human Resource Development ホームページ．
Ministry of Social Justice and Empowerment ホームページ．
Press Information Bureau, Government of India ホームページ．
UNICEF ホームページ．

文献目録（邦文のみ）

山内乾史・武寛子作成

相沢幸悦, 2007, 『「図説」数字がものを言う本！―「格差社会」を生き抜くための』彩流社.

青木健一編, 1981, 『オーバードクター白書―全国一斉アンケート調査報告書』OD問題の解決をめざす若手研究者団体連絡会.

青木紀編著, 2003, 『現代日本の「見えない」貧困―生活保護受給母子世帯の現実』明石書店.

青木秀男, 2000, 『現代日本の都市下層―寄せ場と野宿者と外国人労働者』明石書店.

赤川学, 2004, 『子どもが減って何が悪いか！』筑摩書房.

明石要一, 2006, 『キャリア教育がなぜ必要か―フリーター・ニート問題解決への手がかり』明治図書出版.

赤瀬川原平, 1998, 『老人力』筑摩書房.

上里一郎監修・白井利明編, 2005, 『迷走する若者のアイデンティティ―フリーター, パラサイト・シングル, ニート, ひきこもり』ゆまに書房.

秋庭洋, 2007, 『それでも就職したいあなたに―既卒, フリーター, 第二新卒の大逆転内定獲得術』あさ出版.

浅井宏純・森本和子, 2005, 『自分の子供をニートにさせない方法―ニートといわれる人々』宝島社.

朝日新聞経済部, 2006, 『不安大国ニッポン―格差社会の現場から』朝日新聞社.

朝日新聞社会部, 1998, 『「会社人間」たちの末路―次はサラリーマンになりたくない』ダイヤモンド社.

朝日新聞特別報道チーム, 2007, 『偽装請負―格差社会の労働現場』朝日新聞社.

朝日新聞「分裂にっぽん」取材班, 2007, 『分裂にっぽん―中流層はどこへ』朝日新聞社.

朝日新聞「ロストジェネレーション」取材班, 2007, 『ロストジェネレーション―さまよう2000万人』朝日新聞社.

―――, 2007, 『ロストジェネレーションの逆襲』朝日新聞社.

朝日ニュース, 1997, 『フィルムに残されたあのころのにっぽん第4巻（昭和43年～46年）』文藝春秋（ビデオ）.

足立倫行, 2006, 『親と離れて「ひと」となる』日本放送出版協会.

東浩紀・北田暁大, 2007, 『東京から考える― 格差・郊外・ナショナリズム』日本放送出版協会.

阿部真大, 2006, 『搾取される若者たち―バイク便ライダーは見た！』集英社.
―――, 2007, 『働きすぎる若者たち―「自分探し」の果てに』日本放送出版協会.
天野郁夫, 1982, 『教育学大全集5 教育と選抜』第一法規出版.
雨宮処凛, 2007, 『生きさせろ！―難民化する若者たち』太田出版.
―――, 2007, 『プレカリアート―デジタル日雇い世代の不安な生き方』洋泉社.
雨宮処凛・福島みずほ, 2007, 『ワーキングプアの反撃』七つ森書館.
荒井一博, 1997, 『終身雇用制と日本文化―ゲーム論的アプローチ』中央公論社.
荒井千暁, 2007, 『勝手に絶望する若者たち』幻冬舎新書.
新井光吉, 2007, 「アメリカの社会福祉の現状と課題」, 松村祥子編『欧米の社会福祉』放送大学教育振興会, 111-127頁.
―――, 2007, 「雇用と社会福祉」, 松村祥子編『欧米の社会福祉』放送大学教育振興会, 85-98頁.
新井潤美, 2001, 『階級にとりつかれた人びと―英国ミドル・クラスの生活と意見』中央公論新社.
荒木創造, 2005, 『ニートの心理学―「進化」したアダルトチルドレンにいかに対処するか』小学館.
新谷周平, 2002, 「ストリートダンスからフリーターへ―進路選択のプロセスと下位文化の影響力」『教育社会学研究』71号, 151-170頁.
居神浩・三宅義和・遠藤竜馬・松本恵美・中山一郎・畑秀和著, 2005, 『大卒フリーター問題を考える』ミネルヴァ書房.
生田武志, 2007, 『ルポ最底辺―不安定就労と野宿』筑摩書房.
池田賢市, 2001, 『フランスの移民と学校教育』明石書店.
池田寛, 1987, 「日本社会のマイノリティと教育の不平等」『教育社会学研究』42号, 51-69頁.
―――, 2000, 『学力と自己概念―人権教育・解放教育の新たなパラダイム』解放出版社.
石井寛治, 1997, 『日本の産業革命―日清・日露戦争から考える』朝日新聞社.
石川晃弘・川崎嘉元編, 1991, 『日本社会は平等か―中堅サラリーマンのイメージ』サイエンス社.
石川経夫, 1994, 『日本の所得と富の分配』東京大学出版会.
石田浩, 2005, 「後期青年期と階層・労働市場」『教育社会学研究』76号, 41-57頁.
石原まこちん, 2007, 『ぼくのニート道―ニート取扱説明書』新潮社.
磯田光一, 1990, 『思想としての東京―近代文学史論ノート』講談社.
市川昭午・喜多村和之編, 1995, 『現代の大学院教育』玉川大学出版部.
市川伸一編, 2003, 『学力から人間力へ』教育出版.
伊藤彰浩, 2004, 「大卒者の就職・採用のメカニズム―日本的移行過程の形成と変容」,

寺田盛紀編『キャリア形成・就職メカニズムの国際比較―日独米中の学校から職業への移行過程』晃洋書房.
伊藤隆太郎, 2006, 「優等生受難の時代」『AERA』Vol. 19, No. 35, 2006年7月24日, 12-16頁.
―――, 2006, 「ライバルはハーバード大, 狙うは世界一, 東大＝最強は本物か」『AERA』Vol. 19, No. 25, 2006年5月29日, 12-15頁.
絲山秋子, 2005, 『ニート』角川書店.
稲井雄人, 2007～, 『京大M1物語』(『ビッグコミックスピリッツ』小学館に連載中).
稲葉陽二, 1996, 『「中流」が消えるアメリカ―繁栄のなかの挫折』日本経済新聞社.
乾彰夫, 2006, 『不安定を生きる若者たち―日英比較 フリーター・ニート・失業』大月書店.
今田高俊編, 2000, 『社会階層のポストモダン』東京大学出版会.
岩井克人, 2003, 『会社はこれからどうなるのか』平凡社.
岩川直樹・伊田広行, 2007, 『貧困と学力』明石書店.
岩木秀夫, 1999, 「さまよってるのは誰か？」『教育と情報』No. 500, 2-7頁.
―――, 2004, 『ゆとり教育から個性浪費社会へ』筑摩書房.
―――, 2006, 「非正規就業問題への教育訓練政策パラダイムと雇用労働政策・社会保障政策パラダイムに関する一考察」『季刊社会保障研究』Vol. 42, No. 2, 106-114頁.
岩木秀夫・耳塚寛明, 1983, 「高校生―学校格差の中で」『高校生―学校格差の中で（現代のエスプリ195）』至文堂.
岩瀬彰, 2006, 『「月給百円」のサラリーマン―戦前日本の「平和」な生活』講談社現代新書.
岩田正美, 2000, 『ホームレス／現代社会／福祉国家―「生きていく場所」をめぐって』明石書店.
―――, 2007, 『現代の貧困―ワーキングプア／ホームレス／生活保護』筑摩書房.
岩田正美・西澤晃彦編著, 2005, 『貧困と社会的排除―福祉社会を蝕むもの』ミネルヴァ書房.
岩脇千裕, 2004, 「大学新卒者採用における『望ましい人材』像の研究：著名企業による言説の二時点比較をとおして」『教育社会学研究』74号, 309-327頁.
インコルバイア, アントニオ／リマッサ, アレッサンドロ著, アンフィニジャパン・プロジェクト訳, 2007, 『僕らは, ワーキング・プー』世界文化社.
ウィルソン, ウィリアム・ジュリアス著, 青木秀男監訳, 平川茂・牛草英晴訳, 1999, 『アメリカのアンダークラス―本当に不利な立場に置かれた人々』明石書店.
上野千鶴子・三浦展, 2007, 『消費社会から格差社会へ―中流団塊と下流ジュニアの未来』河出書房新社.

上原善広, 2005,『被差別の食卓』新潮社.
植村泰忠, 1978-80,『大学院問題に関する調査研究 (文部省科学研究費補助金研究成果報告書)』東京大学理学部.
ウォルターズ, E. 編, 木田宏監訳, 1969,『これからの大学院』東京大学出版会.
ウォルフレン, カレル・ヴァン著, 鈴木主税訳, 1999,『怒れ！日本の中流階級』毎日新聞社.
潮木守一, 1971,「高等教育の国際比較：高等教育卒業者の就業構造の比較研究」『教育社会学研究』26号, 2-16頁.
―――, 1986,『キャンパスの生態誌―大学とは何だろう』中央公論社.
碓井敏正, 1997,『日本的平等主義と能力主義, 競争原理―新たな連帯は可能か？』京都法政出版.
碓井敏正・大西広編, 2007,『格差社会から成熟社会へ』大月書店.
臼井宥文, 2006,『日本の富裕層―お金持ちを「お得意さま」にする方法』宝島社.
内橋克人, 2006,『悪夢のサイクル―ネオリベラリズム循環』文藝春秋.
内田樹, 2007,『下流志向―学ばない子どもたち働かない若者たち』講談社.
内田龍史, 2004,「社会的に不利な立場に置かれたフリーターとジェンダー」『部落解放研究』No. 160, 18-32頁.
卯月由佳, 2006,「イギリスの若者の教育と職業への非参加に対する貧困の効果―貧困政策と実証分析の課題」『海外社会保障研究』No. 154, 83-94頁.
宇都宮健児・猪股正・湯浅誠編, 2007,『もうガマンできない！広がる貧困―人間らしい生活の再生を求めて』明石書店.
馬越徹, 2007,『比較教育学―越境のレッスン』東信堂.
江上剛, 2007,「アジア・ビジネス最前線 (6) 韓国型経営が生む超格差」『文藝春秋』Vol. 85, No. 9, 360-372頁.
エジェル, スティーヴン著, 橋本健二訳, 2002,『階級とは何か』青木書店.
江下雅之, 2007,『リンク格差社会―ウェブ新時代の勝ち組と負け組の条件』毎日コミュニケーションズ.
エスピン-アンデルセン, G. 著, 岡沢憲芙・宮本太郎監訳, 2001,『福祉資本主義の三つの世界―比較福祉国家の理論と動態』ミネルヴァ書房.
NHKスペシャル『ワーキングプア』取材班編, 2007,『ワーキングプア―日本を蝕む病』ポプラ社.
NHK放送文化研究所編, 2003,『NHK中学生・高校生の生活と意識調査―楽しい今と不確かな未来』日本放送出版協会.
江原武一・馬越徹編著, 2004,『大学院の改革』東信堂.
エーレンライク, バーバラ著, 曽田和子訳, 2007,『捨てられるホワイトカラー―格差社会アメリカで仕事を探すということ』東洋経済新報社.

大井方子, 2006,「若者の就業に関する一考察」『季刊社会保障研究』Vol. 42, No. 2, 126-136頁.
大沢勝ほか編, 1982,『学術体制と大学 (講座日本の大学改革 4)』青木書店.
太田清, 2005,『フリーターの増加と労働所得格差の拡大』内閣府経済社会総合研究所.
大竹文雄, 2001,『雇用問題を考える―格差拡大と日本的雇用制度』大阪大学出版会.
―――, 2005,『日本の不平等―格差社会の幻想と未来』日本経済新聞社.
―――, 2006,「『格差はいけない』の不毛―政策として問うべき視点はどこにあるのか」『論座』131号, 104-109頁.
―――, 2007,「格差問題解決の本当の処方箋」『Foresight』Vol. 18, No. 7, 22-26頁.
大村大次郎, 2007,『国税調査官が教えるなぜ金持ちが増えたのか？―税が格差社会を作った』グラフ社.
大橋範雄, 2007,『派遣労働と人間の尊厳―使用者責任と均等待遇原則を中心に』法律文化社.
小方直幸, 2005,「大学から職業への移行における新卒派遣のインパクト」『大学論集』広島大学高等教育研究開発センター, 第37集, 61-77頁.
岡本英雄・直井道子編, 1990,『女性と社会階層 (現代日本の階層構造 4)』東京大学出版会.
小川啓一, 2007,「労働市場参入への教育の役割―トルコのケース・スタディから」, 山内乾史編『開発と教育協力の社会学』ミネルヴァ書房.
小川啓一・野村真作, 2006,「レソト王国における中等教育のアクセス問題に関する分析―教育の需要側の視点から」『国際教育協力論集』第9巻第2号, 広島大学教育開発国際協力研究センター, 59-70頁.
小川浩, 2005,『知的障害者就労支援マニュアル Q & A』就労支援担当者に関する調査研究委員会.
沖田敏恵, 2003,「社会的排除への認識と新しい取り組み―コネクシオンズサービス」『諸外国の若者就業支援政策の展開―イギリスとスウェーデンを中心に (資料シリーズ No. 131)』日本労働研究機構.
―――, 2004,「ソーシャル・ネットワークと移行」『移行の危機にある若者の実像―無業・フリーターの若者へのインタビュー調査 (中間報告) (労働政策研究報告書 No. 6)』労働政策研究・研修機構.
奥谷禮子, 2006,「ニート, 何と優雅な……. 老後は生活保護を受けて暮らすのですか？」『日本の論点2006』文藝春秋, 360-363頁.
尾崎盛光, 1967,『就職―商品としての学生』中央公論社.
―――, 1967,『日本就職史』文藝春秋.
―――, 1972,『人材の社会学―主流はどう変わってきたか』実業之日本社.
尾嶋史章, 2001,『現代高校生の計量社会学―進路・生活・世代』ミネルヴァ書房.

小田晋・西村由貴・村上千鶴子，2005，『ニートひきこもり／PTSD外傷後ストレス障害／ストーカー』新書館．
小田実，2007，『中流の復興』日本放送出版協会．
尾高邦雄編，1958，『職業と階層』毎日新聞社．
小田嶋隆，2000，『人はなぜ学歴にこだわるのか．』メディアワークス．
落合恵美子，2004，「変容するアジア諸社会における育児援助ネットワークとジェンダー——中国・タイ・シンガポール・台湾・韓国・日本」『教育学研究』Vol. 71, No. 4, 382-398頁．
小野旭，1989，『日本的雇用慣行と労働市場』東洋経済新報社．
——，1997，『変化する日本的雇用慣行』日本労働研究機構．
小畑耕作，2006，「養護学校高等部の現状と進路実態から見た専攻科の意義」『障害者問題研究』Vol. 34, No. 2, 92-99, 109頁．
階層社会研究委員会，2006，『図解下流時代を生きる！』ゴマブックス．
貝塚啓明・財務省財務総合政策研究所編，2006，『経済格差の研究——日本の分配構造を読み解く』中央経済社．
解放新聞社，1974，「主張　一歩前進を踏み固め，就職差別撤廃へとりくみをさらに強めよう」『解放新聞』1974号，2000年6月26日．
陰山英男，2003，『学力は家庭で伸びる——今すぐ親ができること41』小学館．
風樹茂，2004，『サラリーマン残酷物語——起業か，転職か，居残るか』中央公論新社．
風間直樹，2007，『雇用融解——これが新しい「日本型雇用」なのか』東洋経済新報社．
鹿嶋敬，2005，『雇用破壊——非正社員という生き方』岩波書店．
柏木友紀・片桐圭子，2007，「世代　祖父母力で決まる格差——経済力と手助けで大きな差，300人調査」『AERA』Vol. 20, No. 37, 2007年8月13日-20日, 34-39頁．
片桐圭子，2006，「現実　ワーキングプア脱出法——無料の就職学校から正社員へ」『AERA』Vol. 19, No. 49, 2006年10月23日, 14-17頁．
——，2006，「もたらす未来，『弊害』か『活力』か」『AERA』Vol. 19, No. 49, 2006年10月23日, 18-19頁．
加藤諦三，2006，『格差病社会——日本人の心理構造』大和書房．
加藤尚文，1971，『大卒労働力——現場投入の時代』日本経営出版会．
——，1980，『学歴信仰の崩壊——いま大卒に何が求められているか』日本経営出版会．
門倉貴史，2006，『ワーキングプア——いくら働いても報われない時代が来る』宝島社．
——，2007，『ホワイトカラーは給料ドロボーか？』光文社．
——，2007，『派遣のリアル——300万人の悲鳴が聞こえる』宝島社．
金子雅臣，2002，『知って得するフリーター読本——トラブル対応から脱フリーターまで』明石書店．

鹿又伸夫, 2001,『機会と結果の不平等―世代間移動と所得・資産格差』ミネルヴァ書房.
鴨桃代, 2007,『非正規労働の向かう先』岩波書店.
香山リカ, 2004,『就職がこわい』講談社.
苅谷剛彦, 1991,『学校・職業・選抜の社会学―高卒就職の日本的メカニズム』東京大学出版会.
―――, 1993,「高卒労働市場の日本的特質：労働市場の変化と「学校に委ねられた職業選抜」のゆらぎ」『日本労働研究雑誌』Vol. 35, No. 10, 2-13頁.
―――, 1995,『大衆教育社会のゆくえ―学歴主義と平等神話の戦後史』中央公論社.
―――, 2001,『階層化日本と教育危機―不平等再生産から意欲格差社会へ』有信堂高文社.
―――, 2007,「『学習資本主義』と教育格差：社会政策としての教育政策」, 社会政策学会編『格差社会への視座：貧困と教育機会（社会政策学会誌第17号）』法律文化社, 32-48頁.
苅谷剛彦・粒来香・長須正明, 1997,「進路未決定の構造：高卒進路未決定者の析出メカニズムに関する実証的研究」『東京大学大学院教育学研究科紀要』37号, 45-76頁.
苅谷剛彦・菅山真次・石田浩編, 2000,『学校・職安と労働市場―戦後新規学卒市場の制度化過程』東京大学出版会.
苅谷剛彦・濱中義隆・千葉勝吾, 2001,「ポスト選抜社会の進路分化と進路指導」『東京大学大学院教育学研究科紀要』41号, 127-154頁.
苅谷剛彦・志水宏吉・清水睦美, 2002,「東大・苅谷剛彦教授グループの学力調査（下）教育の階層差をいかに克服するか」『論座』86号, 24-43頁.
苅谷剛彦・志水宏吉編, 2004,『学力の社会学―調査が示す学力の変化と学習の課題』岩波書店.
川上源太郎, 2000,『ミドル・クラス―英国にみる知的階級宣言』中央公論新社.
川上憲人・小林廉毅・橋本英樹編, 2006,『社会格差と健康―社会疫学からのアプローチ』東京大学出版会.
河上肇著, 大内兵衛解題, 1947,『貧乏物語』岩波書店.
川崎昌平, 2007,『ネットカフェ難民―ドキュメント「最底辺生活」』幻冬舎.
川嶋太津夫, 1998,「大衆化する大学院」, 佐伯胖ほか編『変貌する高等教育』岩波書店.
―――, 2003,「21世紀は大学院の時代か」, 有本章・山本眞一編『大学改革の現在』東信堂.
カワチ, イチロー／ケネディ, ブルース著, 西信雄・高尾総司・中山健夫監訳, 社会疫学研究会訳, 2004,『不平等が健康を損なう』日本評論社.
川本三郎, 1999,『銀幕の東京―映画でよみがえる昭和』中央公論新社.
岸本裕史, 1981,『見える学力・見えない学力』大月書店.

岸本重陳, 1978, 『「中流」の幻想』講談社.
喜入克, 2005, 『叱らない教師, 逃げる生徒―この先にニートが待っている』扶桑社.
吉川徹, 1998, 『階層・教育と社会意識の形成―社会意識論の磁界』ミネルヴァ書房.
―――, 2006, 『学歴と格差・不平等―成熟する日本型学歴社会』東京大学出版会.
ギデンズ, アンソニー著, 松尾精文・小幡正敏訳, 1993, 『近代とはいかなる時代か？―モダニティの帰結』而立書房.
木下武男, 2007, 『格差社会にいどむユニオン―21世紀労働運動原論』花伝社.
木村恵子, 2007, 「『女女格差』の理不尽な現実：職場の同僚, 大学の同級生, ママ友. 隣の女が妬ましい」『AERA』Vol. 20, No. 29, 2007年6月25日, 16-19頁.
木本喜美子・深澤和子編, 2000, 『現代日本の女性労働とジェンダー―新たな視角からの接近』ミネルヴァ書房.
「教育改革」研究会編, 2005, 『教育格差と階層化―自己教育する身体をとりもどそう 斎藤貴男対談集』批評社.
京都大学院生協議会, 1980, 『オーバードクター問題の解決をめざして―わが国の高等教育の・学術研究体制のバランスのとれた発展を』OD問題の解決をめざす若手研究者団体連絡会.
金美齢, 2006, 『日本ほど格差のない国はありません！』ワック.
金原政憲, 2007, 『格差がなんだ!! 人生は営業だ!! ―人生を一変させる「積極型営業思考」の生かし方』ごま書房.
久木元真吾, 2003, 「『やりたいこと』という論理―フリーターの語りとその意図せざる帰結」『ソシオロジ』Vol. 48, No. 2, 73-89頁.
櫛田佳代, 2004, 『ビッグイシューと陽気なホームレスの復活戦』ビーケイシー.
工藤啓, 2005, 『「ニート」支援マニュアル― not in education, employment or training』PHP研究所.
工藤定次・斎藤環, 2001, 『激論！ひきこもり』ポット出版.
熊沢誠, 1993, 『新編日本の労働者像』筑摩書房.
―――, 1997, 『能力主義と企業社会』岩波書店.
―――, 2000, 『女性労働と企業社会』岩波書店.
―――, 2003, 『リストラとワークシェアリング』岩波書店.
―――, 2006, 『若者が働くとき―「使い捨てられ」も「燃えつき」もせず』ミネルヴァ書房.
―――, 2007, 『格差社会ニッポンで働くということ―雇用と労働のゆくえをみつめて』岩波書店.
クラウチ, コリン著, 山口二郎監修, 近藤隆文訳, 2007, 『ポスト・デモクラシー―格差拡大の政策を生む政治構造』青灯社.
クラーク, バートン編著, 潮木守一監訳, 1999, 『大学院教育の研究』東信堂.

――――著,有本章監訳,2002,『大学院教育の国際比較』玉川大学出版部.
倉沢進・浅川達人編,2004,『新編東京圏の社会地図　1975-90』東京大学出版会.
倉本英彦,2007,『つまずく若者たち―思春期臨床の現場から』日本評論社.
グールドナー,A. W. 著,原田達訳,1988,『知の資本論―知識人の未来と新しい階級』新曜社.
黒崎卓,2006,「第3章 MDGs 達成に照らした教育・保健・食糧・貧困の状況と課題」,財団法人国際金融情報センター『インド経済の諸課題と対印経済協力のあり方』.(http://www.mof.go.jp/jouhou/kokkin/tyousa/1803india_8.pdf)
経済企画庁経済研究所編,1998,『日本の所得格差―国際比較の視点から』大蔵省印刷局.
経済産業省,2006,『社会人基礎力に関する研究会「中間とりまとめ」』.(http://www.meti.go.jp/press/20060208001/shakaijinkisoryoku-honbun-set.pdf)
経済理論学会編,1978,『経済理論学会年報第15集』経済理論学会.
月刊アクロス編集室,1989,『大いなる迷走―団塊世代さまよいの歴史と現在』PARCO出版局.
玄田有史,2004,『ジョブ・クリエイション』日本経済新聞社.
――――,2005,『14歳からの仕事道』理論社.
――――,2005,『仕事のなかの曖昧な不安―揺れる若年の現在』中央公論新社.
――――,2005,『働く過剰―大人のための若者読本』NTT 出版.
――――,2006,『希望学』中央公論新社.
玄田有史・小杉礼子・労働政策研究研修機構,2005,『子どもがニートになったなら』日本放送出版協会.
玄田有史・中田喜文編,2002,『リストラと転職のメカニズム―労働移動の経済学』東洋経済新報社.
玄田有史・佐藤博樹編,2003,『成長と人材―伸びる企業の人材戦略』勁草書房.
玄田有史・曲沼美恵,2004,『ニート―フリーターでもなく失業者でもなく』幻冬舎.
玄田有史・川上淳之,2006,「就業二極化と性行動」『日本労働研究雑誌』Vol. 48, No. 11, 80-91頁.
玄田有史・宮崎哲弥,2006,「希望は人を幸せにするか―『希望学』で掴む格差社会の正体」『中央公論』Vol. 121, No. 2, 54-64頁.
高坂健次編,2000,『階層社会から新しい市民社会へ』東京大学出版会.
河野員博著,2004,『現代若者の就業行動―その理論と実践』学文社.
伍賀一道,2005,「雇用と働き方から見たワーキング・プア」『ポリティーク』10号,46-65頁.
国立特殊教育総合研究所,2005,「知的障害養護学校における職業教育と就労支援に関する研究（一般研究報告書）」国立特殊教育総合研究所.

小塩隆士・田近栄治・府川哲夫編, 2006, 『日本の所得分配―格差拡大と政策の役割』東京大学出版会.
小島貴子, 2005, 『我が子をニートから救う本―ニート或いはニートの予備軍の親たちへ』すばる舎.
―――, 2006, 『就職迷子の若者たち』集英社.
―――, 2007, 『働く意味』幻冬舎.
小杉礼子, 2001, 「増加する若年非正規雇用者の実態とその問題点」『日本労働研究雑誌』Vol. 43, No. 5, 44-57頁.
―――, 2002, 『自由の代償／フリーター―現代若者の就業意識と行動』日本労働研究機構.
―――, 2003, 『フリーターという生き方』勁草書房.
―――, 2004, 「若年無業者増加の実態と背景―学校から職業生活への移行の隘路としての無業の検討」『日本労働研究雑誌』Vol. 46, No. 12, 4-16頁.
―――, 2005, 『フリーターとニート』勁草書房.
―――, 2007, 『大学生の就職とキャリア―「普通」の就活・個別の支援』勁草書房.
小杉礼子・堀有喜衣, 2004, 「若年無業・周辺的フリーター層の現状と問題」『社会科学研究』Vol. 55, No. 2, 5-28頁.
小杉礼子・堀有喜衣編, 2006, 『キャリア教育と就業支援―フリーター・ニート対策の国際比較』勁草書房.
後藤絵里, 2006, 「働く 求人 派遣脱出が始まった：正社員へのラストチャンスを生かした就職氷河期組」『AERA』Vol. 19, No. 31, 2006年6月26日, 12-15頁.
―――, 2007, 「社会 ワーキングプアの大逆襲」『AERA』Vol. 20, No. 16, 2007年4月2日, 18-23頁.
後藤絵里・加藤勇介・小西樹里, 2006, 「経済 フリーターを探せ：景気拡大の欺瞞, 人手不足で休業の店も」『AERA』Vol. 19, No. 60, 2006年12月18日, 26-28頁.
後藤正治, 2006, 「ワーキング・プアの時代―三百日労働, 年収二百万円の絶望」『文藝春秋』Vol. 84, No. 13, 182-194頁.
後藤道夫, 2005, 「特集 現代日本のワーキング・プア」『ポリティーク』10号.
後藤道夫・吉崎祥司・竹内章郎・中西新太郎・渡辺憲正, 2007, 『格差社会とたたかう―〈努力・チャンス・自立〉論批判』青木書店.
後藤宗理, 2003, 「フリーター現象の心理社会的意味」『現代のエスプリ』427号, 5-18頁.
小林よしのり, 2006, 『中流絶滅』小学館.
小林よしのり・雨宮処凛, 2007, 「『現代の貧困』の現場 新宿・マンガ喫茶探訪」『論座』146号, 2007年7月, 38-39頁.
小林由美, 2006, 『超・格差社会アメリカの真実』日経BP社.
小日向未森, 2005, 『ジャスト・ニート』日本文学館.

小谷野敦，2004，『すばらしき愚民社会』新潮社．
―――，2007，『悲望』幻冬舎．
雇用・能力開発機構私のしごと館監修，2004，『しごとライブラリー―興味ある仕事を探してみよう．1〜4』雇用・能力開発機構私のしごと館．
今一生，2006，『下流上等―キレない子が病む格差教育』学事出版．
―――，2007，『親より稼ぐネオニート―「脱・雇用」時代の若者たち』扶桑社．
今和次郎著，藤森照信編，1987，『考現学入門』筑摩書房．
近藤克則編，2007，『検証「健康格差社会」―介護予防に向けた社会疫学的大規模調査』医学書院．
近藤博之，1987，「高学歴化と職業的地位の配分：就業構造の時点間比較分析」『教育社会学研究』42号，137-149頁．
斎藤貴男，2004，『教育改革と新自由主義』子どもの未来社．
―――，2004，『機会不平等』文藝春秋．
―――，2004，『希望の仕事論』平凡社．
―――，「教育改革」研究会編，2005，『教育格差と階層化―自己教育する身体をとりもどそう　斎藤貴男対談集』批評社．
―――，2006，『分断される日本』角川書店．
斎藤貴男・林信吾，2006，『ニッポン不公正社会』平凡社．
斎藤環，2005，『「負けた」教の信者たち―ニート・ひきこもり社会論』中央公論新社．
斎藤美奈子，2000，『モダンガール論―女の子には出世の道が二つある』マガジンハウス．
財務省，2007，「OECD諸国の国民負担率（対国民所得比）」『わが国税制・財政の現状全般に関する資料』．(http://www.mof.go.jp/jouhou/syuzei/siryou/238.htm)
坂野慎二，2004，「ドイツにおける青少年失業対策の概要と課題」『諸外国の若者就業支援政策の展開―ドイツとアメリカを中心に（労働政策研究報告書1号）』労働政策研究・研修機構．
櫻田淳，2001，「今こそ「階級社会」擁護論」『中央公論』Vol. 116, No. 1, 90-101頁．
佐藤郁哉，1984，『暴走族のエスノグラフィー―モードの叛乱と文化の呪縛』新曜社．
佐藤香編，2004，『社会移動の歴史社会学―生業／職業／学校』東洋館出版社．
佐藤拓，2007，『1万円の世界地図―図解日本の格差，世界の格差』祥伝社．
佐藤俊樹，2000，『不平等社会日本―さよなら総中流』中央公論新社．
―――，2001，「加速する『不平等社会』と構造改革―そして"弱者"はいなくなった」『中央公論』Vol. 116, No. 10, 92-98頁．
―――，2002，『00年代の格差ゲーム』中央公論新社．
―――，2003，「学者が斬る(133)「ガリ勉」の絶滅は新たな不平等社会の象徴だ」『エコノミスト』Vol. 81, No. 43, 46-49頁．

―――, 2004, 『変わる働き方とキャリア・デザイン』勁草書房.
―――, 2004, 『パート・契約・派遣・請負の人材活用』日本経済新聞社.
―――, 2007, 「『格差』vs.『不平等』」『中央公論』Vol. 122, No. 7, 2007年7月, 20-21頁.
佐藤洋作・浅野由佳・NPO文化学習協同ネットワーク, 2005, 『コミュニティ・ベーカリー風のすみかにようこそ―ニートから仕事の世界へ』ふきのとう書房.
佐野眞一, 2006, 「就学援助児42％ショック―ルポ下層社会：改革に棄てられた家族を見よ―家五人で年収百九十万, 夏休みに体重が減る子…」『文藝春秋』Vol.84, No.5, 94-109頁.
澤井繁男, 2005, 『「ニートな子」をもつ親へ贈る本』PHP研究所.
自治労連・地方自治問題研究機構, 2004, 「ワーキング・プアと社会保障・福祉＋『三位一体改革』」『季刊 自治と分権 No. 17（2004秋）』大月書店.
失業者友の会著, 菊川久誉監修, 1998, 『失業天国 一生ラクして遊んで暮らしたい人のお気楽本』光進社.
柴田翔, 1964, 『されどわれらが日々』文藝春秋.
柴野昌山, 1990, 『現代の青少年―自立とネットワークの技法』学文社.
渋谷望, 2003, 『魂の労働―ネオリベラリズムの権力論』青土社.
シプラー, デイヴィッド K. 著, 森岡孝二・川人博・肥田美佐子訳, 2007, 『ワーキング・プア―アメリカの下層社会』岩波書店.
シーブルック, ジェレミー著, 渡辺雅男訳, 2004, 『階級社会―グローバリズムと不平等』青土社.
島内晴美, 2007, 『団塊フリーター計画』日本放送出版協会.
志水宏吉, 2003, 『公立小学校の挑戦―「力のある学校」とは何か』岩波書店.
社会政策学会編, 2002, 『経済格差と社会変動』社会政策学会本部事務局.
―――, 2003, 『雇用関係の変貌』社会政策学会本部事務局.
―――, 2007, 『格差社会への視座―貧困と教育機会』社会政策学会本部事務局.
就学事務研究会編, 1987, 『改訂版 就学事務ハンドブック』第一法規.
週刊ダイヤモンド編集部編, 2000, 『就職に勝つ！―大学生必読全情報2002年版』新潮社.
シュローサー, エリック著, 楡井浩一訳, 2001, 『ファストフードが世界を食いつくす』草思社.
シュローサー, エリック／ウィルソン, チャールズ著, 宇丹貴代実訳, 2007, 『おいしいハンバーガーのこわい話』草思社.
ショア, ジュリエット著, 森岡孝二監訳, 2000, 『浪費するアメリカ人―なぜ要らないものまで欲しがるか』岩波書店.
城繁幸, 2006, 『若者はなぜ3年で辞めるのか？―年功序列が奪う日本の未来』光文社.

城繁幸・山田昌弘，2007，「正社員でも"中流生活"は望めない―二人分の格差がのしかかる共働き社会」『中央公論』Vol. 122, No. 3, 100-109頁.
障害者職業総合センター，1999，『知的障害者の就労の実現と継続に関する指導の課題：事業所・学校・保護者の意見の比較から（調査研究報告書 No.34）』
———，2001，『知的障害者の学校から職業への移行課題に関する研究―通常教育に在籍した事例をめぐる検討（調査研究報告書 No.42）』.
庄司洋子ほか編，1997，『貧困・不平等と社会福祉』有斐閣.
女性労働問題研究会編，2003，「特集1 サスティナブルな働き方とそれを求める多様な運動」『女性労働研究』43号，20-63頁.
———，2007，「格差拡大に挑む」『女性労働研究』51号.
ジョーンズ，G.／ウォーレス，C. 著，宮本みち子監訳，1996，『若者はなぜ大人になれないのか―家族・国家・シティズンシップ』新評論.
白川一郎，2005，『日本のニート・世界のフリーター―欧米の経験に学ぶ』中央公論新社.
白波瀬佐和子編，2005，『少子高齢社会のみえない格差―ジェンダー・世代・階層のゆくえ』東京大学出版会.
———，2006，『変化する社会の不平等―少子高齢化にひそむ格差』東京大学出版会.
人生戦略会議，2006，『30歳へのスピード戦略 ニート・フリーター革命―下流スパイラル脱出ミッション』WAVE出版
新谷康浩，2004，「フリーター対策は妥当か？―高卒無業者の歴史的相対化を手がかりにして」『横浜国立大学教育人間科学部紀要．1，教育科学』No. 6, 13-22頁.
———，2006，「若年『無業者』の歴史社会学的研究：既存データの再分析と『まなざし』による検討」『季刊社会保障研究』Vol. 42, No. 2, 115-125頁.
陣内秀信，1985，『東京の空間人類学』筑摩書房.
神野直彦・宮本太郎編，2006，『脱「格差社会」への戦略』岩波書店.
杉田俊介，2005，『フリーターにとって『自由』とは何か』人文書院.
鈴木真実哉，2007，『格差社会で日本は勝つ―社会主義の呪縛を解く』幸福の科学出版.
須田慎一郎，2006，『下流喰い―消費者金融の実態』筑摩書房.
成美堂出版編集部編，2007，『格差社会で生きのこる23のstory』成美堂出版.
世耕弘成・本田由紀・宮崎哲弥，2006，「大論争 日本人は格差に耐えられるか」『文藝春秋』Vol. 84, No. 5, 158-167頁.
全国高校生活指導研究協議会編，2006，「特集ニート問題への提言」『高校生活指導 168（2006春季号）』青木書店.
全国進路指導研究会編，2006，『働くことを学ぶ―職場体験・キャリア教育』明石書店.
全国民主主義教育研究会編，2007，『格差社会と若者の未来』同時代社.
総務省，2003，『障害者の就業等に関する政策評価書』．(http://www.soumu.go.jp/s-news/2003/030415_3_01.html)

総理府青少年対策本部, 1977,『卒業生調査―（青少年問題研究調査報告書）』総理府青少年対策本部.
園部雅久, 2001,『現代大都市社会論―分極化する都市？』東信堂.
大学職業指導研究会編, 1979,『大学と職業「大学職業指導研究会」10周年記念出版』.
大学生協東京事業連合編, 1981,『データが語る東京の大学生当世大学生活事情』主婦の友社.
田尾雅夫, 1998,『会社人間はどこへいく―逆風下の日本的経営のなかで』中央公論社.
高梨昌, 2004,「若者のキャリア開発急げ」『日本経済新聞』2004年4月26日.
高梨昌編, 2004,『若者に希望と誇りをもてる職業を―若年雇用対策へ向けた提言』社会経済生産性本部生産性労働情報センター.
高橋誠, 2007,『フリーターはゼッタイに不利―ダー!! 大学生が就活に勝つキャリアプランの本』栄光.
高原基彰, 2007,「『自由』と『安定』のジレンマ―不利益世代の『怨恨』はどこに向かうべきなのか」『論座』146号, 62-68頁.
高増明・松井暁編, 1999,『アナリティカル・マルキシズム』ナカニシヤ出版.
竹内章郎, 1999,『現代平等論ガイド』青木書店.
竹内常一・高生編, 2002,『揺らぐ〈学校から仕事へ〉―労働市場の変容と10代』青木書店.
竹内洋, 1995,『日本のメリトクラシー―構造と心性』東京大学出版会.
竹地潔, 1998,「ネットワーク時代における労働者の個人情報保護」『季刊労働法』187号, 26-47頁.
竹中恵美子編, 2001,『労働とジェンダー』明石書店.
竹中平蔵・宮崎哲弥, 2006,「日本人よ,『格差』を恐れるな―格差批判に答える」『文藝春秋』Vol. 84, No. 7, 118-128頁.
竹信三恵子, 1999,『女の人生選び 仕事, 結婚, 生きがい―リスクをどう最小限にするか』はまの出版.
橘木俊詔, 1992,『査定・昇進・賃金決定』有斐閣.
―――, 1998,『日本の経済格差―所得と資産から考える』岩波書店.
―――, 2004,『脱フリーター社会―大人たちにできること』東洋経済新報社.
―――, 2004,『封印される不平等』東洋経済新報社.
―――, 2005,『現代女性の労働・結婚・子育て―少子化時代の女性活用政策』ミネルヴァ書房.
―――, 2006,『アメリカ型不安社会でいいのか―格差・年金・失業・少子化問題への処方せん』朝日新聞社.
―――, 2006,『格差社会―何が問題なのか』岩波書店.
橘木俊詔・森剛志, 2005,『日本のお金持ち研究―Who are the rich?』日本経済新聞社.
橘木俊詔・浦川邦夫, 2006,『日本の貧困研究』東京大学出版会.

橘木俊詔・三浦展，2007，「下流と富裕層の奇妙な『共犯関係』―勤労観が変わりゆく時代に」『中央公論』Vol. 122, No. 8, 126-135頁．
田中勝博，『2010中流階級消失』講談社．
タノック，スチュアート著，大石徹訳，2006，『使い捨てられる若者たち―アメリカのフリーターと学生アルバイト』岩波書店．
玉井金五・松本淳，2003，『都市失業問題への挑戦―自治体・行政の先進的取り組み』法律文化社．
玉井眞理子，2001，「ジェンダー意識と学習・進学意欲のかかわり（下）T中学校における質問紙調査結果から」『部落解放研究』143号，92-100頁．
太郎丸博編，2006，『フリーターとニートの社会学』世界思想社．
男女共同参画会議・少子化と男女共同参画に関する専門調査会，2005，『少子化と男女共同参画に関する社会環境の国際比較報告書』．(http://www.gender.go.jp/danjo-kaigi/syosika/houkoku/index-kokusai.html)
地域社会学会編，2007，『階層格差の地域展開（地域社会学会年報　第19集）』ハーベスト社．
「中央公論」編集部編，2001，『論争・中流崩壊』中央公論新社．
中小企業家同友会全国協議会編，2007，『格差社会を超えて　人間復権へのチャレンジ（研究センターレポート第18集）』中小企業家同友会全国協議会．
粒来香，1997，「高卒無業者層の研究」『教育社会学研究』61号，185-209頁．
てぃ～ん著，2005，『ニート脱出の投資戦略―バリュー株で億万長者へ』ライブドアパブリッシング．
手島純，2007，『格差社会にゆれる定時制高校―教育の機会均等のゆくえ』彩流社．
寺脇研，2006，『格差時代を生きぬく教育』ユビキタ・スタジオ．
暉峻淑子，2003，『豊かさの条件』岩波書店．
―――，2005，『格差社会をこえて』岩波書店．
ドーア，ロナルド著，石塚雅彦訳，2005，『働くということ―グローバル化と労働の新しい意味』中央公論新社．
土井隆義，2004，『「個性」を煽られる子どもたち―親密圏の変容を考える』岩波書店．
東京自治問題研究所，2006，『真・自由主義を求めて―若者格差調査から東京雇用政策の提言』東京自治問題研究所．
友田泰正，1974，「統計から見た日本の大学院：昭和35～46年」『大学論集』第2集，広島大学教育研究センター，31-44頁．
鳥居徹也，2005，『フリーター・ニートになる前に読む本』三笠書房．
鳥海耕二，2006，『格差社会を逆転するライフプランニング―安さに驚く賃貸3ランク上の分譲』アストラ．
中澤渉，2003，「教育社会学における実証研究の諸問題：教育社会学の自己反省の試み」

『教育社会学研究』72号, 151-169頁.
中島通子・竹信三恵子, 1995, 『女性の就職と企業中心社会』世織書房.
長須正明, 2001, 「フリーターという生き方：若者たちが描くライフスタイル」『フリーター なぜ, どうする？―フリーター200万人時代がやってきた』学研, 214-225頁.
―――, 2004, 「彼ら・彼女らにとって学校とは何だったのか」『移行の危機にある若者の実像―無業・フリーターの若者へのインタビュー調査（中間報告）（労働政策研究報告書No.6）』労働政策研究・研修機構.
中西新太郎, 2004, 『若者たちに何が起こっているのか』花伝社.
―――, 2007, 『〈生きにくさ〉の根はどこにあるのか―格差社会と若者のいま』前夜.
中野雅至, 2005, 『高学歴ノーリターン 一流大卒が負け続ける「ギャンブル社会」の到来』光文社.
―――, 2006, 『格差社会の結末―富裕層の傲慢・貧困層の怠慢』ソフトバンククリエイティブ.
―――, 2007, 『格差社会の世渡り―努力が報われる人, 報われない人』ソフトバンククリエイティブ.
中野麻美, 2006, 『労働ダンピング―雇用の多様化の果てに』岩波書店.
中村高康・藤田武志・有田伸, 2002, 『学歴・選抜・学校の比較社会学―教育からみる日本と韓国』東洋館出版社.
長山靖生, 2003, 『若者はなぜ「決められない」か』筑摩書房.
鍋島祥郎, 1991, 「戦後「学力調査」に見る被差別部落の子どもたち」『部落解放研究78号』 71-101頁.
―――, 2003, 『効果のある学校―学力不平等を乗り越える教育』部落解放・人権研究所.
―――, 2003, 『見えざる階層的不平等』解放出版社.
西田芳正, 1996, 「不平等の再生産と教師―教師文化における差別性をめぐって」, 八木正編『被差別世界と社会学』明石書店, 237-259頁.
西村幸満, 2006, 「若年の非正規就業と格差―都市規模間格差, 学歴間格差, 階層間格差の再検証」『季刊社会保障研究』Vol. 42, No. 2, 137-148頁.
二宮厚美, 2007, 『格差社会の克服―さらば新自由主義』山吹書店.
日本科学者会議編, 1983, 『オーバードクター問題―学術体制への警告』青木書店.
日本学術会議学術体制委員会, 1961, 『大学院に関する調査報告書』日本学術会議.
日本教育社会学会編集委員会編, 2007,「特集『格差』に挑む」『教育社会学研究』第80集.
日本社会教育学会年報編集委員会編, 2006,「社会的排除と社会教育」『日本の社会教育』第50集.
日本青少年研究所, 1980, 『大学卒業生の追跡調査―日・米・独国際比較』日本青少年

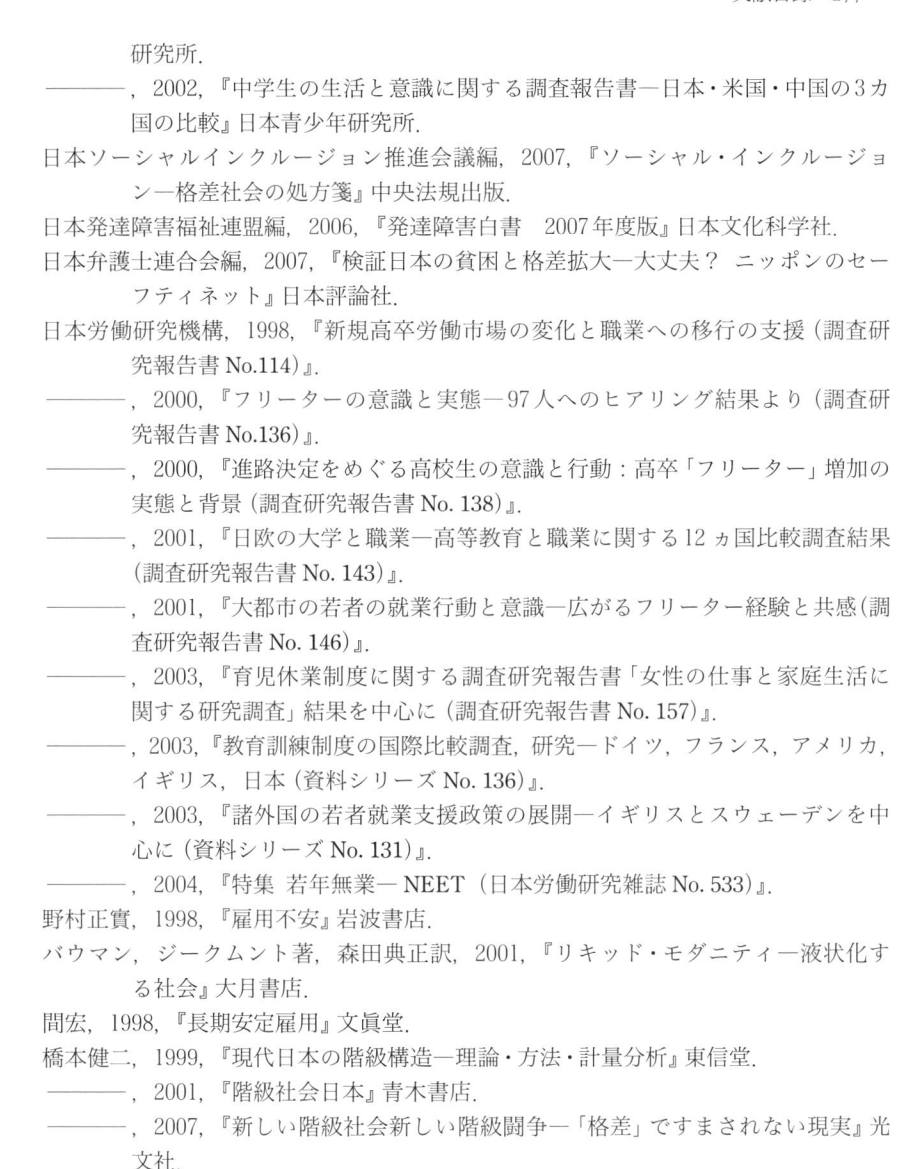

研究所．
―――, 2002,『中学生の生活と意識に関する調査報告書―日本・米国・中国の3カ国の比較』日本青少年研究所．
日本ソーシャルインクルージョン推進会議編, 2007,『ソーシャル・インクルージョン―格差社会の処方箋』中央法規出版．
日本発達障害福祉連盟編, 2006,『発達障害白書　2007年度版』日本文化科学社．
日本弁護士連合会編, 2007,『検証日本の貧困と格差拡大―大丈夫？　ニッポンのセーフティネット』日本評論社．
日本労働研究機構, 1998,『新規高卒労働市場の変化と職業への移行の支援（調査研究報告書 No.114）』．
―――, 2000,『フリーターの意識と実態―97人へのヒアリング結果より（調査研究報告書 No.136）』．
―――, 2000,『進路決定をめぐる高校生の意識と行動：高卒「フリーター」増加の実態と背景（調査研究報告書 No. 138）』．
―――, 2001,『日欧の大学と職業―高等教育と職業に関する12ヵ国比較調査結果（調査研究報告書 No. 143）』．
―――, 2001,『大都市の若者の就業行動と意識―広がるフリーター経験と共感（調査研究報告書 No. 146）』．
―――, 2003,『育児休業制度に関する調査研究報告書「女性の仕事と家庭生活に関する研究調査」結果を中心に（調査研究報告書 No. 157）』．
―――, 2003,『教育訓練制度の国際比較調査，研究―ドイツ，フランス，アメリカ，イギリス，日本（資料シリーズ No. 136）』．
―――, 2003,『諸外国の若者就業支援政策の展開―イギリスとスウェーデンを中心に（資料シリーズ No. 131）』．
―――, 2004,『特集 若年無業―NEET（日本労働研究雑誌 No. 533）』．
野村正實, 1998,『雇用不安』岩波書店．
バウマン, ジークムント著, 森田典正訳, 2001,『リキッド・モダニティ―液状化する社会』大月書店．
間宏, 1998,『長期安定雇用』文眞堂．
橋本健二, 1999,『現代日本の階級構造―理論・方法・計量分析』東信堂．
―――, 2001,『階級社会日本』青木書店．
―――, 2007,『新しい階級社会新しい階級闘争―「格差」ですまされない現実』光文社．
橋本択摩, 2006,『人口減少と格差社会―ポケット解説 経済と社会の未来図を描く！』秀和システム．
畠中雅子, 2005,『教育貧民―減収増税時代でも減らない「教育費」事情』宝島社．

羽田貴史，2007，「大学における初年次少人数教育と『学びの転換』」，東北大学高等教育開発推進センター編『大学における初年次少人数教育と『学びの転換』―特色ある大学教育支援プログラム（特色GP）東北大学シンポジウム』東北大学出版会，100-109頁.
濱中淳子，2007，「大学院は出たけれど：夢を追い続ける『高学歴就職難民』2万人」『論座』145号，128-135頁.
林信吾，2005，『しのびよるネオ階級社会―"イギリス化"する日本の格差』平凡社.
―――，2007，『ネオ階級社会を待望する人々』ベストセラーズ.
林宥一，2000，『「無産階級」の時代―近代日本の社会運動』青木書店.
速水敏彦，2006，『他人を見下す若者たち』講談社.
原純輔編，2000，『近代化と社会階層』東京大学出版会.
―――，2002，『流動化と社会格差』ミネルヴァ書房.
原純輔・盛山和夫，1999，『社会階層―豊かさの中の不平等』東京大学出版会.
原清治，2006，「フリーター，ニート問題と日本の教育計画」，山内乾史・杉本均編著『現代アジアの教育計画 下』学文社.
―――，2007，「低賃金で働く『使い捨てられる』若者たち」，山内乾史編『開発と教育協力の社会学』ミネルヴァ書房，82-100頁.
樋口明彦，2004，「現代社会における社会的排除のメカニズム―積極的労働市場政策の内在的ジレンマをめぐって」『社会学評論』Vol. 55, No. 1, 2-18頁.
―――，2005，「働く，働かない，働けない―若者の就業状況と今後の職業教育」『解放教育 キャリア教育と進路保障』446号.
―――，2005，「ニート支援の基本構図―社会的排除から社会的包摂へ」『青少年問題』Vol. 52, No. 6, 22-27頁.
樋口美雄・岩田正美，1999，『パネルデータからみた現代女性―結婚・出産・就業・消費・貯蓄』東洋経済新報社.
樋口美雄，2001，『雇用と失業の経済学』日本経済新聞社.
樋口美雄・財務省財務総合政策研究所，2003，『日本の所得格差と社会階層』日本評論社.
樋口美雄・太田清・家計経済研究所編，2004，『女性たちの平成不況―デフレで働き方・暮らしはどう変わったか』日本経済新聞社.
樋田大二郎ほか，2000，『高校生文化と進路形成の変容』学事出版.
稗田和博，2007，『ビッグイシュー突破する人びと―社会的企業としての挑戦』大月書店.
久本憲夫，2003，『正社員ルネサンス―多様な雇用から多様な正社員へ』中央公論新社.
日向咲嗣，2003，『辞めても安心「年収99万円」ハッピー生活術』講談社.
―――，2007，『「若者就職支援」150％活用術―バイト・派遣・契約から正社員になる！』同文舘出版.

平川茂, 1996, 「非正規雇用の広がりと都市下層」, 八木正編『被差別世界と社会学』明石書店.
広島大学高等教育研究開発センター, 2006, 『学生からみた大学教育の質―授業評価からプログラム評価へ』広島大学高等教育研究開発センター.
広島大学大学院生協会議・広島大学教育社会学研究室, 1966, 『広島大学大学院白書―研究と生活―』.
広田照幸, 1999, 『日本人のしつけは衰退したか―「教育する家族」のゆくえ』講談社.
広田照幸・黒沢惟昭・櫻本陽一, 2002, 「巻頭対談 現代の子ども, 教師, 親, 学校, 地域：新自由主義に抗する教育の改革とは」『アソシエ』8号, 8-34頁.
ピンク, ダニエル著, 池村千秋訳, 2002, 『フリーエージェント社会の到来―「雇われない生き方」は何を変えるか』ダイヤモンド社.
深堀聰子, 2005, 「アメリカの大学奨学金事情」『IDE』474号, 57-62頁.
福島淑彦, 2005, 「教育・訓練と若年失業」『名古屋商科大学総合経営・経営情報論集 NUCB journal of economics and information science』Vol. 50, No. 1, 名古屋商科大学総合経営・経営情報学部.
福地誠, 2006, 『教育格差絶望社会』洋泉社.
藤井治枝・渡辺峻編, 1998, 『日本企業の働く女性たち―取り巻く現状と未来展望』ミネルヴァ書房.
藤井厳喜, 2007, 『総下流時代 なぜワーキングプアが増えるのか？―グローバル階級社会の成立』光文社.
藤井厳喜, 2005, 『這い上がれない未来 9割が下流化する「新・階級社会」―「国家破産」以後の世界完結編』光文社.
藤川太, 2007, 「サラリーマン破産を未然に防ぐために 将来への無関心が家計崩壊を招く」『中央公論』Vol. 122, No. 3, 110-117頁.
藤田晃之, 2006, 「アメリカのキャリア教育と就業支援」, 小杉礼子・堀有喜衣編『キャリア教育と就業支援 ―フリーター・ニート対策の国際比較』勁草書房.
藤田英典, 1980, 「進路選択のメカニズム」, 山村健・天野郁夫編『青年期の進路選択―高学歴時代の自立の条件』有斐閣.
二神能基, 2005, 『希望のニート―現場からのメッセージ』東洋経済新報社.
不登校情報センター編, 2005, 『不登校・引きこもり・ニート支援団体ガイド 最新版』子どもの未来社.
部落解放・人権研究所編, 2001, 『部落の21家族―ライフヒストリーからみる生活の変化と課題』部落解放・人権研究所.
―――, 2004, 『若年未就労者問題 報告書 社会的に不利な立場に置かれたフリーター―その実情と包括的支援を求めて』部落解放・人権研究所.
―――, 2005, 『排除される若者たち―フリーターと不平等の再生産』部落解放・人

権研究所.
部落解放研究所編, 1995, 『就職差別 no!』部落解放研究所.
フリーマン, リチャード B. 著, 小黒昌一訳, 1977, 『大学出の価値―教育過剰時代』竹内書店新社.
古郡鞆子, 1997, 『非正規労働の経済分析』東洋経済新報社.
ブレイヴァマン, H. 著, 富沢賢治訳, 1978, 『労働と独占資本―20世紀における労働の衰退』岩波書店.
文春新書編集部編, 2006, 『論争格差社会』文藝春秋.
ベック, ウルリヒ著, 東廉・伊藤美登里訳, 1998, 『危険社会―新しい近代への道』法政大学出版局.
辺見庸, 1998, 『不安の世紀から』角川書店.
保坂亨, 2000, 『学校を欠席する子どもたち―長期欠席・不登校から学校教育を考える』東京大学出版会.
北海道大学大学院生協議会, 1963, 『北海道大学大学院白書』.
堀田あけみ, 1989, 『君は優しい心理学』集英社.
堀有喜衣, 2004, 「無業の若者のソーシャル・ネットワークの実態と支援の課題」『日本労働研究雑誌』Vol. 46, No. 12, 38-48頁.
堀有喜衣編, 2007, 『フリーターに滞留する若者たち』勁草書房.
堀井憲一郎, 2006, 『若者殺しの時代』講談社.
ボールズ, サミュエル／ギンタス, ハーバードほか著, 遠山弘徳訳, 2002, 『平等主義の政治経済学―市場・国家・コミュニティのための新たなルール』大村書店.
本多顕彰, 1956, 『大学教授―知識人の地獄極楽』光文社.
本田由紀, 1995, 「『学力』をめぐる教育言説の変貌」『日本労働研究機構紀要』9号, 17-34頁.
―――, 1997, 「工業高等専門学校における学業成績の類型と進路」『日本労働研究雑誌』444号.
―――, 1999, 「職業的自律性の形成における学校教育の役割」『第6回世界青年意識調査細分析報告書』総務庁青少年対策本部, 63-83頁.
―――, 2000, 「若者と仕事―「学校から職業への移行」の日本的特徴とその変化」『アットワーク』, 29-32頁.
―――, 2000, 「『教育ママ』の存立事情」, 藤崎宏子編『親と子―交錯するライフコース』ミネルヴァ書房.
―――, 2001, 「高卒就職とフリーターの現状―市場の縮小と揺れる高校生の意識」『IDE』427号, 59-64頁.
―――, 2001, 「社会人教育の現状と課題―修士課程を中心に」『高等教育研究』4号, 93-112頁.

———，2001,「これからの若者の働き方・暮らし方―新しい「常識」を作り上げるために」『アットワーク』13号，20-23頁.

———，2001,「高等教育修了後の継続教育訓練」『日欧の大学と職業―高等教育と職業に関する12カ国比較調査結果（日本労働研究機構調査研究報告書 No.143）』，114-142頁.

———，2001,「『学力』は低下したのか」『「学力低下」問題研究委員会報告書』国民教育文化総合研究所，9-18頁.

———，2001,「ジェンダーと労働形態」『大都市の若者の就業行動と意識―広がるフリーター経験と共感（日本労働研究機構調査研究報告書 No. 146）』163-185頁.

———，2002,「継続教育訓練経験の国際比較― JGSS-2000 と国際成人識字調査結果より」『日本版 General Social Surveys 研究論文集 JGSS-2000 で見た日本人の意識と行動（東京大学社会科学研究所資料 第20集）』東京大学社会科学研究所，69-80頁.

———，2002,「学生生活が充実していないのは誰か」『全国大学生活協同組合連合会「学生生活実態調査」の再分析（1991年 -2000年）（SSJDA Research Paper Series 23）』東京大学社会科学研究所，111-124頁.

———，2002,「『学力低下』をめぐって私たちは何をなすべきか」，長尾彰夫・志水宏吉・野口克海・本田由紀・宮田彰・堀家由妃代『「学力低下」批判：私は言いたい 6人の主張（AS選書シリーズ001）』アドバンテージサーバー，26-38頁.

———，2002,「ジェンダーという観点から見たフリーター」，小杉礼子編『自由の代償／フリーター―現代若者の就業意識と行動』日本労働研究機構，149-174頁.

———，2003,「若年労働市場における非典型雇用の拡大とその背景― JGSS-2000 と JGSS-2001 の統合データを用いて」『日本版 General Social Surveys 研究論文集 [2] JGSS で見た日本人の意識と行動（東京大学社会科学研究所資料 第22集）』東京大学社会科学研究所，47-59頁.

———，2003,「若年労働市場」，菊野一雄・八代充史編『雇用・就労変革の人的資源管理』中央経済社，147-170頁.

———，2003,「『非教育ママ』たちの所在」『女性の就業と親子関係―母親たちの階層戦略 親子関係編（SSJDA Research Paper Series 29）』東京大学社会科学研究所，62-79頁.

———，2004,「トランジションという観点から見たフリーター」『社会科学研究』Vol. 55, No. 2, 79-111頁.

———，2004,「学者が斬る（170）フリーター像の常識を疑え」『エコノミスト』Vol. 82, No. 35, 50-53頁.

―――，2004，「高校教育・大学教育のレリバンス」『日本版 General Social Surveys 研究論文集 [3] JGSS で見た日本人の意識と行動（東京大学社会科学研究所資料 第22集）』東京大学社会科学研究所，29-44頁.

―――，2004，「フリーターの現状と若年雇用政策」『勤労よこはま』470号，3-8頁.

―――，2004，「よりリアルなフリーター像，より有効な支援策を求めて」『生活経済政策』90号，3-9頁.

―――，2004，「学ぶことの意味―『学習レリバンス構造』のジェンダー差異」，苅谷剛彦・志水宏吉編『学力の社会学―調査が示す学力の変化と学習の課題』.

―――，2004，「学校から職場へ―風化する『就社』社会」，佐藤博樹・佐藤厚編『仕事の社会学―変貌する働き方』有斐閣.

―――，2005，『多元化する「能力」と日本社会―ハイパー・メリトクラシー化のなかで』NTT出版.

―――，2005，『若者と仕事―「学校経由の就職」を超えて』東京大学出版会.

―――，2005，「変化する20代の労働市場」『季刊労働法』211号，61-72頁.

―――，2005，「『学力格差』だけが問題ではない『対人能力格差』がニートを生む」『中央公論』Vol. 120，No. 4，82-91頁.

―――，2005，「子供というリスク」，橘木俊詔編『現代女性の労働・結婚・子育て―少子化時代の女性活用政策』ミネルヴァ書房.

本田由紀編，2007，『若者の労働と生活世界―彼らはどんな現実を生きているか』大月書店.

本田由紀・小杉礼子・耳塚寛明，2000，「進路決定をめぐる高校生の意識と行動―高卒『フリーター』増加の実態と背景」『JIL 調査研究報告書』138号.

本田由紀・苅谷剛彦・清水睦美，2003，「変化・授業タイプ・学習レリバンス」『学校臨床研究』2 (2)，東京大学大学院教育学研究科附属学校臨床総合教育研究センター，43-76頁.

本田由紀・市川昭午・池田賢市・佐藤浩章・吉本圭一，2004，「若年層の雇用問題と職業教育のあり方を考える」『教育総研・「若年層の雇用問題と職業教育のあり方を考える研究委員会」報告書』国民教育文化総合研究所，81頁.

本田由紀・深堀聰子・佐藤香，2005，「高校生の進路選択と意識に関する実証研究 (1)」日本教育社会学会第57回大会，放送大学，2005年9月17日.

本田由紀・内藤朝雄・後藤和智，2006，『「ニート」って言うな！』光文社.

本間照光・白井邦彦・松尾孝一・加藤光一・石畑良太郎，2006，『階層化する労働と生活』日本経済評論社.

本間正明ほか，2003，『コミュニティビジネスの時代― NPO が変える産業，社会，そして個人』岩波書店.

毎日新聞社会部，2006，『縦並び社会―貧富はこうして作られる』毎日新聞社.

前橋靖, 2006, 『ぼく, 路上系社長―ホームレスからでも立ち直れるから大丈夫！』亜紀書房.
―――, 2007, 『最後のフリーター下克上宣言！ 南池袋「夢追い社長」発―12人の今どきフリーターの実体』しののめ出版.
前屋毅, 2006, 「ルポ 働き方がわからない―ジョブカフェちばに集まる若者たち」『論座』129号, 118-125頁.
真壁昭夫, 2007, 『下流にならない生き方―格差社会の絶対幸福論』講談社.
桝田隆治, 1957, 『学閥―日本を支配する赤門』有紀書房.
松宮健一, 2006, 『フリーター漂流―日本の若者の5人にひとりがフリーターだと言われている.』旬報社.
丸山俊, 2004, 『フリーター亡国論』ダイヤモンド社.
三浦展, 2004, 『ファスト風土化する日本―郊外化とその病理』洋泉社.
―――, 2005, 『団塊世代を総括する』牧野出版.
―――, 2005, 『「かまやつ女」の時代―女性格差社会の到来』牧野出版.
―――, 2005, 『仕事をしなければ, 自分はみつからない. ―フリーター世代の生きる道』晶文社.
―――, 2005, 『下流社会―新たな階層集団の出現』光文社.
―――, 2006, 『難民世代―団塊ジュニア下流化白書』日本放送出版協会.
―――, 2006, 『下流同盟―格差社会とファスト風土』朝日新聞社.
―――, 2007, 『下流社会第2章』光文社.
―――, 2007, 『格差が遺伝する！―子どもの下流化を防ぐには』宝島社.
―――, 2007, 『団塊格差』文藝春秋.
三浦展・読売広告社, 2006, 『上流な私？ 下流な私？―いまどきの女性のココロと生活』PHP研究所.
三浦展・上野千鶴子, 2007, 『消費社会から格差社会へ―中流団塊と下流ジュニアの未来』河出書房新社.
南亮進, 1996, 『日本の経済発展と所得分布』岩波書店.
南亮進／キム, クワン／ファルカス, マルコム編, 牧野文夫・橋野篤・橋野知子訳, 2000, 『所得不平等の政治経済学』東洋経済新報社.
嶺井正也・池田賢市編, 2006, 『教育格差―格差拡大に立ち向かう』現代書館.
嶺井正也・中川登志男, 2007, 『学校選択と教育バウチャー：教育格差と公立小・中学校の行方』八月書館.
耳塚寛明編, 2000, 「高卒無業者の教育社会学的研究 (1) ―無業者輩出校と進路指導の分析」『日本教育社会学会大会発表要旨集録』.
―――, 2003, 「高卒無業者の教育社会学的研究(2)―大都市高校3年生調査(第2次)の分析」『日本教育社会学会大会発表要旨集録』.

宮島理著，2006，『現在がわかる！格差社会―「格差」の実態がサクッとわかる！』九天社．
宮島喬・加納弘勝編，2002，『変容する日本社会と文化』東京大学出版会．
宮島喬・太田晴雄編，2005，『外国人の子どもと日本の教育―不就学問題と多文化共生の課題』東京大学出版会．
宮島洋・連合総合生活開発研究所編，2002，『日本の所得分配と格差』東洋経済新報社．
宮台真司，1994，『制服少女たちの選択』講談社．
宮原将平・川村亮編，1980，『現代の大学院』早稲田大学出版部．
宮本みち子，2000，「社会変動下の「若者と家族」研究の展開と方法：イギリス青年社会学を中心にして」『家族社会学研究』Vol. 12, No. 1, 95-109頁．
―――，2002，『若者が《社会的弱者》に転落する』洋泉社．
―――，2002，『ポスト青年期と親子戦略―大人になる意味と形の変容』勁草書房．
―――，2002，「変動する若者のライフコースと自立支援」『生活経営学研究』37号，8-14頁．
―――，2004，「社会的排除と若年無業：イギリス・スウェーデンの対応」『日本労働研究雑誌』Vol. 46, No. 12, 17-26頁．
―――，2004，「家族・親族状況からみた移行」，小杉礼子編『移行の危機にある若者の実像―無業・フリーターの若者へのインタビュー調査（中間報告）』労働政策研究・研修機構，144-185頁．
―――，2005，「長期化する移行期の実態と移行政策」，社会政策学会編『若者―長期化する移行期の実態と移行政策』社会政策学会本部事務局．
宮本光晴，1999，『日本の雇用をどう守るか ―日本型職能システムの行方』PHP研究所．
村上民雄，2001，「部落におけるカルチュラルモデルの形成」，部落解放・人権研究所編『部落の21家族―ライフヒストリーからみる生活の変化と課題』部落解放・人権研究所，270-334頁．
村上泰亮，1984，『新中間大衆の時代―戦後日本の解剖学』中央公論社．
牟田武生，2005，『ニート・ひきこもりへの対応―だれにでも起きる!?』教育出版．
講談社MOOK セオリー vol. 9, 2007，『リアル・リッチの世界』講談社．
室伏高信，1932，『中間階級の社会学』日本評論社．
メイヤー，トム著，瀬戸岡紘監訳，2005，『アナリティカル・マルクシズム―平易な解説』桜井書店．
森岡孝二編，2007，『格差社会の構造―グローバル資本主義の断層』桜井書店．
森永卓郎，2000，『リストラと能力主義』講談社．
―――，2003，『年収300万円時代を生き抜く経済学―給料半減が現実化する社会で「豊かな」ライフ・スタイルを確立する！』光文社．

盛山和夫，2007，『年金問題の正しい考え方─福祉国家は持続可能か』中央公論新社．
盛山和夫編，2000，『ジェンダー・市場・家族』東京大学出版会．
文部科学省，2005，『義務教育に関する意識調査』．(http://www.mext.go.jp/b_menu/houdou/17/11/05112502/houkoku.pdf)
────，2006，『学校基本調査』．(http://www.mext.go.jp/b_menu/toukei/001/06121219/index.htm)
矢下茂雄，2006，『大卒無業─就職の壁を突破する本』文藝春秋．
矢島正見・耳塚寛明編，2001，『変わる若者と職業世界─トランジッションの社会学』学文社．
八代尚宏，1999，『雇用改革の時代─働き方はどう変わるか』中央公論新社．
八代尚宏・森永卓郎，2007，「闘論　格差社会の犯人は誰だ：規制改革か，日本型経営の維持か？　サラリーマンはどう変わるのか？」『文藝春秋』Vol. 85, No. 5, 282-290頁．
安川雅史著，多湖輝監修，2006，『「ひきこもり」と闘う親と子を応援する本─ニート・不登校は必ず解決できる！』中経出版．
安田雪，2002，「高校生の就職活動　働きたい，でも働けない(1)就職希望者の『階層』」『論座』89号，98-109頁．
────，2002，「高校生の就職活動　働きたい，でも働けない(第2回)労働意欲と『敗者イメージ』」『論座』90号，94-105頁．
────，2003，『働きたいのに…高校生就職難の社会構造』勁草書房．
────，2003，「高校生の就職活動　働きたい，でも働けない(最終回)すれちがう思惑」『論座』92号，188-199頁．
柳治男，2005，『〈学級〉の歴史学─自明視された空間を疑う』講談社．
山口二郎・宮本太郎，2006，「東京都・北海道世論調査　市民は『格差社会』をどう考えているか，政府に何を望んでいるか─『つつましい平等主義』と小泉改革ブームのすれ違い」『論座』133号，250-261頁．
山口洋史，2004，『これからの障害児教育─障害児教育から「特別支援教育」へ』佛教大学通信教育部．
山崎武也，2007，『人生は負けたほうが勝っている─格差社会をスマートに生きる処世術』幻冬舎．
山下浩志，2006，「共に学び，共に働くための支援が問われている」『福祉労働』113号，54-64頁．
山田昌弘，1994，『近代家族のゆくえ─家族と愛情のパラドックス』新曜社．
────，1996，『結婚の社会学─未婚化・晩婚化はつづくのか』丸善．
────，1999，『パラサイト・シングルの時代』筑摩書房．
────，1999，『家族のリストラクチュアリング─21世紀の夫婦・親子はどう生き

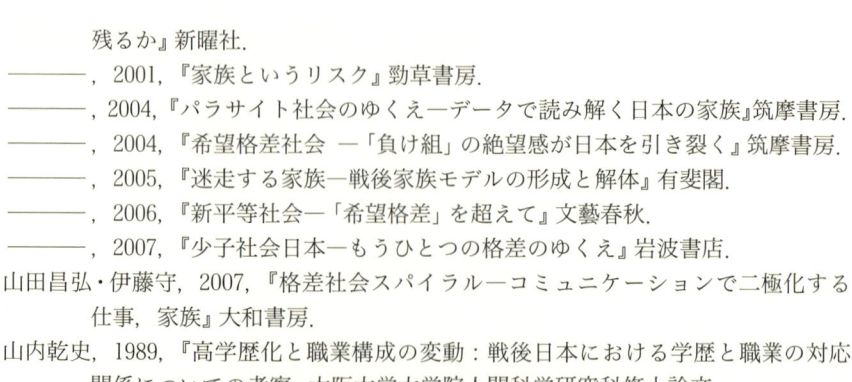

　　　　残るか』新曜社.
―――, 2001, 『家族というリスク』勁草書房.
―――, 2004, 『パラサイト社会のゆくえ―データで読み解く日本の家族』筑摩書房.
―――, 2004, 『希望格差社会 ―「負け組」の絶望感が日本を引き裂く』筑摩書房.
―――, 2005, 『迷走する家族―戦後家族モデルの形成と解体』有斐閣.
―――, 2006, 『新平等社会―「希望格差」を超えて』文藝春秋.
―――, 2007, 『少子社会日本―もうひとつの格差のゆくえ』岩波書店.
山田昌弘・伊藤守, 2007, 『格差社会スパイラル―コミュニケーションで二極化する仕事，家族』大和書房.
山内乾史, 1989, 『高学歴化と職業構成の変動：戦後日本における学歴と職業の対応関係についての考察』大阪大学大学院人間科学研究科修士論文.
―――, 1989, 「新規学卒就職者における学歴と職業との対応関係に関する一考察」『大阪大学教育社会学・教育計画論研究集録』第7号, 大阪大学人間科学部教育社会学・教育計画論研究室, 25-39頁.
―――, 1991, 「学歴と職業との年齢段階別対応関係の考察」『大阪大学教育社会学・教育計画論研究集録』第8号, 大阪大学人間科学部教育社会学・教育計画論研究室, 1-13頁.
ヤング, マイケル著, 窪田鎮夫・山元卯一郎訳, 1982, 『メリトクラシー』至誠堂.
湯浅誠, 2007, 『貧困襲来』人文社会科学書流通センター.
有限責任事業組合フリーターズフリー, 2007, 『フリーターズフリー vol.1』フリーターズフリー.
横田伸子, 2003, 「韓国における労働市場の柔軟化と非正規労働者の規模の拡大」『大原社会問題研究所雑誌』535号, 36-54頁.
吉田太郎, 2007, 「下流社会・格差社会解消への挑戦」『農林経済』9875号, 8-13頁.
吉本圭一, 1996, 「大学教育と職業―大衆化に伴う大卒者の職業における変化の研究動向レビュー」『九州大学教育学部紀要．教育学部門』42号, 95-108頁.
―――, 1998, 「学校から職業への移行の国際比較」『日本労働研究雑誌』Vol. 40, No. 7, 41-51頁.
―――, 2001, 「大学教育と職業への移行―日欧比較調査結果より」『高等教育研究』4号, 113-134頁.
ライト, エリック著, 江川潤訳, 1986, 『階級・危機・国家』中央大学出版部.
米川英樹, 1996, 「アメリカ中等教育の歴史的展開」, 米川英樹・江原武一編『自己意識とキャリア形成―アメリカの高校卒業生にみる』学文社.
李尚波, 2006, 『女子大学生の就職意識と行動』御茶の水書房.
リッツア, ジョージ著, 正岡寛司監訳, 1999, 『マクドナルド化する社会』早稲田大学出版部.

―――，2001,『マクドナルド化の世界―そのテーマは何か?』早稲田大学出版部.
リフキン，ジェレミー著，松浦雅之訳，1996,『大失業時代』ティビーエス・ブリタニカ.
連合女性局編，1994,『変えよう男女の働き方　女性の労働・生活時間実態調査―女性組合員1万人アンケート』連合女性局.
―――，1995,『女性の労働・生活時間―フルタイムで働く女性1万人に聞く』労働科学研究所出版部.
労働政策研究・研修機構，2004,「諸外国の若者就業支援政策の展開―ドイツとアメリカを中心に」『労働政策研究報告書』1号，労働政策研究・研修機構.
―――，2004,「移行の危機にある若者の実像―無業・フリーターの若者へのインタビュー調査（中間報告）」『労働政策研究報告書』6号，労働政策研究・研修機構.
ロールズ，ジョン著，矢島鈞次監訳，1979,『正義論』紀伊国屋書店.
ローマー，ジョン著，木谷忍・川本隆史訳，2001,『分配的正義の理論―経済学と倫理学の対話』木鐸社.
脇坂明，1998,『職場類型と女性のキャリア形成』御茶の水書房.
脇坂明・冨田安信編，2001,『大卒女性の働き方―女性が仕事をつづけるとき、やめるとき』日本労働研究機構.
和田秀樹，2005,『ニート脱出―不安なままでもまずやれる事とは』扶桑社.
―――，2006,『上流に昇れる人、下流に落ちる人』幻冬舎.
―――，2006,『教育格差―親の意識が子供の命運を決める』PHP研究所.
渡辺和博・安西繁美，2001,『平成ニッポンのお金持ちとビンボー人―同じ職業でも月とスッポン！　現代人気職業の栄光と悲哀』扶桑社.
渡部昭男，2006,『格差問題と「教育の機会均等」―教育基本法「改正」をめぐる"隠された"争点』日本標準.
渡辺千枝子・大橋照子編，2004,『子供は東大へ入れる!!―新教育ママの受験作戦』データハウス.
渡部真，2005,『モラトリアム青年肯定論　現代のエスプリ（No. 460）』至文堂.
―――，2006,『現代青少年の社会学―対話形式で考える37章』世界思想社.

『AERA』
「大学院『国際級学者なのに無職』持ち腐れニッポン」Vol. 14, No. 22, 2001年5月21日，23-25頁.
「公立小中の天国と地獄」Vol. 19, No. 55, 2006年11月27日，18-23頁.
「『逆経済難民』日本脱出で下流も脱出」Vol. 20, No. 20, 2007年4月23日，30-31頁.
「三浦展が語り下ろす格差新局面」Vol. 20, No. 38, 2007年8月27日，46-47頁.
『朝日新聞』

「博士になっても就職難?—ニュースがわからん!」2007年8月23日.

『クレスコ』
「特集『フリーター・ニート問題』への視座—若者の自立と雇用」Vol. 5, No. 9, 2005年, 4-30頁.

『月刊高校教育』
「特集 フリーター・ニート問題と高校生」Vol. 38, No. 8, 2005年, 19-55頁.

『現代思想』
「特集 フリーターとは誰か」Vol. 33, No. 1, 2005年

『週刊ダイヤモンド』
「特集 大量解雇時代」Vol. 89, No. 37, 2001年9月29日, 28-44頁.
「特集 正社員,続けますか 雇われない生き方」Vol. 90, No. 34, 2002年9月7日, 24-41頁.
「特集 人材派遣:急膨張の光と影」Vol. 92, No. 48, 2004年12月11日, 30-41頁.
「特集 息子・娘がニートになる日—80万人を超えたニートへの処方箋」Vol. 93, No. 22, 2005年6月4日, 114-123頁.
「特集 全解剖 上流社会 下流社会」Vol. 94, No. 4, 2006年1月28日, 30-70頁.
「特集 金持ちはどこにいる!? ニッポン全都市"格差"ランキング」Vol. 94, No. 24, 2006年6月24日, 142-155頁.
「特集 リストラ父さん フリーター息子 悲惨世代」Vol. 94, No. 33, 2006年9月2日, 30-52頁.
「特集 ハケンの裏側—派遣・請負10兆円ビジネスの大激変!」Vol. 95, No. 27, 2007年7月14日, 28-53頁.

『週刊東洋経済』
「COVER STORY 日本版ワーキングプア—働いても貧しい人たち」6041号, 2006年9月16日, 30-60頁.
「COVER STORY ワーキングプアより深刻 ホワイトカラーの没落 落ちる中間層」6054号, 2006年12月9日, 28-62頁.
「COVER STORY もう安住の職場はどこにもない 雇用破壊」6059号, 2007年1月13日, 36-57頁.
「COVER STORY あなたは無縁だといえますか—貧困の罠」6067号, 2007年2月24日, 38-91頁.
「格差社会の未来 若者は正社員へ,取り残される35歳以上」6087号, 2007年6月23日, 56-58頁.
「日本と英国—なぜイギリスはニッポンより豊かになったのか」6093号, 2007年7月28日, 36-66, 70-75頁.

『中央公論』
「特集『中流』崩壊」Vol. 115, No. 6, 2000年, 67-105頁.

「論争『不平等社会』か日本?」Vol. 115, No. 12, 2000年, 84-100頁.
「特集『働くこと』はつまらないか:生きがいと幸せの形が変わる」Vol. 117, No. 7, 2002年, 88-121頁.
「特集 階層社会は目前か」Vol. 119, No. 12, 2004年, 47-73頁.
「特集 学力崩壊:若者はなぜ勉強を捨てたのか」Vol. 120, No. 4, 2005年, 32-91頁.
「特集 若者を蝕む格差社会」Vol. 121, No. 4, 2006年, 112-151頁.
「特集 下流の家族崩壊」Vol. 122, No. 5, 2007年, 72-99頁.
「特集 下流化するサラリーマン」Vol. 122, No. 3, 2007年, 100-125頁.

『ビジネス・レーバー・トレンド』
「特集 フリーター・若年無業からの脱出」2003年, 4-33頁.

『文藝春秋』
「あなたは弱肉強食の時代を生き残れるか? 驚愕の予測 10年後の『格差社会』―『所得』『会社』『老後』『資産』『教育』『結婚・出産』『治安』『医療』―日本を分断する11の格差」Vol. 85, No. 3, 2007年, 94-113頁.

『ユリイカ 詩と批評』
「ニート」2006年1月.

『論座』
「特集 若年労働の現場」137号, 2006年, 184-231頁.
「特集 格差,保守,そして戦争.」146号, 2007年, 27-68頁.
「特集 現代の貧困」140号, 2007年, 29-79頁.

事項索引

〔あ行〕

アイスランド　218
アイルランド　206, 207, 218
朝日新聞社　65
アジア系　11, 77, 90, 93, 94, 99, 147
アッラー　170
アトランタ　109
アビ法（フランス）　145
アファーマティブ・アクション（差別解消積極措置）　91, 146-148, 155, 172, 237
アフガニスタン　240
アフリカ　165
　——系　107-109
アプレンティスシップ（徒弟訓練制度）　208, 211, 212, 215-217
　キャンディデート・——　217
アメリカ（合衆国）　iii, 4, 8, 10, 14, 16, 20, 25, 26, 29, 53, 60, 74-78, 80, 82, 83, 86, 87, 91, 97, 98, 135, 147, 160, 172, 174, 203, 213, 215, 218, 224, 236, 238
アラビア語　227
アラブ首長国連邦→UAE
アルジェリア　229, 230, 234, 238
アルバイト　13, 15, 16, 18-20, 35, 109, 115
アングロ＝サクソン系　147
イエメン　224, 229-231, 233-235, 237
イオラニ高校（ハワイ）　20
イギリス　4, 20, 27, 28, 30, 35, 43, 135, 167, 171-173, 175, 176, 203, 206-208, 215, 218, 221, 238
イスラーム（系）　164, 168-173
　——スカーフ　168-171
　——ベール　171
イスラーム教徒女性（ムスリマ）　168
イタリア　34, 35, 151, 203, 206, 207, 218
移民　4, 20, 139, 140, 149-151, 170, 174, 175
　——労働者　8
イラク　229, 230, 234
　——戦争　227
イラン　227, 229, 230, 233-235, 238
イル＝ド＝フランス(地名, フランス)　151
インターンシップ　55, 188
インド　172, 174, 244, 246, 249, 251, 255, 256, 257
　——系移民　172
『ウォールストリート・ジャーナル』　26
ウォルマート　103
エクアドル　238
エクソン・モービル　103
エジプト　229-231, 233, 238
エスニック・マイノリティ　20
エックス＝マルセイユ大学区（フランス）　151
エホバの証人　171
エリート　123, 131, 133, 139, 143, 172, 173
エンパワーメント　222
オイルショック　56, 60
オーストラリア　206, 207, 209, 218
オーストリア　35, 206, 207, 215, 218
欧州委員会　128, 130
欧州円卓会議　129
大阪府教育委員会　27
沖縄　21, 22
オセアニア　221, 222, 232, 236, 238
オマーン　224, 229-235
オランダ　35, 135, 203, 206, 207, 213, 218
オルタナティブ・スクール　85, 166, 167
オルタナティブ教育　164, 166

〔か行〕

カースト　254
カール・D・パーキンス職業教育（及び応用技術教育法改正）法（アメリカ）　79, 89
階級　27, 29, 30
階層　27, 28, 77, 90, 119, 123, 126, 127, 135, 137, 140
　——社会　4
　社会——　8, 119, 122, 129, 135, 136, 139
　出身——　130, 135, 140
カウンセラー　16, 17, 20
カウンセリング　85
格差　123, 130, 139, 141, 172
　——社会論　i
学力　4-8, 10, 20, 21, 25, 27, 29, 81, 87
　——低下　4
　——低下論争　28
　——論争　4
学歴　17, 19, 20, 22, 24, 28, 39-41, 54, 122, 123, 126, 132, 134
　——競争　127, 129, 137
　——資格　120
　——達成　140
　——閉鎖性　60, 62-64
学校教育　ii, 28, 119-121, 129, 130, 132, 134, 139, 141, 195
学校（教育）システム　119, 121, 127, 129, 134, 135, 138, 142
学校内学校　80
カタール　229, 230, 234
カナダ　105, 111-113, 116, 147, 203, 206-208, 211, 212, 218, 238
ガブリエル・アブス中学（フランス）　169
カメハメハ・ハイスクール（ハワイ）　9
カリキュラム　163, 166, 185, 187, 211, 212, 214
下流志向　24

韓国　64, 65, 204, 206, 207, 213, 218, 238
議会法（ハンガリー）　212
『危機に立つ国家』　87
企業内教育（訓練）　33, 42, 205
偽装エリート　5
北アフリカ　170, 221-223, 227
義務制　165
逆差別　173
キャリア　32
　——・アカデミー　80, 81
　——アップ　49
　——意識　33
　——ガイダンス　17
　——教育　32, 33, 35, 36, 42, 48, 55
　——サービス　35
　——支援　32, 33, 35, 36, 42, 57
旧帝大　6
教育改革国民会議　25
教育格差　122, 139
教育機会　122
教育システム　119, 122, 130, 132, 135, 136, 141, 142
教育資本　27
教育保証計画および代替・革新教育計画（EGS & AIE）（インド）　246
教育優先地域→ ZEP
教育優先網→ REP
協同組合教育（カナダ）　212
ギリシャ　206-208, 218
勤労婦人福祉法（日本）　240
グアテマラ　238
クウェート　224, 229, 230, 232-235, 237, 238
クオータ・システム（割り当て制）　172-174
グランドゼコール　123, 131, 153
　——準備級　153
グリンダー事件（イギリス）　171, 175
クレイユ（地名, フランス）　169

経済機会法（アメリカ）　　　　　82
経済協力開発機構→OECD
経済産業省（日本）　　　　36, 37, 43
経済システム　　　　　　　　　129
経済資本　　　　　　　　　　　26
継続教育　　　　　　　　　　　128
ケネソー（地名、アメリカ）　　109
現代GP　　　　　　　　　　　32
ケンタッキーフライドチキン　　116
高学歴　　　　　　　　　　　　26
　──ニート　　　　　　　　　66
効果のある学校　　　　　　　　26
公教育システム　　　　　　　　137
公共性　　　　　　　　　　　　176
校区制　　　　　　　　124, 136, 139
厚生労働省（日本）　　33, 182, 240
構造的失業　　　　　　　　　　83
高度成長期（1945年〜75年）　　140
公費補助イスラーム系高校（アヴェロエス
　校）　　　　　　　　　　　　171
公平性　　　　　　　　　　　　175
コオペラティブ教育（アメリカ）　80
黒人　　　　　77, 90, 91, 93, 105, 147
国民教育省（フランス）　　152, 153
国連ミレニアム開発目標（MDGs）　222
個性　　　　　　　　　　　　　29
古代ギリシア　　　　　　　　　170
個別学習　　　　　　　　　　　30
コミュニティ　108, 139, 240, 246, 252, 258
コミュニティ・カレッジ　14, 19, 79, 91, 96
コレージュ（中学校）　　124, 145, 146,
　　　　　　　　　　148, 149, 151, 155
　中等学校──　　　　　　　　145
　統一──　　　　　　　　145, 155
コロンビア　　　　　　　　　　238
混血ハワイ人　　　　　　　　19, 20
コンビニエンス・ストア　　　　102

〔さ行〕

最低賃金　　　　　　　　　　　81
財務省（日本）　　　　　　　　75
サウジアラビア　　　　229-231, 233,
　　　　　　　　　　　234, 237, 238
サハラ以南アフリカ　　222, 232, 236
差別解消積極措置→アファーマティブ・
　アクション
差別的民主化　　　　　　　　　122
サマーヒル・スクール（イギリス）　167
暫定的困窮世帯扶助（アメリカ）　86
産能大学　　　　　　　　　　　24
シェートラ（Kshetra）　　　　　255
シェルター　　　　　　247, 252, 255
シク教徒　　　　　　　　　　　171
　──のターバン　　　　　　　171
自己責任就労機会調停法（アメリカ）　86
自己否定感　　　　　　　　　　6
失業率　　　　　　　　　　　　76
「実践的総合キャリア教育の推進」（日本）　32
指定カースト　　　　　　　　　172
ジブチ　　　　　　　229, 233-235, 240
資本主義経済　　　　　　　　　8
市民性　　　　　　　　　　　　175
ジャーニーマンシップ　　　　　217
社会関係資本　　　　　　　　　26
社会人基礎力　　　　　　　　36, 38
社会的再生産　　　　　　　　　140
社会的「排除」　　　　　　　　28
社会的「包摂」　　　　　　　　28
社会的マッチング　　　　　　　140
若年失業率　　　　　　　　　　74
宗教シンボル禁止法（フランス）　171
州訓練生機関（アメリカ）　　　85
就職難民　　　　　　　　　　　95
収入効果　　　　　　　　　　　226
生涯教育　　　　　　　　　　　128

障害者雇用促進法（日本）	178, 196	スモールステップ	195
障害者職業総合センター（日本）	187, 195	スラム	244, 245, 247, 248, 250, 253-255, 257
障害者自立支援法（日本）	178, 196	スロバキア	206, 207, 218
消極的雇用政策	81	正規雇用	11, 13, 15, 17-19
ジョージア州	109	青少年訓練生制度（アメリカ）	80
情報リテラシー	96	生徒フローの管理	142
職業教養レリバンス	34, 36, 38, 40-42	生徒フローの制御	138, 141
職業訓練パートナーシップ法（アメリカ）	83	セーヌ＝サン＝ドニ県（地名, フランス）	151
職業訓練法（ハンガリー）	211	セーフティ・ネット	81, 82
職業的社会化	187, 189	世界銀行	209, 227-229, 232, 235
ジョブカフェ	75	世俗性	165, 169, 170
ジョブカフェ・サポートセンター	181	積極的雇用政策	82
ジョブ・コア	84, 94, 98, 99	積極的労働市場政策	208
──・センター	84	先住民	90, 91, 93
シリア	229-231, 233	──優遇政策	173
進学エリート	5	選抜レリバンス	36, 38, 42
シンガポール	172	専門レリバンス	36, 38, 42
新規学卒労働市場	56	相違指数（Dissimilarity Index）	241
人口健康調査（イエメン）	224	ソーシャルスキル	195
人材資源開発省（インド）	248, 251	総合制ハイスクール	79, 80, 89
新自由主義	25, 28, 67, 128, 141, 142	総合的な学習の時間	184
人種（・民族）マイノリティ	8, 77-79, 91, 94, 99	総務省（日本）	180, 181

〔た行〕

新卒派遣	33
人的資源	200
進路指導	20

スイス	206-208, 214-216, 218	第1次モリル法（アメリカ）	79
スウェーデン	74, 75, 81, 83, 203, 206, 207, 218	大学審議会（日本）	51
スーダン	240	大衆教育社会	28
スカーフ→イスラーム系スカーフ		大卒ブルーカラー化論	60
スクールカウンセラー	20	第2次モリル法（アメリカ）	79
スターバックス	105, 106	タテの学歴	203
スティグマ	226	タルマッジ修正法（アメリカ）	86
ストリート・チルドレン	244, 245, 247, 250, 253-255	団塊の世代	64
		ダンカン指数	236, 241
スペイン	34, 35, 206-208, 218, 238	男女共同参画会議（日本）	77
スミス・ヒューズ法（アメリカ）	79	男女雇用機会均等法（日本）	224
		小さな政府	82
		地区初等教育計画（インド）	245

チャリティー機関	224	ドミニカ	108, 227
中央ヨーロッパ	236	トルコ	202, 209, 214, 216-218
中国	53, 238	トレーニーシップ(研修)	214
——系移民	172		
——人	9, 10		

〔な行〕

チューター	17	ナショナル・ガイドライン	167
中東	221	ナショナル・カリキュラム	30
中東北アフリカ(地域)(MENA)	221, 222	ナショナル・スタンダード	167
中南米	222, 232, 238	ナショナル(標準)・テスト	167
——系	105, 107, 108	南北アメリカ	221
チュニジア	229, 230, 233-235, 238	ニート	i, 4, 23, 25, 28, 32, 33, 35, 66, 77
チェコ	206, 207, 218	企業内——	66
地理的アパルトヘイト	139	高学歴——	66
低学歴層	17	西アジア	222, 223
ディスクリミナシオン・ポジティヴ	147	西アフリカ	221, 222
低賃金労働	7, 11, 19, 21	2006～2011年度戦略的計画(アメリカ)	86
——者	6, 8, 23, 25	日系(人)	10, 20
テクプレップ	81	日本	4-6, 13, 21, 23, 29, 34, 35, 38,
デュアル・システム	215		42, 50, 74-78, 81, 83, 114, 116,
デリー(ニューデリー)	244, 245, 248, 249,		161-164, 204, 206-208, 218, 238
	251, 252, 254, 255, 257-259	——人	9
オールド——	244	日本インターンシップ学会	32
デンマーク	74, 203, 206, 207, 218	日本キャリア教育学会	32
ドイツ	35, 74, 201, 203,	日本国憲法	161
	206, 207, 214, 218, 238	日本進路指導学会	32
トゥールーズ(地名, フランス)	151	日本版デュアルシステム	75
統一テスト	29	日本労働研究機構	201, 214, 218
東欧	236	ニュージーランド	135, 206, 207, 218
——系	105	ニューヨーク	107
東京大学	178	ネイティブ・アメリカン	147
東南アジア	172, 222	ネイティブ・ハワイアン	8, 9, 11, 29
——系	105	ネットカフェ難民	i
登録制訓練生制度(アメリカ)	85, 94, 97	能力主義	129
特別支援学校	184, 185	能力別学級編成	30
特別支援教育	195	農林水産省(フランス)	152
特別支援コーディネーター	188	ノルウェー	35, 206, 207, 218
徒弟訓練職業教育法(トルコ)	217	ノンフォーマル教育	246
徒弟訓練制度→アプレンティスシップ			

〔は行〕

バーギダリ（インド）	252
──・イニシアティブ	251
パートタイム（就業）	93-96, 106
パートナーシップ	149, 166, 212, 252
バーレーン	229, 230, 234, 238
ハーレム（地名, アメリカ）	107, 108
バカロレア	120, 121, 123, 126, 131, 133, 149, 152, 153, 155
一般──	120, 123
技術──	120, 146, 153
職業──	120, 123, 146, 152, 153, 155
普通──	146, 152, 153
白人	9-11, 77, 78, 90, 91, 93, 94, 105
派遣	33
発展途上国	iii
バブル経済	32, 42
バブル崩壊	ii, 35, 46, 56, 63
『ハマータウンの野郎ども』	27
パリ	151
バリアフリー支援室	178
パレスチナ	231-234
──自治区	224, 229, 235, 240
ハワイ	4, 8-12, 14, 16, 17, 19, 20, 22, 24, 29
──人	9, 10
ハワイ大学	10, 13, 14
──マノア校	10
ハンガリー	202, 203, 206-208, 211, 218
バンクーバー	105
東アジア	20, 221, 222, 232, 236-238
ヒジャーブ→イスラーム系スカーフ	
非熟練労働者	23
ヒスパニック	10, 11, 20, 77, 90, 91, 93, 94
非正規雇用	11
非特権化	60, 62-64
貧困との戦い	82
ヒンドゥー	164
ファストフード企業（産業）	4, 12, 103-107, 111, 114
ファストフード店	102, 105-108, 111, 114-116
フィリピン	238
──人（系）	9, 10, 20
フィンランド	35, 206, 207, 210, 211, 213, 214, 218
フーシェ改革（フランス）	145
プエルトリコ	109
──系	108
フォーディズム	23
不公正	172, 174
不公平感	173
不就学	162, 165
ふたコブラクダ	4, 5
ブタペスト経済科学大学	203
不登校	165, 166
プナホウ高校（ハワイ）	20
ブミプトラ政策	172, 173
ブラジル	238
フランス	iii, iv, 35, 74, 75, 81, 83, 118-120, 122, 123, 130-132, 134, 135, 142, 145-150, 152-155, 169, 170, 203, 206, 207, 215, 218
フランス共和国憲法	170
フリーター	i, 4, 13, 16, 19, 22, 23, 25, 28, 32, 33, 35, 64, 65, 77
ブルーカラー化	62, 64
フルタイム（就業）	15, 18, 92-97, 116, 202
文化資本	26, 122, 137
ベール→イスラーム系ベール	
ヘッドスタート計画（アメリカ）	98
ヘリコプター・ペアレンツ	14, 26
ベルギー	151, 202, 206, 207, 213, 218
包括雇用・訓練法（アメリカ）	83
ポートフォリオ	17

ホームスクーリング	161
ポーランド	206, 207, 218
ボランティア	163
──・ワーカー	252
ポリテクニクス (polytechnics)	214
ポルトガル	206, 207, 218
ボルネオ島	165
ポワティエ (地名, フランス)	151

〔ま行〕

マイノリティ	20
マクドナルド	102, 103, 105, 107, 111, 114, 116
──化	23, 102-104, 107
摩擦的失業	83
マスターシップ	217
マック仕事 (Mac Job)	7, 11, 12, 102-109, 111, 113-116
マラヤ大学	172, 173
マレー系 (人)	172, 173
マレー語	173
マレーシア	165, 172-174
マンパワー開発訓練法 (アメリカ)	82
ミーンズテスト	75
ミッションスクール	172, 173
南アジア	221, 222, 232, 236, 237
見習訓練制度 (フランス)	215
無業	6
無償制	165
無償性	176
メキシコ	218, 238
メンタリティ	7, 26
燃え尽き症候群	137
モダンアプレンティス (イギリス)	215
モラトリアム	49, 66
──学生	46
モロッコ	227, 229-231, 234, 235, 238
文部 (科学) 省 (日本)	32, 51, 55, 180, 183

〔や行〕

ユースフォビア	25
ゆとり教育	28, 29
夢追い型ピーターパン	95
要扶養児童家庭扶助 (アメリカ)	86
ヨーク大学 (カナダ)	111
ヨーロッパ	221, 232, 236
ヨコの学歴	203
ヨルダン	224, 227, 229-235, 238, 240

〔ら行〕

ライシテ	169
ランジュヴァン・ワロン改革案 (フランス)	145
ラテン系	147
リーダーシップ	36-38
リール県 (地名, フランス)	171
リール大学区 (フランス)	151
リザベーション政策	172
リセ (高校)	151, 152, 155
技術──	146
職業──	146
普通──	146
リビア	229, 230, 234, 237, 238
リモージュ (地名, フランス)	151
臨時教育審議会 (日本)	51
ルーアン (地名, フランス)	149
ルクセンブルク	206, 207, 218
レバノン	229, 230, 234
レンヌ (地名, フランス)	151
連邦教育省国立教育統計センター (アメリカ)	87
連邦労働省 (アメリカ)	84, 86
労働組合つぶし	104
労働弱者	28
労働政策・研修機構 (日本)	8
労働力参加率	229, 230, 239

労働力投資法（アメリカ）	83
労働力投資法若年プログラム（アメリカ）	85

〔わ行〕

ワーキング・プア	i, 4, 28, 81, 107
ワークフェア	86
若者の自立・挑戦のためのアクションプラン（日本）	32, 75
早稲田大学	53
ワンストップ・キャリア・センター	83

〔欧字〕

CIS 諸国	222
EU	208
GDP	75, 81, 83, 226, 241
IT	257
MENA	→中東北アフリカ（地域）
NGO	224, 246, 248, 250, 252, 254-258
OECD（経済協力開発機構）	4, 75, 81, 83, 128, 200, 202, 204, 206, 208, 210, 213, 217, 218, 238
Off-JT	33
OJT	85, 205, 211
計画的——	33
PISA 調査	4
REP（教育優先網）	149, 151
UAE（アラブ首長国連邦）	229-231, 234, 235
ZEP（教育優先地域）	145, 148-151, 155

人名索引

〔あ行〕

アレーグル, クロード	149
アル・クドシ, S.	224, 232, 233
池田賢市	170
稲井雅人	47
ウィリス, ポール	27, 28
潮木守一	46, 60
内田樹	24, 25
馬越徹	51, 52
ウリア, M.	123
エーレンライク, バーバラ	7
エスピン - アンデルセン, G.	75
大石徹	12
小川啓一	209, 216
尾崎盛光	53
小塩隆士	203

〔か行〕

カー, リズ	105
加藤尚文	60
苅谷剛彦	4
クラッセン, S.	222
コールマン, ジェームズ C.	26
小杉礼子	8
ゴフマン, E.	134
小谷野敦	47
ゴールディン, C.	226

〔さ行〕

サヴァリ, アラン	149
サカロポロス, G.	241
サッチャー, マーガレット	29
ザナトス, Z.	227, 236, 237
柴田翔	45
志水宏吉	26
シュタイナー, ルドルフ	167
ジョスパン, リオネル	149, 169
妹尾渉	203

〔た行〕

田崎真也	ii
橘木俊詔	98
立花隆	ii, iii
田中圭治郎	9, 10
タノック, スチュアート	12, 111
タンセル, A.	216
デニング判事	176
テロ, C.	123
トインビー, ポリー	7
ドゥルーズ, G.	128
トクヴィル, アレクシス・ド	147
友田泰正	50

〔な行〕

ニイル, A. S.	167
西川史子	52
ニューマン, キャサリン	107
野坂昭如	iii

〔は行〕

バーグマン, B.R.	224
パーマー, スペンサー	107, 109, 110
パスロン, J.-C.	125
羽田貴史	68
パットナム, ロバート D.	26
濱中淳子	64, 66
原口一博	52

フーコー,ミッシェル	128	モンテッソーリ,マリア	167
ブライティ,M.	225	\[や行\]	
フリーマン,リチャード・B.	60		
ブルデュー,P.	26, 126, 122, 125	薬師院仁志	iv
ブレア,トニー	28	横田伸子	204
ボー,S.	125	吉本啓一	43
堀田あけみ	46	\[ら行\]	
\[ま行\]			
		ラヴァル,クリスチャン	iv
マルクス,カール	23, 136	ランバーガー,ラッセル	61
宮島喬	162	リッツア,ジョージ	23, 103
村崎太郎	ii	ロワイヤル,セゴレーヌ	149

執筆者および執筆分担

原　　清治（佛教大学教育学部教授）	第1章
小方　直幸（広島大学高等教育研究開発センター准教授）	第2章
山内　乾史（編者、神戸大学大学教育推進機構／大学院国際協力研究科准教授）	第3章
深堀　聰子（国立教育政策研究所高等教育研究部研究員）	第4章
大石　　徹（芦屋大学臨床教育学部准教授）	第5章
Christian LAVAL（クリスチャン・ラヴァル）（パリ第10大学ナンテール校研究員、統一組合連盟研究所研究員）	第6章
白鳥　義彦（神戸大学大学院人文学研究科准教授）	第7章
杉本　　均（京都大学大学院教育学研究科教授）	第8章
堀家由妃代（佛教大学教育学部専任講師）	第9章
小川　啓一（神戸大学大学院国際協力研究科教授）	第10章
田中　伸幸（神戸大学大学院国際協力研究科博士後期課程院生）	第10章
野村　真作（神戸大学大学院国際協力研究科博士後期課程院生）	第11章
河野　佐智（神戸大学大学院国際協力研究科博士後期課程院生）	第12章

翻訳者

薬師院仁志（帝塚山学院大学文学部教授）	第6章翻訳

文献目録作成者

山内乾史（編者、神戸大学大学教育推進機構／大学院国際協力研究科准教授）
武　　寛子（神戸大学大学院国際協力研究科博士後期課程院生・日本学術振興会特別研究員）

編著者紹介

山内乾史（やまのうち・けんし）
　　1963年　大阪府に生まれる
　　1986年　大阪大学人間科学部卒業
　　1991年　大阪大学大学院人間科学研究科中途退学
　　1991年　広島大学大学教育研究センター助手
　　1994年　神戸大学大学教育研究センター専任講師
　　1995年　博士（学術）（神戸大学）
　　1996年　同助教授
　　1998年〜1999年　ロンドン大学教育研究所客員研究員
　　1999年　神戸大学大学教育研究センター／大学院国際協力研究科助教授
　　2005年　神戸大学大学教育推進機構／大学院国際協力研究科助教授
　　2007年　同准教授

＜単著＞
『文芸エリートの研究―その社会的構成と高等教育―』有精堂、1995年、『現代大学教育論―学生・授業・実施組織―』東信堂、2004年

＜共著＞
『学力論争とはなんだったのか』ミネルヴァ書房、2005年（原清治と共著）、『「使い捨てられる若者たち」の比較社会学（仮）』ミネルヴァ書房、近刊（原清治と共著）

＜単編著＞
『開発と教育協力の社会学』ミネルヴァ書房、2007年

＜共編著＞
『比較教育社会学入門』学文社、2003年（原清治・杉本均と共編著）、『教育の比較社会学』学文社、2004年（原清治・杉本均と共編著）、『21世紀のエリート像』学文社、2004年（麻生誠と共編著）、『現代アジアの教育計画（上・下）』学文社、2004年（杉本均と共編著）、『学力問題・ゆとり教育（リーディングス「日本の教育と社会」第1期第1巻）』日本図書センター、2006年（広田照幸監修、原清治と共編著）

＜翻訳書＞
『開発途上アジアの学校と教育―効果的な学校をめざして―』学文社、2006年（単監訳）
『移民・教育・社会変動―ヨーロッパとオーストラリアの移民問題と教育政策―』明石書店、2008年（単監訳）

教育から職業へのトランジション――若者の就労と進路職業選択の教育社会学

2008年5月20日　初 版第1刷発行	〔検印省略〕
	定価はカバーに表示してあります。

編著者ⓒ山内乾史／発行者　下田勝司　　　　　印刷・製本／中央精版印刷

東京都文京区向丘1-20-6　　郵便振替00110-6-37828
〒113-0023　TEL (03)3818-5521　FAX (03)3818-5514
Published by TOSHINDO PUBLISHING CO., LTD.
1-20-6, Mukougaoka, Bunkyo-ku, Tokyo, 113-0023 Japan
E-mail : tk203444@fsinet.or.jp　http://www.toshindo-pub.com

発行所　株式会社 東信堂

ISBN978-4-88713-838-4　C3037　　　ⓒ K. Yamanouchi

東信堂

比較教育学——越境のレッスン	馬越徹	三六〇〇円
比較・国際教育学	石附実編	三五〇〇円
比較教育学——伝統・挑戦・新しいパラダイムを求めて（補正版）	M・ブレイ編 馬越徹・大塚豊監訳	三八〇〇円
世界の外国人学校	末藤美津子・宮浅浩治編著	三八〇〇円
教育から職業へのトランジション——若者の就労と進路職業選択の教育社会学	福田誠治編著	三八〇〇円
ヨーロッパの学校における市民的社会性教育の発展——フランス・ドイツ・イギリス	山内乾史編著	二六〇〇円
世界のシティズンシップ教育——グローバル時代の国民／市民形成	嶺井明子編著	二八〇〇円
市民性教育の研究——日本とタイの比較	平田利文編著	四二〇〇円
アメリカの教育支援ネットワーク——ベトナム系ニューカマーと学校・NPO・ボランティア	野津隆志	二四〇〇円
アメリカのバイリンガル教育——新しい社会の構築をめざして	末藤美津子	三二〇〇円
多様社会カナダの「国語」教育（カナダの教育3）	関口礼子編著	三八〇〇円
ドイツの教育のすべて	マックス・プランク教育研究所研究者グループ編 天野・木戸・長島監訳	一〇〇〇〇円
途上国の基礎教育——普及に向けて	小川啓一・西村幹子・北村友人編著	二四〇〇円
国際教育開発の再検討	大塚豊編著	三六〇〇円
中国大学入試研究——変貌する国家の人材選抜	呂焼編著 成瀬龍夫監訳	三四〇〇円
大学財政——世界の経験と中国の選択	鮑威	四六〇〇円
中国の民営高等教育機関——社会ニーズとの対応	阿部洋編著	五四〇〇円
「改革・開放」下中国教育の動態	劉文君	五〇四八円
中国の職業教育拡大政策——背景・実現過程・帰結	呉琦来	三八二七円
中国の後期中等教育の拡大と経済発展パターン——江蘇省と広東省の比較	王傑	三九〇〇円
中国の高等教育拡大と教育機会の変容——江蘇省の場合を中心に	日下部達哉	三六〇〇円
バングラデシュ農村の初等教育制度受容	村田翼夫	五六〇〇円
タイにおける教育発展——国民統合・文化・教育協力	杉本均	五七〇〇円
マレーシアにおける国際教育関係——教育へのグローバル・インパクト		

〒113-0023 東京都文京区向丘1-20-6
TEL 03-3818-5521　FAX 03-3818-5514　振替 00110-6-37828
Email tk203444@fsinet.or.jp　URL:http://www.toshindo-pub.com/

※定価：表示価格（本体）＋税